普通高等学校体育教材
《大学体育教程》编写委员会

主 任：徐 明
副主任：邓跃宁　　沈际洪　　串 凯　　赵 强　　郑颂平
　　　　向 勇　　唐照华　　吕志刚
委 员：
　　　　韩海军　　肖谋远　　文 烨　　张 楠　　向 渝
　　　　王 旭　　廖 恒　　周 兵　　谢国栋　　杨红伟
　　　　杜小安　　秦 勇　　吕志远　　刘志刚　　韩 勇
　　　　何福洋　　许 军　　宋英杰　　赵丽萍　　王 斌
　　　　任 伟　　耿 迪　　林祥芸　　陆水萍　　唐银春
　　　　王建强　　李兴华
主 审：杨贵仁
审 委：林志超　　邹继豪

普通高等学校体育课程教材
经全国普通高等学校体育教学指导委员会审定、批准
"十三五"规划教材

大学体育教程

DAXUE TIYU
JIAOCHENG

主编　《大学体育教程》编委会

四川大学出版社

责任编辑:曹　琳
责任校对:朱兰双　周　颖
封面设计:墨创文化
责任印制:王　炜

内 容 简 介

新世纪来临之际,中共中央、国务院重申了"学校教育要贯彻健康第一的指导思想",以顺应培养21世纪有竞争力的合格人才的需要。为了认真贯彻这一思想和加强体育课程建设,四川省教育厅组织有关专家教授遵循教育部颁发的《全国普通高等学校体育课程教学指导纲要》的基本要求编写了这本《大学体育教程》,供普通高等学校公共体育课程教学使用。

作者在编写本书时注意在更新观念的前提下,破除传统的体育教材固有体系,努力建立以育人为宗旨,以增强体育意识、提高体育能力、培养体育习惯为主线的新的教材体系。全书视角新颖,层次清楚,内容翔实,信息量大,图文并茂,通俗易懂,理论和实践相结合,可操作性强,集科学性、系统性、新颖性、实用性于一体;既是普通高校的体育教科书,又是新世纪大学生的良师益友。本书经教育部全国普通高等学校体育教学指导委员会审定并批准发行。

本教程同样适用于非体育专业的中等专业学校和中专以上成人教育体育课程教学。

图书在版编目(CIP)数据

大学体育教程/《大学体育教程》编委会主编.
—成都:四川大学出版社,2018.7
ISBN 978-7-5690-2059-5

Ⅰ.①大… Ⅱ.①大… Ⅲ.①体育-高等学校-教材
Ⅳ.①G807.4

中国版本图书馆 CIP 数据核字(2018)第156462号

书　名	大学体育教程
主　编	《大学体育教程》编委会
出　版	四川大学出版社
地　址	成都市一环路南一段24号(610065)
发　行	四川大学出版社
书　号	ISBN 978-7-5690-2059-5
印　刷	郫县犀浦印刷厂
成品尺寸	185 mm×260 mm
印　张	17
字　数	444千字
版　次	2018年7月第1版
印　次	2021年8月第4次印刷
定　价	29.00元

◆读者邮购本书,请与本社发行科联系。
　电话:(028)85408408/(028)85401670/
　(028)85408023　邮政编码:610065
◆本社图书如有印装质量问题,请
　寄回出版社调换。
◆网址:http://press.scu.edu.cn

版权所有◆侵权必究

序

　　世纪之交，党和国家确立了科教兴国的战略目标。我国高等教育面临前所未有的变革。而这一变革的基础工程则是加强课程体系改革，编写出作为各门课程教学体系和教学内容改革载体的新教材。

　　第六届全国大学生运动会在四川省举行，是深化我省高校体育改革的良好契机。为了加强体育课程建设，提高教学质量，四川省教育厅组织有关专家教授编写了这本《大学体育教程》。这本教材经教育部全国普通高等学校体育教学指导委员会审定并批准发行。

　　纵观全书，它呈现的创新特征是：视角新颖，重视教育观念和体育观念的更新；既紧扣国家培养新世纪合格人才的教育目标，又密切结合西部大开发背景下我省高校的实际状况；认真执行"学校教育要贯彻健康第一的指导思想"，面向全体学生实施素质教育；注重通过教育的全过程，促使学生在德、智、体诸方面全面发展，并使其终身受益。这本书强调应正确处理知识、素质和能力三者辩证统一的关系，建立三位一体的体育教学模式；努力突破传统的体育教材体系，建立以增强体育意识、提高基本活动能力、培养主动参与体育运动的兴趣和习惯为主线的新的教材体系。其目的是引导学生在潜移默化的教育过程中"学会健康"，从而为"学会生存、学会学习、学会做人、学会生活、学会创造"打下坚实的物质基础，促使更多的大学生成为身心健康的、有竞争力的合格人才，为伟大祖国的现代化事业健康地工作50年。

　　愿这本《大学体育教程》的出版能为推动和加强我国普通高等学校公共体育课程建设起到添砖加瓦的促进作用。

前　言

在现代合格人才的培养过程中，良好的文化生态圈起着极大的促进作用，其中学校的体育课程又为现代合格人才的全面成长提供了一条具体途径。即通过体育课程的教学活动，努力探索成才的客观规律，了解体育的本质与功能，明确体育的目的和身心健康的系统知识，构建自身全面发展的合理机制；更新观念、开阔视野、掌握理论、勇于实践，努力使体育与运动成为自己生活中不可分割的部分，并保持终身。真正懂得：在现代合格人才的理念中，"学会健康"，应该是"学会生存、学会学习、学会做人、学会生活、学会创造"的重要基础。

为了加强体育课程建设，提高体育课程教学质量，四川省教育厅组织有关专家教授，按照国家颁发的《全国普通高等学校体育课程教学指导纲要》的基本要求，面对我省高校的现实状况，遵循体育课程建设的客观规律，并在认真总结我省长期使用的《大学体育》《实践教程》等教材有关经验的基础上，广泛参阅多本优秀教材，编写了这本集理论与实践于一体的《大学体育教程》，以促使我省高校体育课程建设再上新台阶。

编写本书的指导思想：

1. 认真学习和领会"学校教育要树立健康第一的指导思想"和"学校体育卫生工作更应牢固树立健康第一的指导思想"的内涵和要求，并使之贯穿于编写本书的全过程中。

2. 切实贯彻《指导纲要》规定的教材编写的七条原则和要求，特别注意改变体育教材的无序状态。在更新观念的基础上，建立以增强学生体育意识、发展学生基本活动能力、培养自愿参与体育锻炼的习惯为主线的教材体系，以使本教程更好地为培养现代合格人才的目标服务。

3. 重视我省高校在体育方面的传统爱好与氛围，以及经济条件、地域特征、体育装备设施水平等实际情况，注意科学性、系统性、民族性和实用性的相对一致。

4. 认真探索，逐步形成大、中、小学相衔接的科学的"体育与健康"课程体系，以利于全面推进素质教育。

2003年，教育部颁发了新的《全国普通高等学校体育课程教学指导纲要》，2014年教育部对《国家学生体质健康标准》进行了修订，编委会在认真学习研究新《指导纲要》的基础上，组织有关专家教授对全书进行了认真编写，全书共六篇。《体育概论篇》，正确地论述了体育的概念、组成与功能，阐明了高校体育的目的、任务、基本途径和基本要求，系统地介绍了奥林匹克文化；《发展体育能力篇》，以体育和运动是学习和发展人的基本活动能力的良好手段与重要途径这一事实为依据，科学地组合了许多练习方法，借以发展人的各种活动能力；《健康篇》，在讲明了健康的基本内涵之后，对影响人的健康的要素进行了全方位的分析，引导学生重视获得和保持健康；《体育运动技能篇》，以人们喜爱的、有着广泛群众基础并有良好锻炼价值的运动项目为基本内容，系统介绍其活动方式与比赛方法，让大学生们在参与和观赏过程中潜移默化地形成终身坚持参加体育锻炼的习惯；《生态体育篇》，让我们重视方兴未艾的"绿色革命"正在改变人类的思维方式，引导我们在回归自然的过程中提高与大自然共存的诸多能力;《余暇体育篇》,介绍一些时尚运动和室内外简易锻炼方法,既有利于充实大学生的余暇生活,又为我们坚持终身锻炼提供具体帮助。

本书的编写工作得到教育部体育卫生与艺术教育司和全国普通高等学校体育教学指导委员会的关心和支持,全省众多高校给予了无私的支援,四川省前副省长徐世群在百忙中为本书撰写序言,予与鼓励,四川大学出版社对本书的出版给予了很大的帮助,在此对所有关心、支持和帮助本书成稿、审定、出版作出贡献的单位和个人致以诚挚的谢意。

在编写过程中我们参考了众多的专业书籍,在此向有关的作者致以诚挚的谢意。

由于编写人员水平有限,不妥之处在所难免,恳请广大读者批评指正。

编　者

2018 年 4 月

目 录

第一篇 体育概论篇

第一章 体育概述 (2)
第一节 体育的概念和组成 (2)
第二节 体育的功能 (4)

第二章 高等学校体育 (8)
第一节 高校体育的目的和任务 (8)
第二节 高校体育的基本途径 (9)

第三章 奥林匹克运动 (13)
第一节 古代奥林匹克运动 (13)
第二节 现代奥林匹克运动 (14)
第三节 奥林匹克运动体系 (21)
第四节 奥林匹克运动会的筹办与仪式 (24)
第五节 夏季奥运会与冬季奥运会 (29)
第六节 中国与奥林匹克运动 (31)

第二篇 发展体育能力篇

第一章 发展行走和奔跑能力 (34)
第一节 发展行走和奔跑能力的方法示例 (34)
第二节 发展走跑能力的竞技运动简介 (36)

第二章 发展跳跃能力 (40)
第一节 发展跳跃能力的方法示例 (40)
第二节 发展跳跃能力的竞技运动简介 (43)

第三章 发展投掷能力 (46)
第一节 发展投掷能力的方法示例 (46)
第二节 投掷练习的注意事项 (50)

第四章　发展悬垂与支撑能力 (51)
第一节　徒手练习的方法示例 (51)
第二节　运用器械练习的方法示例 (51)

第五章　发展攀登与爬越能力 (54)
第一节　一般攀爬练习方法示例 (54)
第二节　普通登山 (55)

第六章　发展负重与搬运能力 (56)
第一节　负重和搬运的方法示例 (56)
第二节　举重运动简介 (57)

第七章　发展涉水能力 (60)
第一节　发展涉水能力的方法示例 (60)
第二节　涉水练习的注意事项 (61)
第三节　发展涉水能力的竞技运动——游泳运动简介 (63)

第八章　自卫与自我保护 (75)
第一节　自卫能力应用示例 (75)
第二节　发展保护和防卫能力的竞技运动简介 (79)

第三篇　健　康　篇

第一章　健康概论 (82)
第一节　健康的定义与现代健康观 (82)
第二节　环境与健康 (85)
第三节　行为与健康 (89)
第四节　营养与健康 (93)

第二章　运动与健康 (99)
第一节　运动对增强体质的作用 (99)
第二节　运动对心理健康的影响 (103)
第三节　运动对常见疾病的预防 (106)
第四节　运动损伤的预防与处理 (113)

第三章　健康评价 (120)
第一节　体质健康测量 (120)
第二节　心理健康测量 (133)

第四篇　体育运动技能篇

第一章　健身与健美 (138)
第一节　健美操 (138)
第二节　健美运动 (142)

第二章　球类运动 (147)
第一节　足球运动 (147)
第二节　篮球运动 (156)
第三节　排球运动 (170)
第四节　网球运动 (180)
第五节　乒乓球运动 (185)
第六节　羽毛球 (188)

第三章　武　术 (193)
第一节　初级长拳第三路 (193)
第二节　初级剑术 (196)
第三节　简化太极拳 (198)

第五篇　生态体育篇

第一章　户外运动 (204)
第一节　户外运动的必备之物 (204)
第二节　户外运动的宿营与露营 (206)
第三节　户外运动的野炊与野餐 (208)
第四节　户外急救与野外生存 (211)
第五节　户外运动的组织与体验 (216)

第二章　定向越野 (218)
第一节　定向越野的基本技术 (218)
第二节　定向越野的的场地器材 (220)
第三节　定向越野的欣赏与体验 (221)

第三章　拓展运动简介 (225)
第一节　拓展运动 (225)
第二节　主要项目介绍 (226)
第三节　拓展运动的组织与体验 (230)

第四章　水上运动 ·· （232）
　第一节　漂流 ·· （232）
　第二节　冲浪 ·· （233）

第六篇　余暇体育篇

第一章　台　　球 ·· （236）
　第一节　台球运动的基本技术及原理 ································· （236）
　第二节　司诺克台球运动的主要规则和场地设施 ················· （240）
第二章　保龄球 ·· （243）
　第一节　基本技术与练习方法 ·· （243）
　第二节　竞赛规则简介 ·· （245）
第三章　瑜　　伽 ·· （247）
　第一节　基本技术和练习方法 ·· （247）
　第二节　欣赏和体验瑜伽 ·· （257）
教学提示 ··· （259）

第一篇

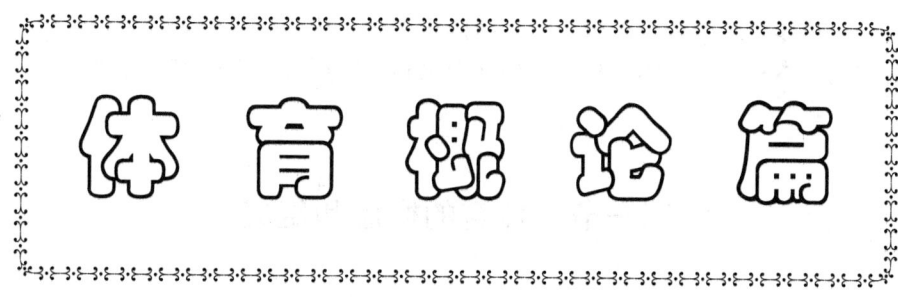

体育概论篇

随着人类社会不断向前发展,科学技术的突飞猛进,特别是随着人类对自身认识的日益深化,德、智、体全面发展的规格和要求已经具有现代教育的共同性了。人们都在谋求自身在德、智、体诸方面达到良好的平衡,促使自己成为适合社会需要的有竞争力的合格人才。

"体者为知识之载而为道德之寓也。"无论做什么事,都应该弄清楚这件事的基本内涵是什么,为什么要做这件事,其效果如何,才能做好这件事。

本篇从人的生存、发展、享受的需要出发,讲清了体育的概念、本质与功能,阐明了高校体育的目的、任务和基本途径,着重介绍了人类特有的体育文化现象——奥林匹克运动,以促使体育与运动真实地进入大学生们的生活,并使之保持终身。

第一章 体育概述

体育自产生以来，伴随人类文明的进步与发展已有几千年的历史。人们为了追求美好的生活方式，在对健康，对和谐与美的追求中，不惜倾注心血、寄厚望于体育，期待自身向尽善尽美的境界升华。了解体育的产生和发展，认识体育的概念和组成，探索体育的本质和功能，领悟体育之真谛，以求不断提高体育识见，从而达到主动参与、科学运动、畅心享受之目的。本章根据与体育相关的科学理论和历史资料，概括和综合地对体育进行了简述。

第一节 体育的概念和组成

一、体育的概念

所谓概念，是指对某一事物属性的一种准确判断。那什么是"体育"呢？19世纪60年代，由西方传入的"体育"（Physical Education），其意是指同维持和发展身体的各种活动有关联的一种教育过程。近几十年来，随着人类社会的不断进步和体育活动的日益丰富，当出现体育教育、竞技运动和身体锻炼三个既有区别又互相联系的内容，并逐渐形成与教育、文化相并列的新体系之后，原指体育教育的"体育"概念已不能涵盖具有相对独立体系的"竞技运动"和"身体锻炼"。再根据我国体育发展的特点和规律，可以为"体育"下这样一个定义：体育是一种特殊的社会现象，它是以发展身体、增强体质、增进健康为基本特征的教育过程和社会文化活动。它应包括体育教育、竞技运动和身体锻炼三方面内容。体育既受一定的社会政治、经济的影响和制约，也为一定的社会政治、经济服务。必须指出，体育的概念并非一成不变的。随着社会的不断发展，人们对体育的认识还会进一步深化。

二、体育的组成

（一）学校体育（School Physical Education）

学校体育是学校教育的重要组成部分，是全民教育的基础；它作为教育和体育的交叉点和结合部，又是国家体育事业发展的战略重点。为了达到教育、教养及发展的总目标，学校体育按不同教育阶段和年龄特征，通过体育课程、课余体育训练和课外体育活动等基本组织形式，以"增强体质、增进健康"为核心，全面实现学校体育的各项任务。由于处在学校教育这个特定环境，体育的实施内容被列入了学校总体计划，实施效果又有相应的措施予以保证，并与其他教育环节共同构成一个完整的教育过程，从而促使学生在德、智、体诸方面得到全面发展。

随着社会的不断发展，体育科学化、社会化、娱乐化和终身化的发展趋势已明显呈现。从此视角审视，现代学校体育不仅要注重增强体质、增进健康的实际效益，还必须着眼于学生个体生存、发展和享受的需要，即重视包括生理、心理及社会等因素在内的综合需求，以满足个人的体育兴趣和爱好，启发主动参与体育的意识，讲究体育锻炼的科学性，不断提高对体育的欣赏水平和参与水平，主动适应21世纪开拓型合格人才对精神、体质、文化生活日益增长的需要，并创造条件为国家输送和培养竞技体育人才做贡献。

（二）竞技体育（Competitory Sports）

竞技体育亦称竞技运动，它是在体育实践中派生出来的。竞技运动Sport这个词原出于拉丁语Cisport，含义原指"离开工作"进行的游戏和娱乐活动；但随着竞争因素的增加，它已成为在全面发展身体素质的基础上，最大限度挖掘身心潜能，以夺取优异运动成绩为目标而进行的科学训练和竞赛活动。竞技体育在现代奥林匹克运动的推动下，已有多种运动项目的国际比赛，并设有相应的国际体育组织和单项运动协会。20世纪70年代以来，竞技体育被认为是在高水平竞争中，以夺取优胜为目标，对健康人体进行旷日持久的生物学和心理学改造，进而最大限度开发人的竞技运动能力的教育过程。由于在组合"对抗"的同时，非常强调"法"的完整和准确，即认为竞技规则在保证运动顺利进行的同时，也在引导运动不断趋向科学化。因此，为应付激烈的赛场竞争，正广泛采用先进的科学训练方法和手段，以探索人类竞技运动的极限。同时，由于竞技体育的表演技艺高超、季节性强，且极易吸引广大观众；因此，它作为一种极富感染又容易传播的精神力量，在活跃社会文化生活、振奋民族精神、促进各国人民之间的友谊和团结等方面都有着特殊的教育作用。

（三）社会体育（Popular Sports）

社会体育亦称大众体育，健身、娱乐、休闲体育、余暇体育、养生体育和医疗体育等均可列入社会体育的范畴。由于它吸引的对象主要是一般民众，其中包括男女老幼及伤病残者，活动领域遍及整个社会乃至家庭，所以堪称是活动内容最广、表现形式多样、适应性较强、参加人数最多的一类群众性体育活动。它是学校体育的必然延伸，可使人们的体育生涯得以维持终身。

社会体育的社会化程度，取决于一个国家经济的繁荣、生活水平、民众余暇时间及社会环境安定等诸多因素。从世界发展趋势看，社会体育作为现代体育发展的重要标志，无论普及程度或开展规模，都不亚于竞技体育，已大有跃居成为第二股国际体育力量的势头。

我国的社会体育正在蓬勃兴起，特别是自《全民健身计划纲要》实施以来，全民体育、健康意识大大增强。除廉价型的"公园体育"仍旧热度不减外，不少人已逐渐改变了体育观念，注重健康投资，开始把健身器械引进家庭，并涉足台球、网球、保龄球、高尔夫球等消费水平较高的休闲、娱乐体育。各种体育俱乐部、体育游乐园、健身娱乐中心也都竞相开办，由此吸引了大批体育爱好者，表明我国社会体育已进入了一个新的历史发展阶段。

第二节　体育的功能

一、体育的健身功能

"强身健体"是体育的本质功能。体育以身体运动为基本形式，通过科学组合的身体锻炼给予各器官、系统以一定量和强度的刺激，促使身体在形态结构、生理机能等方面发生一系列适应性反应和趋优变化，从而增强体质、增进健康。

（一）体育对增强体质的作用

实践证明，科学的体育锻炼在改造人体器官、系统方面所起的作用，不仅有利于骨骼、肌肉的生长，促使身体形态与内脏器官正常发育，而且还能提高人体对外界的适应能力，改善血液循环、呼吸、消化等系统的机能状况，使人的"防卫体力"得到提高。另外，系统进行体育锻炼对发展力量、耐力、灵敏、柔韧等素质有十分明显的功效。这表明，当"防卫体力"和"行动体力"得到同步发展时，人体就能充分发挥潜在的运动功能，改善对环境的适应能力，最终达到增强体质的目的。

（二）体育对增进健康的作用

"身体健康"是指正常的生长发育、良好的生理机能、平衡的心理、充沛的精力及承担负荷后的适宜反应。那么怎样才能促进和保持身体健康呢？早在公元前300年，古希腊伟大思想家亚里士多德"生命在于运动"的名言，就深刻揭示了运动对身体健康所起的重要作用。后来医学关于"适者生存"、生理学关于"用进废退"的原理又证明：人的健康状态和工作效率，不仅取决于全身各器官、系统的功能和相互的协调，还有赖于使身体获得对自然和社会环境的适应能力。而这种能力的获得，除受制于不同的生活环境外，还在相当程度上与体育锻炼休戚相关。实践证明，科学地从事体育锻炼，对中枢神经和内分泌系统能产生良好的刺激作用，对促进人体新陈代谢，改善血液循环和呼吸功能，延缓有机体适应能力的降低，推迟生物体各组织器官结构、功能发生退化性变化都有明显的效果。因此，为了促进青年人的生长发育，为了使中年人保持旺盛的精力和老年人延年益寿，凡是经济发达的国家，都大力提倡"为生命而跑"、"为健康散步"……

二、体育的教育功能

教育功能是体育最基本的社会功能，人们高度重视体育在教育中的作用。

（一）体育在学校中的教育作用

马克思主义关于教育的经典论述，从来都把体育视为学校教育不可缺少的组成部分，并始终重视它在这个特定领域里对培养全面发展人才所起的重要作用。因此，利用身心共同参与其过程的有利条件，培养学生将来担任社会角色所必备的素质，以适应未来社会生活和工作的需要，是体育在学校发挥教育作用的主要使命。为达此目的，学校通过完整的体育教育过程对受教育者进行政治思想、意志品质、道德情操和发展身体的教育，使他们获得基本的体育理论知识，掌握必要的运动技能，学会科学锻炼身体的方法，提高运动实践能力，并养成锻炼身体的习惯。

（二）体育在社会中的教育作用

就社会教育意义而言，由于体育所独具的活动性、技艺性、竞争性、群体性、国际性和礼仪性等特点，它作为一种传播体育价值观的理想载体，在激发爱国热情、振奋民族精神及培养社会公德、教育人们要与社会保持一致性等方面，都具有极大的社会教育功效。大家都有这样的体会，当置身于社会群体之中，因为竞赛的礼仪形式、激烈的竞争气氛、高超的表演技巧和比赛的胜负结果等因素，在同伴与同伴之间、同伴与对手之间、观众与运动员之间产生极其复杂的情感交流，并激起人们的荣誉感、责任心、集体观念、民主意识和奋发向上的进取精神。这种体育实践诱发的社会教育因素，使体育的社会影响变得更加深刻，并产生不可低估的社会教育作用。比如，当我国女子排球队在世界大赛中连续五次夺冠时，全国人民无不为她们的胜利欢欣鼓舞，国家号召"以女排精神搞四化"，不少人因此决心在坎坷与逆境中奋起。又如，在我国申办 2008 年奥运会期间，几乎举国上下都以高昂的热情投身于其中，人们那种为祖国荣誉做贡献的精神，不但表现了中华民族的自尊、自强和自信，而且在全国范围内树立了讲科学、求实效、快节奏、高效率等现代社会意识。再如，在第二十八届奥运会上，我国运动员经过顽强拼搏，获得 32 枚金牌、17 枚银牌、14 枚铜牌，奖牌总数居世界第二位，这使全国人民，乃至海外炎黄子孙无不为之感到自豪，由此产生的凝聚力，无疑为推进我国社会主义现代化建设的宏伟事业增添了信心和力量。

三、体育的娱乐功能

"娱乐身心"是被挖掘和利用较早的体育社会功能。在体育初具雏形的原始社会，原始人在狩猎之余用以宣泄情感而进行的嬉戏活动，虽缺乏明确的目标和稳定的运动方式，却已通过这种潜意识行为，反映出原始人对精神生活的需求。据《帝王世纪》记载："击壤而歌"就是原始人在休息时伴之唱歌的一种游戏活动；《太平清话》还记载了始于黄帝时代，用于调节军士枯燥生活的蹴鞠活动。体育形成初期，亦即古代开展民族、民间体育阶段，许多供娱乐消遣的身体活动项目，常在节日庆典、宗教仪式和表演技艺中出现，对调节和丰富人民生活起着重要作用。在欧洲，自进入文艺复兴时期，人文主义者和新型资产者以"提高和改善人类的生活"为宗旨，大力提倡消遣娱乐活动，并利用各种体育手段开展社交。

现代社会随着生产力的不断提高，物质产品不断丰富，余暇增多，人们为享受生活和善度余暇，使体育的娱乐功能有了更广泛的发挥。比如，现代都市生活使人与大自然几乎隔绝，但参加户外体育活动，可以调节生活，享受返回大自然的乐趣；随着工作紧张和生活节奏加快，体育锻炼有利于密切人际交往和享受集体聚会的乐趣；通过参与体育竞赛活动或从事一些惊险性体育项目，可以在体力向自然的挑战中，体验创造人生价值的乐趣；经常欣赏体育比赛和表演，可以从运动员的高超技艺中得到美的艺术享受。目前，我国为了丰富人民的业余文化生活，移风易俗，建立良好的社会风气，实施《全民健身计划纲要》来寻求适合我国国情的最健康的、理想的体育娱乐方式，以便让大家在和谐的氛围中获得精神快感，使工作和劳动中造成的精神紧张、脑力疲劳和紊乱的情绪得到调解，最终达到"净化"感情和充分享受生活乐趣的目的。

四、体育的军事功能

体育军事功能的存在，主要是由于战争和训练士兵的需要。从史前时代部落间为争夺土地、牧场和血亲复仇引起的暴力冲突，到原始社会末期以掠夺财产为目的的奴隶战争，由于不断推动着武器的演进，不仅为以后的健身活动提供了广泛的运动器材，也促进人们积极从事军事操练和与之有关的身体训练。进入封建社会之后，统治者为争夺领地引起的频繁战争，使体育和军事的结合变得愈加紧密。据历史记载，古代东方统治阶级出于对外扩张和对内镇压的需要，无不重视非战争状态时的军事训练。公元5世纪，摆脱粗野原始状态的欧洲开始进入封建制的"中世纪"，基督教虽然专横地阻碍体育的发展，但是通过十字军东征巩固的"骑士制度"，为培养"骑士精神"所开展的多种游戏和竞技，却集中体现了实战中的攻防技术，含有强烈的军事色彩。

随着资本主义的发展，西方体育经过"文艺复兴"时期和宗教改革运动后，开始竭力主张把跑、跳、投掷、摔跤等活动引入学校，要求学生掌握未来军事生活所必需的一些基本技能。在这期间，特别是欧洲教育改革后的传统体操，更以它极具实用价值的体育形式风靡欧洲。这种身体活动对培养动作技能，使行动一致，以及掌握当时流行的线性作战方法极为有利，因此在美国南北战争及普法战争中，都一度发挥过重要的作用。

现代社会，随着尖端武器的发展和部队机动性的提高，以及新战略战术的运用，更需要士兵在短时间内掌握复杂的军事技能，并最大限度动员人的精神和身体能力。因此，在全面进行体育训练的同时，掌握部分体现军事实效的体育项目，如游泳、爬山、攀岩、滑雪、划船、摔跤、格斗、骑马、拳击及队列操练等，已成为军事训练所必需的内容，专门为军事服务的军事体育就应运而生了。

五、体育的经济功能

体育的经济功能是近期被认识和开发的社会功能，由体育与经济的相互促进作用所决定。经济学家认为，劳动生产力的提高是社会经济发展的重要标志，在对生产力进行价值评价时，人的素质往往是最主要的衡量标准。但在人的诸多素质中，身体素质又显得尤为重要，这就使得世界各国都格外重视体育发展劳动者体力的作用，以期减少发病率，达到促进社会生产力发展的目的。这表明，体育的经济功能最初是由体育本身的发展，并间接通过提高国民身体素质，再转化为劳动生产力的。

体育发展对国民经济的促进作用，还明显表现在高度发达的商品经济社会。实践证明，伴随体育社会化、娱乐化和终身化程度的不断提高，为满足体育人口不断扩大的需要，各种运动器材，体育场地设施，体育用品的批量生产、建设和供应，乃至体育健身、体育娱乐和体育旅游业都在迅速发展，已有可能在国民经济中逐渐形成一个庞大的体育产业体系。

竞技体育和商品经济的联系更为密切。比如，一场精彩的体育比赛可以吸引成千上万的观众，并可直接获取门票收入。一些大型运动会，除可带动旅游、商业、交通、电信和新闻出版等行业发展外，还可通过出售电视转播权，发行彩票、邮票、纪念币，收纳广告费，印刷宣传品等途径得到相当可观的经济效益。近几年来，随着商品经济浪潮的猛烈冲击，即使奥林匹克运动会亦难免卷入其中，使之表现出鲜明的商业化倾向。比如，在奥运会期间，世界各国财团都在利用其影响，进行巨额投资，从事商业性活动。有关这方面的成功尝试，当首推1984年在美国洛杉矶举行的第二十三届奥运会。这届首次由民间主办的奥运会，在金融界人士彼得·尤罗斯的领导下，一改以往奥运会亏损的局面，不仅节省了原定的5亿美元的耗资，反而从中获得2.5亿美元的盈利。为此，国际奥委会特授予他金质奖章。尽管不少人基于奥林匹克原则，对此举颇有贬词，但正如国际奥委会主席萨马兰奇所说："我们并不想阻止商业化，因为我们认为商业化对体育具有非常重要的作用。我们所要避免的是将商业化利益置于体育之上。"但1996年亚特兰大奥运会，由于过于商业化倾向而导致组织工作混乱，终于受到世界各国和奥委会主席萨马兰奇的批评。即使如此，由于竞技体育的商业化道路早已被开启，通过体育直接盈利的契机仍被人们所利用。

六、体育的政治功能

在国际舆论中，经常宣传体育超脱政治的观点，但体育和政治的相互联系却始终客观存在。因为任何国家在带有方向性问题上，都要求体育服从政治的需要，同时也充分利用体育对政治所具有的影响。比如，第十四届奥运会期间，美国政府以取火种为名，竟派出舰队向驻守在伯罗奔尼撒半岛上的希腊人民军进行炮击，进而占领奥林匹亚。这种不光彩的被称为"炮火轰燃式"的点火，成为利用体育公然侵犯别国领土的丑闻。1936年，由于国际奥委会错误决定第十一届奥运会在德国柏林举行，希特勒为了炫耀武力，不惜耗费巨资兴建了被称为"冠绝一时"的运动场地；为了标榜日耳曼人种的所谓"优秀"，竟蛮横地拒绝为夺得四枚金牌的著名黑人运动员杰西·欧文斯颁奖。这使得整个奥运会被笼罩在军阀主义和纳粹法西斯主义的不祥气氛中，结果为法西斯分子提供了一次难得的反动政治宣传机会。

体育在维护国家主权和民族尊严方面所显示的政治立场比较鲜明。1956年我国为抗议制造两个中国的政治阴谋，断然宣布不参加第十六届奥运会；为抗议种族歧视，非洲国家体育组织集体抵制1976年的蒙特利尔奥运会。至于为提高国际地位和达到某种政治目的，利用体育为本国外交政策服务的也不乏其例。中国的"乒乓外交"，用合理的方式促使中美关系正常化，为世界各国所称道。但是，我们讲体育的政治功能并不等于用政治代替体育。

第二章　高等学校体育

第一节　高校体育的目的和任务

一、高校体育的目的

目的是人的实践活动对一定境界和目标的指向性。人类的一切活动总是自始至终受其自觉目的的驱使和支配，这也正是人类的社会实践活动区别于自然界事物的自然变化和生物本能活动的一个重要特点。

高等学校体育是研究高等学校体育现象及规律的一门分支学科，它属于教育学和体育学下的一个学科层次。首先高等学校体育是学校教育的重要组成部分，其目的应和学校的教育的总目的相一致；其次，高等学校体育又是体育的一个重要方面，其目的还应充分体现体育的属性。因此，综合来讲，高等学校体育的目的就是以"育人"为宗旨，以运动和身体练习为基本手段，对大学生机体进行科学的培育，在提高其生物潜能和心理潜能的过程中，进德、益智、促美，达到身心健康、全面发展的教育总目的。

高等学校体育的目的是高等学校一切体育实践的出发点和归宿，它决定着高校体育实践的方向、内容和方法，制约着高校体育实践的全过程，具有动员、激励、规范和导向作用。

二、高校体育的任务

高校体育的目的是通过完成以下五方面的任务来具体实现的。

（一）增强学生体质，促进学生身心健康

增强体质是高校体育的首要任务。体质的增强，除了意味着骨骼、肌肉、内脏各器官和系统的增强之外，更意味着大脑机能的改善。它反映为：中枢神经系统对机体发展、发育和人体运动的控制力，神经系统对各器官机能的支配力，大脑皮层对各器官间活动的协调力等。

个体生命的健康存在，是保证人的全面发展的物质基础，而人的一切活动都是在大脑指挥下实现的。人的一切正常活动是在大脑相应部位正常反映的结果，人的一切不正常活动也是大脑相应部位的异常反映的结果，而人的大脑反映的病态和终止也就意味着人的个体行为的障碍和生命的结束。体质增强还包括大脑的灵活性和协调性。体育活动对大脑的锻炼有独到的作用，这一点在当今知识信息时代来临的背景下更显得重要。全面增强学生体质有赖于有目的、有组织的系统运动和练习。要在学生生长发育良好的前提下，实现体姿健美；在机体结构全面发展的基础上，发展学生的"自稳态"，增强学生的免疫力，促使学生精力充沛，生命力旺盛。

（二）促使学生努力掌握体育的基本知识、基本技术和基本技能

通过"三基"知识的学习，教会学生科学的身体锻炼方法，培养学生终身参加体育锻炼的兴趣、能力和习惯。这是在科学的指导下，学生掌握知识和技能、养成良好习惯以及发展智力的过程。

引导学生正确地从事运动和身体练习，必须经过一个由感知到理解，再到巩固和应用的过程。在此过程中的一个重要的转折点便是智力和体力相结合，它不仅表现在运动及身体练习中，而且表现在它们的结果上。高校体育应充分体现智力和体力的结合以及理论知识和实践能力的科学组合。

（三）培养学生的道德意志品质

在体育中对学生进行共产主义道德品质的教育，绝不是运动及身体练习与政治口号的生硬结合，而是要通过运动及身体练习来对学生进行知、情、意、行的教育，最终提高学生的思想品德修养。在此过程中要特别注意培养学生参与和完成运动及身体练习的毅力。同时，学生的行为是受他的理想、信念和情操所支配的，因此在高校体育教育过程中，应十分注意培养学生高尚的情操，通过发展精神品质来更有效地完成体育教育的任务。

（四）培养学生审美和创造美的能力

体育与美，自古以来就紧紧相连。运动是力和智慧的结合，身体练习是意念和形体的统一。人可以用自身的"造型"来表现对客观世界的认识，并通过"造型"达到其增强功能的效果。在运动及身体练习中，学生通过韵律体操、竞技体育、基本体操和律动来表现"造型"的艺术美。美的心灵、美的情操都是通过美的举止、美的造型来表现的。因此高校体育应十分注意培养学生高尚的情操，使"外在美"与"内在美"很好地统一起来。

（五）培养高水平的运动员

多出人才，出好人才，这其中当然也包括出优秀的体育人才，出世界冠军。我们应该充分发挥高校在师资、器材、设施和多学科交叉方面的优势，充分认识大学生的心理、生理特征和体力、智力优势，把部分有运动天赋和运动才能的大学生培养成为高水平的运动员，这是时代赋予高校的新的使命。体育与运动早已被视为"科技水平的橱窗"。当今的世界纪录和世界冠军都是多学科成果的结晶，对运动员体力和智力水平都提出很高的要求。世界级水平的运动员，如足球明星苏格拉底、奥运会四枚金牌获得者刘易斯和短跑新秀约翰逊，都是名副其实的大学生；而被誉为20世纪模式运动员的栏王摩西本身就是博士，他没有教练员，自己安排训练和比赛，却110多次夺得了世界性竞赛的金牌。我国高校要想达到这样的目标，必须采取切实可行的措施，全面推进素质教育，认真解决好大、中、小学生在体育教育方面的衔接问题。

第二节 高校体育的基本途径

国家为我们规定了为社会主义现代化事业培养德、智、体全面发展的建设者和接班人的培育目标，但是，高等教育和高校体育的目的与任务都不会自动实现，它必须通过多种多样的组织形式为其提供具体途径，并实施相应的教学计划才能得以实现。

在我国，高校体育教育过程有以下几种基本组织形式。

一、体育课程

体育课程是我国高等学校教学计划的重要组成部分,被视为高校体育教育的中心环节,也是高校体育教育的最基本的组织形式。它为确保高校体育的目的和任务的圆满实现提供了具体的途径。

建国以来,我国高校均设置了体育课程。国务院批准颁发的《学校体育工作条例》明确规定:"普通高等学校的一、二年级必须开设体育课程……对三年级以上的学生开设体育选修课程。"这一法规为加强高校体育课程建设提供了人、财、物、时间、信息等方面的重要保证,将有力地推动我国高校体育课程的建设。

学生通过体育课程这种特殊的组织形式,逐步树立正确的体育观念,了解体育的基本知识,掌握锻炼身体的基本技术,形成较强的体育意识,增强自身的体育能力,培养自觉坚持参加身体锻炼的兴趣和习惯,接受潜移默化的良好品德教育,增强审美和创造美的能力,深刻领会体育教育与成才的内在联系,从生存、发展、享受等不同层次的需要上去理解体育给自身和国家、民族带来的好处,学以致用,勇于实践,充分理解体育课程目标与高校体育目标的一致性,把握参与体育课程学习的良好时机,努力完成体育课程的各项任务,自觉地使体育与运动进入自己的生活,为成才和奉献打下坚实的物质基础。

二、课余体育活动

高等学校的课余体育活动是体育课程的延续和补充,是高校体育教育过程中不可分割的环节,它为实现高校体育的目的和任务提供了又一重要途径。课外体育活动是学校体育的基本形式,其目的在于增强学生体质,培养学生自觉锻炼身体的习惯,同时可以陶冶学生情操,丰富学生文化生活,发展学生个性,对于完成体育课教学任务具有潜移默化的作用。

我国各个高等学校都十分重视根据本校的实际状况和传统特点,因人、因时、因地制宜地开展多种多样的课余体育活动。这在巩固提高体育课程教学效果、增强学生体质、提高文化学习质量、丰富校园文化生活、增强集体凝聚力等方面都起到了良好的促进作用。我国进入改革开放的新的历史时期以来,许多高校倍加重视为课余体育活动注入时代气息,在内容和形式上均有较大突破,已经收到了令人满意的实效。

(一)清晨运动

早操应视为每天从事有效脑力劳动的准备活动。它可以消除抑制,兴奋神经,加强条件反射,活泼生理机能,促使机体以良好的状态开始一天的学习生活。许多高校都以多样化的内容与形式满足大学生们的个体需要。轻音乐相伴的健身跑,新推广的集体广播操,气功、武术、太极拳、迪斯科健美操以及各种身体素质的锻炼等,定点辅导,分班召集与个人活动相结合,既有统一要求,也有相当的自由度,实效性很好。但是,早操的时间不宜过长,以15~20分钟为宜;运动量不能过大,以振奋和舒畅为度。贵在持之以恒,坚持不懈地参与。许多高校把加强早操与抓好校风、学风建设紧密联系起来,是有远见卓识之举,理当效法。

(二)课间运动

课间操是积极性的休息。文化课程下课后,在教室周围进行3~5分钟的轻微运动,适时转移大脑的优势兴奋中枢,可为下一堂课注入更充沛的精力。就此简单一举,若能长期坚持，适度运用，对提高文化课程学习质量是十分有益的。

（三）课后运动

课后运动是大学生们结束一天课程之后有目的、有计划、有组织地进行运动和身体练习的具体实践。许多高校的课后运动已形成内容丰富、形式多样、色彩斑斓的可喜局面。以教学班为单位的课外辅导，以达到《国家体育锻炼标准》为中心的素质测验，以学生单项运动协会为中心的小型多样的运动竞赛，以迪斯科音乐相伴的健美操，各派气功、太极拳的辅导站，安置现代健美器械的健身房等吸引了数以千计的参与者和观赏者。增强体质、增进健康、丰富知识、陶冶情操、拓展视野、完善人生全在这龙腾虎跃、充满朝气的情境之中。

（四）睡前活动

睡前活动是不少有良好生活习惯的大学生们的和缓运动。每天睡觉以前，用 10 分钟左右的时间，到空气清新的室外散步，练练操、打打拳，轻微、和缓、短暂的运动对于缓解脑神经的兴奋和消除肌肉的紧张十分有利，对于提高睡眠质量和第二天的学习无疑会有潜在的影响。

（五）全校性的运动会和体育节

一年一度的校田径运动会和游泳运动会把各个高等学校的体育教育推到了本年度的高潮。以运动会为舞台给全校师生公平竞争的机会，在拼搏中找寻个人的成功，在竞争中增强集体的凝聚力，每一次校运会的成功，都给学校带来新的活力。

近年来，我国高校中的一些有远见卓识的领导人，在加深了对教育和体育的本质与功能的认识之后，明智地做出决定，在自己学校的校历中，安排为期十天到半月的体育节，全校动员、宗旨明确、内容丰富、情趣高雅、组织严密、效果良好，有如盛大节日一般，这十分值得其他高校效法。

（六）课余运动训练

大学课余运动训练是利用课余时间，对部分身体素质较好并有某项运动专长的学生进行系统训练的一种专门教育过程。它是高校体育的一种主要组织形式，也是认真贯彻执行普及和提高相结合的重要措施。它一方面肩负着提高运动技术水平、创造优异成绩、参与校际和国际交往、为校为国争光的光荣使命；另一方面又承担着指导普及、促进高校体育运动蓬勃开展的艰巨任务。

我国各高校在广泛开展群众性体育活动的基础上，都建立了本校师生共同喜爱的传统运动项目的校代表队，并对其进行科学系统的课余训练。不少高校都取得了令人满意的良好效果。

大学课余运动训练有着目标的双重性、对象的广泛性、时间的课余性、运动项目的专门性与训练手段的多样性相结合等特点，并且拥有高科技、多学科和大学生的体能和智能优势，更新观念、增添措施、遵循规律、敢于创新，有中国特色的大学课余运动训练之路是十分广阔的。

大学课余运动训练的内容应包括身体训练、技术训练、战术训练、智能训练和心理训练等多个方面；大学课余训练的方法则有持续训练法、重复训练法、间歇训练法、交换训练法、游戏和比赛训练法等等。现代运动训练中对放松训练、意念训练、生物反馈训练、催眠训练也应高度重视，在大学课余运动训练中均可广泛采用。但是，一定要实事求是、因地制宜、面对实际、讲求实效，切莫生搬硬套。坚定不移地走出中国大学生的课余运动训练之路，在德、智、体全面发展的基础上，培养更多的世界冠军和世界纪录保持者。

（七）野外活动

野外就是指山、河、湖、海、草原、天空等自然环境，野外活动就是指在这些自然环境中开展的各种活动的总称，它是由活动环境、活动主题、活动内容构成的。野外活动的内容主要可分为陆域、水域、空域；活动的范围可分为陆地运动、水上运动、冰雪运动、空中运动（或称作新体育运动）；活动的性质还可分为竞技性的活动、健身娱乐性活动、教育活动。国内外的实践和研究表明，野外活动具有陶冶情操、强身健体、消除疲劳等效能，深受青少年和广大人民群众喜爱，是其他运动所不能替代的有益活动。其活动特点决定了它对青少年的教育意义，因而已成为发达国家学校教育的内容和终身体育不可少的部分。所以也应把推广野外活动列入我国学校体育之中，使之在促进社会主义精神文明建设，培养青少年爱国主义、集体主义，以及在提高整个国民素质诸多方面发挥积极的作用。

第三章　奥林匹克运动

奥林匹克运动是在奥林匹克主义的指导下，以体育运动和四年一度的奥林匹克庆典为主要活动内容，促进人的生理、心理和社会道德的发展，沟通各国人民之间的相互了解，在全世界普及奥林匹克主义，维护世界和平的国际运动。作为一种文化现象，奥林匹克主义以竞技的形式将不同肤色、不同文化背景的民族紧密联系在一起，对人类的社会生活、文明产生了深刻的影响。作为一种体育现象，奥运会是人类探索体能极限的最引人入胜的赛场。奥运会的奖牌、纪录成为运动员追求的崇高目标，奥林匹克运动已成为参与国家与地区众多，具有巨大吸引力、渗透力、凝聚力的一项全球性运动。奥林匹克运动包括以奥林匹克主义为核心的思想体系，以国际奥委会、国际单项体育联合会和各国奥委会为骨干的组织体系以及以奥运会为周期的活动体系。

第一节　古代奥林匹克运动

受古希腊的自然环境、竞技习俗、教育体制、宗教习俗等因素的影响，公元前776年，有文字记载的第一届奥运会在希腊位于波罗奔尼撒半岛伊利斯城邦南部的阿尔菲斯河和科拉德斯河汇合处的奥林匹亚举行。

古代奥运会期间，整个伊利斯城邦成为宗教圣地，希腊各城邦不再允许有任何战争发生，这就是"奥林匹克神圣休战"。最初，"奥林匹克神圣休战"期为一个月，后来由于地中海沿岸的希腊殖民城邦也参加奥运会，休战期便延长到两三个月。

古奥运会上有许多庄严的仪式，例如点燃圣火，火炬接力，运动员和裁判员宣誓及授奖仪式等等，给古奥运带来庄严、肃穆和神圣的氛围。在竞技场外，各城邦使节聚会在一起讨论政治，缔结条约；哲学家们围在一起讨论人类社会和自然界的众多问题；诗人和艺术家们纷纷朗诵诗作和展示艺术作品；各地商人则竞相推销商品。古奥运会是以祭祀竞技为主，内容和形式丰富多彩的综合性的盛典。

发掘出来的古代奥运会竞技场的跑道长195.25米，宽32米，整条跑道是笔直的，每次可供20名运动员同时进行比赛。

在古奥运会兴起的初期，它的主要竞技项目仅仅只限于单程赛跑，以后陆续又增加了中长距离跑、五项竞技运动、角力、拳击、战车赛、赛马、武装赛跑以及少年竞技项目等，最兴盛时期达到了24项之多。

古代奥运会上的运动员，根据年龄分为少年选手和成年选手，16~20岁的运动员属于少年组，20岁以上者属成年组。由于女子在当时的社会地位极为低下，他们被排除在奥运会的比赛大门之外。

与希腊人特殊的审美情趣密切相连，运动员比赛时不着任何服饰，全身涂满橄榄油、赤身裸体参加比赛。古奥运会的"裸体竞技"展现了人体的自然健美，以之为素材的《持矛的男子》《掷铁饼者》等雕塑是世界文化艺术宝库中的珍品。

古奥运会设有专门的裁判，入选的裁判必须在奥运会举办前10个月，在裁判集训地进行严格的训练，然后在神坛前举行就职宣誓。其后便开始行使奥运会的组织和裁判大权。

古奥运会的优胜者被视为英雄，享有极高的荣誉，他们被授予一枝棕榈和橄榄枝花冠。最初的奖赏偏重于荣誉，以后逐渐发展成为优厚的物质奖赏并授予某种特权。

古奥运会对于那些违反体育道德、弄虚作假、不守规则的运动员和裁判员，都给与无情的鞭挞和取消其比赛资格的惩罚，对比赛中贿赂裁判和对手的运动员还要处以巨额罚款，用于修建宙斯铜像，并在铜像上面刻上被罚款人的姓名及其被罚款的原因。

希腊奴隶制度的衰落，频仍的战争，基督教的兴起和古代奥运会自身的弊病积重难返等导致了古代奥运会衰亡。历时1169年，共举办293届的古代奥运会，在公元前393年被罗马统治者扼杀。公元六世纪连续爆发的特大洪水和强烈地震把奥林匹亚变成了一片废墟。

古代奥运会虽然衰亡了，但它给人类社会留下了宝贵的文化遗产。它创造了一种竞技运动的组织模式，奠定了现代奥运会的雏形。古代奥运会在体育的功能，体育与德、智、美之间的关系，运动生理，运动营养，训练周期，运动道德等方面积累了丰富的、可借鉴的经验。古代奥运会形成了一种以奥林匹克精神为核心的价值体系，追求和平、公平竞争、崇尚健美、拼搏奋进等在今天仍然得到尊崇与借鉴。

第二节　现代奥林匹克运动

一、现代奥林匹克运动的诞生

（一）三大思想文化运动为奥林匹克运动扫清了思想障碍

从14世纪到18世纪，在欧洲相继发生了文艺复兴、宗教改革、思想启蒙运动。这是在思想文化领域里新兴的资产阶级革命，其目的是以资产阶级新文化取代封建主义旧文化，它极大地冲击了欧洲封建主义的精神支柱——中世纪的宗教哲学。

基督教曾以异教活动罪名使古代奥运会惨遭厄运。它提倡的"灵肉对立论"和"禁欲主义"使得中世纪欧洲体育除骑士训练外，全面凋敝。三大思想文化运动提倡人本主义，以"人道"代替"神道"，宣扬自由、平等、博爱和个性解放。为了提倡人文主义运动，新兴的资产阶级猛烈抨击基督教神学关于"肉体是灵魂的监狱"的腐朽说教，宣传古罗马诗人朱维拉尔（公元60—130）"健全的精神寓于健全的身体"的名言，宣传"灵肉和谐"、"身心并完"的身体观，批判"禁欲主义"，反对在宗教的虚幻梦想中追求飘渺的来生，宣传重现实的、健康的、幸福的生活观。三大思想文化运动的一个共同特点是宣扬古希腊身心和谐发展的教育思想，其本质是号召复兴古希腊体育运动和古代奥运会的思想和精神，从而为现代奥林匹克运动的复兴扫清了思想障碍。

（二）资产阶级工业化对体育的新需求

18世纪到19世纪，一个又一个欧洲国家实行资产阶级工业革命。工业革命使生产力大大提高，它不仅引起生产技术根本性的变革，也使社会思想、人们的生活方式发生了重大变化，并推动了教育改革。资产阶级的教育目的是培养具有强壮身体、丰富知识、开拓进取、务实精神的社会活动家和经济实业家。教育工作中的一个主要任务是要培养人的个性和道德。古希腊教育制度和古代奥运会的精神正好符合文艺复兴以来教育家们的思想，从而对教育改革起到了重要的作用。大工业生产造成了都市化生活方式紧张的节奏，也造成了受污染的、肮脏的生活环境。这种情况促使人们去寻求一种理想健康的生活方式，人们把注意力转向人的身体本身，于是体育成为一种日益迫切的社会需要。

（三）资产阶级的教育改革与奥林匹克运动的教育价值

17世纪资产阶级革命后，英国著名教育家洛克（1632—1704）提出"绅士教育"主张。他吸取古希腊教育的基本经验，认为"绅士教育"应包括智育、德育和体育三个部分。他认为对一个民族"只有培养出'野兽般的体魄'才能在未来的竞争中立于不败之地"。法国启蒙思想家卢梭（1712—1778）提出"自然教育论"，以培养身心两健的人，他要求爱弥尔"通过跑跳等活动获得一定的有关古代奥运会的知识"。18世纪欧洲博爱主义教育家们在教育改革中也充分注意到了古希腊教育的经验和古代奥运会的教育价值。他们以古希腊体育传统为基础，吸取骑士体育和民间游戏的优点，奠定了现代学校体育制度的基础。博爱主义教育家肯定竞技运动和古奥运的教育价值，1793年古茨穆茨在他的著作中就论及了奥林匹克运动，1804年他有了恢复奥运会的想法。进入19世纪以后，欧洲进行了广泛的教育改革。其中托马斯·阿若德（Thomas Amold，1795—1842）认为竞技运动不仅可以锻炼身体，而且可以培养学生坚定的性格和崇高的思想，因而他建立了以竞技为主的学校体育，并且让学生自己管理竞技运动，充分发挥竞技运动的锻炼价值和教育功能。以后阿若德的体育思想和方法又越出学校，传向世界。从洛克的"绅士教育"到阿若德的改革，资产阶级在几个世纪的教育改革中，逐步形成了全面发展的教育思想，确立了体育在教育中的地位，推动了奥林匹克运动思想的形成。

（四）竞技运动的迅速发展与体育的国际化趋势

在资产阶级教育改革初期，欧洲大陆多数国家注重军事与体育（尤其是户外运动和竞技运动）相结合，19世纪中期，英国的竞技运动又传到美国、加拿大。到19世纪后期，随着工业生产的迅速发展，都市化生活节奏加快，人们需要寻求刺激性娱乐活动来消除紧张状态。由于竞技运动正适合人们的需要，因而迅速地向世界各地传播，并与其他不同类型的体育项目相结合而成为当代的体育运动。1851年伦敦建立了第一届国际单项体育组织——国际体操联合会。国际单项体育组织的出现，使各项运动在国际范围内有了统一的领导。随后各单项运动和世界性的竞赛逐步兴起，体育出现了国际化趋势。1891年，德国的汉堡举办了第一届欧洲花样滑冰赛，1892年欧洲速滑锦标赛在奥地利首都维也纳举行。国际体育竞赛的迅速扩大，迫切需要建立国际性的体育组织。

（五）奥林匹克考古成果的启示与复兴奥运会的尝试

从18世纪开始，英、法、德等国的学者，相继赴奥林匹亚实地考察发掘。德国考古学家库尔季期从1875年开始对奥林匹亚进行了为期6年的发掘，到1881年，古奥运遗址的主要设施重见天日。接着在奥林匹亚修建了博物馆，展览出土的古奥运文物，使奥林匹亚成为旅游胜地。奥林匹克的一系列考古成果，激发了人们对奥林匹克运动的憧憬，成为奥林匹克运动兴起的又一驱动因素。这些考古成果，特别使希腊人对复兴古奥运的热情高涨。1858年希腊国王发布了《奥林匹克令》，1859年、1870年、1875年、1888年和1889年希腊人都分别举办了泛希腊奥运会。希腊人复兴奥运会的多次尝试，激起了全世界人民对奥运会的极大热情。

（六）顾拜旦的贡献与奥林匹克运动的诞生

在创办奥林匹克运动的众多先驱者中，法国教育家皮埃尔·德·顾拜旦（Pierre de Goubertin，1863—1937）做出了杰出的贡献。他曾对英国教育家托马斯·阿诺德的教育改革和英国竞技运动作过研究，一生投入于教育与体育改革。他对古希腊体育与古奥运有深刻的了解，认为古代奥运会、古希腊宗教、建筑与艺术构成了古希腊文明的三大支柱。在1875—1881年奥林匹亚考古成果的激励下，顾拜旦开始酝酿复兴奥运会的思想。1880年他组建了民族体育联盟，以促进法国竞技运动的开展。他通过对英国等国的调查，了解到国内外体育组织充满矛盾与对立，秩序混乱，职业运动员增多，商业性严重等。顾拜旦强烈地感到应尽快恢复古代奥林匹克精神，以团结、友好、和平精神来指导体育竞赛。而早些时候泛希腊奥运会的不成功的尝试，使他认识到恢复奥运会必须使其具有世界性才有生命力。当时，欧洲国际争端加剧，战争危机日益加重。在这种形势下，顾拜旦认为，既然古奥运会可以体现各城邦的共同性与和平理想，那么通过体育也将能促进交往，加强了解，消除误解与偏见，促进友好共处及世界和平。1889年7月，在巴黎召开的国际体育运动代表大会上，顾拜旦首次公开了用现代形式复兴奥运会的思想。1892年11月25日在法国田径协会成立五周年的大会上，他发表了"复兴奥林匹克"演说，正式提出复兴奥运会的具体构想。于是，奥林匹克运动进入具体筹备阶段。

1893年，根据顾拜旦的建议，在巴黎举行了一次国际体育会议，讨论奥运会的问题。1894年1月，顾拜旦草拟了复兴奥运会的具体步骤和需要探讨的十个问题，致函各国体育组织与团体。通过广泛的接触、磋商，有美国、英国、俄国、瑞士、西班牙、希腊、意大利等39个体育组织表示愿意参加重建奥运会的国际会议。1894年6月16日，"国际体育运动代表大会"在巴黎索邦神学院（巴黎大学前身）隆重召开。与会代表79人，代表着12个国家的49个体育组织，有2 000人参加了开幕式。6月23日大会通过成立国际奥林匹克委员会（International Olympic Committee，简写IOC）的决议。国际奥委会的成立，标志着现代奥林匹克运动的诞生。

二、现代奥林匹克运动的兴起与发展

现代奥林匹克运动自1894年国际奥委会成立至今，已经历了一个多世纪的历程。百年奥运，跌宕起伏，其发展大致经历了四个阶段。

（一）奥林匹克运动初期（1894—1914）

从1894年到1914年第一次世界大战爆发前，当时正值世界性的政治经济关系发生急剧变化，各种民族主义和排外心理妨碍了正常的国际交往。现代体育仅在少数欧洲国家有所开展，世界范围的体育竞赛活动很少进行。此阶段的各届奥运会大都是根据主办国的意愿安排的，随意性较大；而且各种设施及比赛规则都很不完善。国际奥委会及一些单项体育运动组织都只是一种松散的机构。女子被禁止参加奥运会，阻碍了女子体育运动的发展。

这种状况到1908年伦敦奥运会才有了一定的改观，其运动竞赛有了一定的规范，为未来奥运会构建了一个基本模式。在此期间最成功的奥运会应是1912年的第五届奥运会，它从参赛国家、运动员人数、比赛设施到组织等都有了较大的提高。第一次实现了顾拜旦所期望的：没有事故、没有抗议、没有民族沙文主义仇恨的奥运会。

（二）现代奥林匹克运动的形成与壮大（1914—1980）

因世界大战而中断数年的奥林匹克运动会于1920年重新进行。经过第一阶段的实践，奥林匹克运动的组织者意识到奥运会规范化的重要性，在第一阶段初步形成的框架的基础上，逐步健全奥运会的各种制度，使其在组织化、规范化方面大大前进了一步。整个奥运会的基本框架、运行机制和基本特征在这一时期基本形成，比赛项目逐渐合理、比赛设施进一步完善、比赛时间有了限制。先进的技术充分运用到了比赛之中，如电子计时，终点摄影、自动印刷、有线电视。1928年，女子田径项目纳入正式比赛。这一重要变化对奥林匹克运动的普及性和号召力起到了很好的推进作用。这段时期的另一重要发展是1924年开始有了冬季奥运会，将奥林匹克运动扩展到了寒冷的冬天。

两次世界大战期间，奥林匹克运动的组织机构也得到发展，国家奥委会由第一次世界大战前的29个增加到60个。与此同时，各国际单项体育联合会也相继成立，初步形成国际奥委会、国际单项体育联合会和国家奥委会"三大支柱"各司其职的局面。国际奥委会逐渐从奥运会具体技术事务中解脱出来，更多地在领导、协调、决策等更高的层次发挥作用。

这一阶段存在的一个重要问题是政治对奥林匹克运动的影响日益加重，如1936年柏林奥运会，虽从各方面条件来看比以往各届都要先进，但它被希特勒利用，以此向世界显示自己的实力，与奥林匹克和平、友谊和进步的宗旨背道而驰。

第二次世界大战结束后，世界形成了东西两大集团的"冷战格局"，严重地影响到奥林匹克运动。但世界经济振兴和科技发展，也为奥林匹克运动的发展创造了良好时机。

由于苏联和新兴国家的涌现，每届奥运会的参赛国家和人数都在增加，正如顾拜旦所期望的那样，奥运会已在不同的大洲举办。各洲的地区运动会和残疾人运动会也已举办。随着奥林匹克运动的普及，竞技水平得到提高，非洲体育运动开始引起世人的瞩目。随着体育场馆的改善和先进运动器材的引进，奥运会的规模越来越大，艺术性越来越强，先进电子器材的使用和开始实行对运动员性别和违禁药物检测，使比赛的公正性得到加强。通过举办奥运会，城市市政建设也大为改观。

此阶段举行奥运会的资金也由单纯的政府拨款和私人捐款向以政府拨款、社会捐资和出售电视转播权、发行彩票相结合的多种形式方向转变。

此时的奥林匹克组织已不单纯是一个体育机构，他们与政府以及非政府各部门的关系日益密切。一方面，由于各个不同集团都想通过奥林匹克运动这一舞台来谋取自己的目的，政治对奥运会的影响越发明显、复杂和激烈。另一方面，兴奋剂问题、奥运会承办国负担过重等问题都沉重地压在国际奥委会的身上。情况更糟糕的是，除了国际奥委会面临的经济危机外，国际奥委会、国际单项体育联合会和国家奥委会之间开始出现分裂。这种状况直至1972年基拉宁担任主席后才有所改变。

（三）现代奥林匹克运动的改革与发展

1. 现代奥林匹克运动面临的危机

第二次世界大战以后，虽然发展是奥林匹克运动的主流，但在其发展过程中也暴露出种种危机。

（1）政治斗争对奥林匹克运动的影响。早在第一次世界大战爆发前夕和战争期间，帝国主义两大战争集团的矛盾便已深深渗透进奥林匹克运动中。为了摆脱德国的控制，国际奥委会总部被迫从巴黎迁往中立国——瑞士洛桑；在国际奥委会内部，同盟国国家的委员们竭力主张将德国人逐出该委员会。

第一次世界大战后，随着国际矛盾的加剧，奥林匹克运动进一步被卷入政治旋涡之中。德国及其盟国因发动战争被逐出奥林匹克大门；由于对工农政权的敌视，新生的苏维埃俄国也被从参加国中除名；布达佩斯因是"第二个苏维埃国家"的首都，其举办奥运会的资格也被取消。

第二次世界大战后，国际政治舞台上错综复杂的斗争，使奥林匹克运动战后的历程异常坎坷曲折。由于不同政治制度国家间的对峙，包括我国在内的一些人民民主国家的体育主权受到严重损害。它们在相当一段时间未能进入奥林匹克大家庭。国际政治冲突也曾不止一次地导致对奥运会的抵制，使奥林匹克运动受到强烈冲击，面临分裂的危险。

（2）民主改革问题。国际奥委会成立之时便制订了委员自选制度。根据这一制度，新任委员不由某一国家委派，而是由国际奥委会自行选任。这样，国际奥委会委员在组织内并不代表自己的国家，而是国际奥委会派驻自己国家的代表。这一委员自选制度在一定阶段的确对缓解民族的、政治的矛盾起过一些积极作用，但是它也带有明显的局限性——使国际奥委会，以致整个奥林匹克运动脱离各民族、各国家的社会和政治生活。

从20世纪50年代开始，一些国家奥委会提出了奥林匹克运动的民主化问题。进入60年代以后，这一问题成为有关奥林匹克运动发展的热门话题之一。要求国际奥委会民主改革的呼声日益高涨，终于导致"国际单项体育联合总会"（1967年）和"各国奥林匹克委员会常设总会"（1968年成立，1979年更名为各国奥林匹克委员会协会）两个组织的相继问世。它们要求参与对奥林匹克运动的领导，在解决国际体育事务的一些现存问题方面发挥自己的作用。虽然国际奥委会并不承认这两个组织，但也不得不经常同它们一起"共商大计"。国际奥委会的民主改革势在必行。

（3）关于业余原则问题。在国际奥委会成立之初，由于英国体育的极大影响，产生于英国的体育业余原则被写进奥林匹克章程。章程有关条款规定："凡职业运动员，除击剑外，不得参加所有其他奥林匹克项目的比赛。"这一规定使很多出身下层社会、有体育天才的运动员被排除于奥运会之外。因而该条款长期遭到各界反对，被要求做出修改。

20世纪70年代，面对日益高涨的修订业余运动员条文的呼声和不少国家已经采取了不同方式对运动员进行补贴这一事实，国际奥委会开始着手解决这一问题。一个新的概念——"高水平运动员"被提了出来，同时，也确定了对这类运动员的补贴原则。原来的"业余原则"条款也被改称为"参赛资格"条款；但是否允许职业选手参赛问题仍然悬而未决。这直接影响到奥运会作为世界最高级别的综合性运动会的声誉。

（4）财政问题。在奥林匹克运动初期，商业曾经力图利用奥运会，致使第二、三届奥运会几乎成为世界博览会的附属物。但从第四届起，奥运会摆脱了商界的控制，获得了独立的地位。此后，商界虽一直试图向奥运会渗透，但却未收到明显效果。

在第二次世界大战前的几十年间，国际奥委会所承认的国际体育联合会的经费来源，一是会费，二是国际比赛的门票收入。因数额很小，各国际体联本身就入不敷出，因而它们同国际奥委会在收入问题上发生摩擦。但第二次世界大战以后，尤其是20世纪50年代初，出现了出售奥运会广播、电视转播权问题。国际奥委会开始同商界接触，并且就收入分配问题同国际体育联合会进行讨论。

进入20世纪60年代以后，世界电视业蓬勃发展，电视在不少国家普及，于是出售奥运会电视转播权遂成为国际奥委会主要经费来源之一。但由于举办奥运会耗资越来越大，举办国的经济负担十分沉重,已至于申办1984年奥运会时,各城市都因财政问题拱手让出该届奥运会的主办权,最后美国洛杉矶成为惟一申请主办的城市。

(5) 奥运会项目问题。第二次世界大战以后,奥运会的"项目膨胀"问题也令国际奥委会深感头疼。从1952年开始,奥运会比赛项目逐渐增多。根据国际奥委会的规定,夏季运动项目只要在3个洲、冬季项目只要在两个洲普及,便可望成为奥林匹克项目。在各国群众体育运动蓬勃发展,新兴项目不断涌现的20世纪,有资格成为奥林匹克项目的群体活动形式日益增多。

在奥林匹克大项目总数迅速增加的同时,少数小项目的增长尤为突出,从而使得奥林匹克项目的发展出现畸形。如田径和游泳小项的迅速增长,到20世纪80年代时便已超过整个奥林匹克项目小项的1/3。项目的畸形发展虽保证了少数国家奥运会上的优势,但却妨碍了其他项目的正常发展。

随着奥运会参赛国家和人数的增加,奥运会的规模越来越大。由此给主办城市带来的诸如经济负担、安全保卫、场地设施等矛盾越来越尖锐。

2. 现代奥林匹克的改革

1980年胡安·安东尼奥·萨马兰奇(Juan Antonio Sama-ranch)被选举担任国际奥委会的第七任主席。在其前任基拉宁勋爵工作的基础上,萨马兰奇以更加积极的态度和务实的精神,开始了一系列改革和创新,奥林匹克运动进入了一个兴旺发达的新阶段。

(1) 政治改革。从20世纪80年代开始,国际奥委会走出自身的封闭状态。该组织的官员,特别是国际奥委会主席频繁地访问世界各个国家,与各国政府、有关国际组织、大众传播媒介、跨国公司等方方面面都建立起相互信任的稳定合作关系,获得了国际社会对奥林匹克的普遍支持。与此同时,国际奥委会在《奥林匹克宪章》中明确提出反对将体育运动和运动员滥用于任何政治目的。正因为有如此鲜明的政治态度,加之又能比较现实地面对一些政治问题,比较灵活地处理一些政治纠纷,所以,奥林匹克运动的国际作用在当代社会越来越被人们所重视。

(2) 经济措施。1984年洛杉矶奥运会的组织策划者——奇人尤伯罗斯的成功运作:采取以商业性开发为主筹集举办奥运会所需要资金的方式,奥运会从此扭亏为盈。洛杉矶奥运会的经营模式得到人们的普遍肯定。正是依靠对奥运会的成功的商业性开发,奥林匹克运动获得了自身发展的坚实的经济基础。从1984年到2002年,国际奥委会共筹集到总数额达数十亿美元的发展资金,有效地推动了奥林匹克运动的传播和发展。

(3) 奥运会向职业运动员开放。20世纪80年代的改革彻底取消了只允许业余选手参赛的限制,宣布奥运会向世界上一切最优秀的运动员开放。只要运动员处于国际奥委会所承认的某一体育组织就可以参赛。国际奥委会已经认识到:由于竞技运动水平的迅速发展,运动员必须投入大量的时间和精力。在高水平的竞技运动中,纯粹的业余运动员早已不复存在。各国或明或暗给奥运选手以经济补贴早已成为公开的秘密。在这种情况下继续坚持业余主义,已经严重地阻碍了奥林匹克运动的发展。职业选手的参赛,使奥运会成为了名副其实的世界最高水平的综合性运动会,奥林匹克运动的声誉随之不断地提升。

(4) 奥林匹克运动内涵的扩大。

①国际文化内容成为奥林匹克文化艺术节中的重要成分。如1984年洛杉矶奥运会上,国际奥林匹克艺术节持续了十周,内容包括舞蹈、音乐、歌剧、戏剧和各种展览。艺术节上,既有外国艺术团体的演出,也有本国的、本民族的艺术表演。此后在汉城、巴塞罗

那、亚特兰大奥林匹克艺术节中，国际性的文化活动都占有重要的地位。

②努力推动全世界大众体育的发展。为了促进群众体育的发展，扩大奥林匹克运动的影响，国际奥委会成立了大众体育委员会。从1984年起，国际奥委会号召全世界在每年的6月23日国际奥委会成立纪念日，由各国奥委会组织"奥林匹克日"纪念活动，包括群众性的10千米长跑或其他群体活动。此外，国际奥委会还资助世界大众体育代表大会的召开以及各种类型的群众性体育活动。

③促进体育科学研究的繁荣。国际奥委会积极促进体育科学研究，特别是与奥林匹克有关的体育科研成果。除了赞助在每届奥运会前举办的国际奥林匹克科学大会外，还设立了"国际奥委会主席体育科学奖"，按年度轮流对体育人文社会科学和人体科学的优秀研究成果给予奖励。

3. 奥林匹克运动的未来

(1) 均衡化。人类进入21世纪后，亚洲和太平洋地区迅速崛起，使世界格局逐渐变化。随着奥林匹克运动的发展，奥运会的举办城市将遍及各大洲；竞技运动水平的差距也将逐渐缩小；奥林匹克运动将在世界各大洲的更多国家得到普遍发展。

1985年，国际奥委会成立了"大众体育委员会"，表明国际奥委会对大众体育的重视和支持。奥林匹克运动将会展现全球性和群众性体育活动和以奥运会为最高层次的竞技运动的协调、均衡发展。

奥运会的比赛项目将会做出较大调整：增加女子项目，使之与男子项目逐渐均衡；竞技性高、观赏性强的项目将逐渐取代枯燥、单调的运动项目；破坏生态、不利环境保护的项目将被淘汰；冰雪项目将逐步向室内发展。

(2) 民主化。按国家统计，所有国际奥委会成员来自85个国家和地区。半数以上的国家由于没有自己的国际奥委会委员，因此没有直接参与奥林匹克重大事务的发言权和决策权。奥林匹克运动面临的不仅是体育问题，更多的是政治问题、经济问题和法律问题，特别需要社会各方面和各成员国的协作。随着国际社会民主改革呼声的日益高涨，国际奥委会将对此给与更多关注，进一步提高其民主程度。

(3) 商业化在有控制的条件下发展。未来奥运会的规模还将扩大，举办奥运会的资金必将大幅度增长。商业化程度进一步提高，将成为未来奥林匹克运动发展的重要特征之一。为了保证商业化朝着有利于奥林匹克运动健康发展的方向不断提高，国际奥委会将尽可能地对奥林匹克运动有关的商业活动进行有效的控制。如为防止电视广播公司有可能造成的对奥运会运作的威胁和控制，国际奥委会将尽量降低电视转播费在其总收入中的比例。

(4) 限制过分职业化。越来越多的职业运动员进入奥运赛场，这不仅提高了奥运会的竞争性和观赏价值，还确保了奥运会作为世界最高水平的综合性运动会的不可动摇的地位。奥林匹克竞技的职业化是大势所趋，但高度职业化会给奥运会带来许多新问题和负面影响。国际奥委会将继续对职业运动员采取逐步的、"有限度的开放"，通过制定必要的规章等方式，尽可能限制过分职业化；还将通过大力宣传教育，防止由职业化带来的与奥林匹克宗旨的冲突，确保奥林匹克运动的健康发展。

(5) 奥林匹克的人文价值愈益突出。人文价值追求是奥林匹克运动有别于其他竞技运动的主要特点，奥林匹克运动的兴衰在很大程度上取决于奥林匹克人文价值废存。100多年的现代奥林匹克运动发展充分说明，奥林匹克运动之所以能够克服种种困难、排除各种干扰而健康地发展，一个很重要的原因就是它本身所具有的人文价值，竞技与人文价值追求相结合是奥林匹克运动发展的必由之路。2008年北京奥运会鲜明地提出"人文奥运"理念，即是对此的最好注解。

第三节　奥林匹克运动体系

现代奥林匹克从诞生到现在，已基本构成了较为完整的体系。整个奥林匹克体系主要由思想体系、组织体系、活动内容体系组成。

一、奥林匹克运动的思想体系

奥林匹克运动的思想体系包括奥林匹克运动的宗旨、奥林匹克主义、奥林匹克精神及奥林匹克格言。

（一）奥林匹克宗旨

《奥林匹克宪章》指出，奥林匹克的宗旨是"通过没有任何歧视、具有奥林匹克精神——以友谊、团结和公平精神互相了解——的体育活动来教育青年，从而为建立一个和平的更美好的世界做出贡献"。其基本含义是：

（1）奥林匹克运动的目标是促进人类社会向真善美方向发展。奥林匹克运动试图架设沟通各国人民之间相互了解的桥梁，促进世界和平，减少战争威胁。

（2）奥林匹克运动试图以富有人文精神的体育运动作为实现自己宗旨的途径，在世界各国青年间建立起友谊的纽带。

将体育运动的作用提高到不仅促进人的全面发展，而且与社会的发展联系起来，明确地将体育这种力量应用到了广阔的范围，应该说是奥林匹克运动的一大创举。

（二）奥林匹克主义

《奥林匹克宪章》给奥林匹克主义的定义为："奥林匹克主义是将身、心和精神方面的各种品质均衡地结合起来并使之得到提高的一种人生哲学。它将体育运动与文化和教育融为一体。"这个定义明确地指出：

（1）奥林匹克主义的中心思想是人的和谐发展，从而使奥林匹克运动有了明确的思想方向。

（2）奥林匹克主义强调人的和谐发展的关键是生活方式的改善。现代社会，人的片面发展很大程度上是由不良的生活方式造成的。因此要使人身心得到和谐发展，必须通过确实可行的途径，改善人的生活方式，从根本上解决问题。因此奥林匹克明确宣布它是一种"人生哲学"。

（3）奥林匹克运动将体育运动作为实现人的和谐发展的途径，试图以体育运动来造就一代新人。

（4）为达到人的和谐发展的目的，体育运动必须与教育、文化相结合。奥运会是体育运动加文化，这是它与一般运动的区别所在，正是由于浓郁的文化氛围，使奥运会的参与者在身心两个方面都得到了发展。

（5）奥林匹克运动强调奥运选手榜样的作用。奥林匹克抓住青少年崇拜英雄的特征，将树立"良好榜样"作为主要教育方式，对青少年进行积极、有效的教育。

(三) 奥林匹克精神

《奥林匹克宪章》指出，奥林匹克的精神就是相互了解、友谊、团结、公平竞争的精神。

（1）奥林匹克精神强调对文化差异的容忍和理解。奥林匹克运动是国际性运动，它不可避免地面临世界上文化间的各种差异及由此引发的各种问题、各种矛盾和不同的生活方式、价值观念。奥林匹克强调相互了解、友谊、团结就是要形成一种精神氛围，在这种氛围中，不同文化千姿百态，从而使文化的差异变成促进人们相互交流的动力，使人们打破各自狭窄的眼界，以世界公民博大的胸怀，去认识、理解其他民族，领悟、吸收各民族的精华，不断丰富自己，实现真正的国际交流。

（2）奥林匹克精神强调竞技运动的公平与公正，只有在公平的基础上竞争才是有意义的，各国运动员才能保持和加强团结、友谊的关系，奥林匹克运动才会实现神圣的目标。

(四) 奥林匹克格言

奥林匹克格言也称奥林匹克口号，即"更快、更高、更强"。它充分地表达了奥林匹克运动所倡导的不断进取、永不满足的奋斗精神。虽然只有短短的六个字，但其含义却非常丰富，它不仅表示在竞技运动中要不畏强手，敢于竞争，敢于胜利，而且鼓励人们在自己的生活和工作中不甘平庸，朝气蓬勃，永远进取，超越自我，将自己的潜能发挥到极限。

二、奥林匹克运动组织体系

奥林匹克主义的思想体系能够得到贯彻、奥林匹克运动的各种活动能够付诸实施，是因为奥林匹克有一个结构完备、功能齐全的组织体系。它是由国际奥委会、国际单项体育联合会、各个国家或地区的奥委会三部分组成的。这三者通常称为奥林匹克运动的三大支柱。它们互相配合，相辅相成，保证着奥林匹克运动的正常进行。

(一) 国际奥林匹克委员会

国际奥委会是奥林匹克最高权力机构，它是国际性的、非政府性的，非营利性的，是奥林匹克运动的指导者、捍卫者和仲裁人。国际奥委会具有法人地位，它的存在是无期限的，国际奥委会的任务是按照奥林匹克宪章领导奥林匹克运动。国际单项体育联合会只有获得国际奥委会的承认，其管辖的运动项目才有可能列入奥运会比赛项目；国家奥委会只有获得国际奥委会的承认，才有权参加奥运会。国际奥委会对奥运会拥有全部权利。如奥运会举办城市的确定以及确定比赛项目，取消运动员参加奥运会资格等。

1. 国际奥委会全体委员会议

全体委员会议是国际奥委会的最高权力机构，具有奥林匹克一切重大问题的决策权。例如，通过修改、解释奥林匹克宪章，批准接纳奥委会新委员，选举奥委会主席，遴选奥运会举办城市等。国际奥委会全体会议每年至少举行一次，在奥运会年举行两次。

2. 国际奥委会执行委员会

执行委员会由全会授权行使国际奥委会的职责，是日常事务的常设机构。现由11人组成，包括主席（任期8年）、副主席4人（任期4年）、委员6人（任期4年）。

3. 国际奥委会秘书处

秘书处是处理国际奥委会日常事务的机构。

4. 专门委员会

（二）国际单项体育联合会

国际单项体育联合会指的是在世界范围内管辖一项或几项运动项目并接纳若干管辖这些项目的国家和地区级团体的非官方的国际组织。

国际单项体育联合会由各个国家和地区的单项协会组成，其最高权力机构定期召开代表大会。根据《奥林匹克宪章》规定，国际单项体育联合会在奥林匹克运动中的主要任务是负责它所管辖的运动项目的技术和行政管理方面的工作。

（三）国家奥林匹克委员会

国家奥委会是按照《奥林匹克宪章》的规定建立起来的，并得到国际奥委会承认的负责在一个国家或地区开展奥林匹克运动的组织，是奥林匹克运动的基本功能单位。

国家奥委会担负着各个国家或地区发展和维护奥林匹克运动的重大任务。其具体职责是：宣传奥林匹克主义的基本原则；保证奥林匹克宪章在本地区的遵守；促进运动技术水平以及群众体育的发展；培训体育管理人员；保证这些培训有助于传播奥林匹克主义的基本原则；维护体育道德；选定举办奥运会的城市；组织和领导各自代表参加奥运会和国际奥委会赞助的地区、州或世界性的综合运动会。

三、奥林匹克运动的活动内容体系

国际奥委会与国际单项体育联合会、国家奥委会以及各方面人士的密切合作，大胆地创新与设计，逐步改革与完善，使奥林匹克运动有了丰富多彩的活动内容与形式，形成了具有鲜明特色的奥林匹克的活动体系。

（一）奥林匹克运动会

四年一度的夏季、冬季奥林匹克运动会是奥林匹克运动众多活动内容中最主要的活动，是奥林匹克运动的主旋律。

1. 竞技运动比赛

竞技运动比赛是奥运会的主要内容。目前有 36 个国际单项联合会管辖的运动项目是国际奥委会承认的比赛项目，其中夏季 29 大项，冬季 7 大项。夏季奥运会比赛项目不得少于 15 个大项。

2. 奥林匹克仪式

仪式包括圣火传递、开幕式、闭幕式、发奖仪式，不仅给奥运会以浓烈的节日气氛，而且大大提高了奥林匹克的境界，使它庄严、神圣。这些仪式是奥运会的主要组成部分。

3. 奥林匹克文化节

文化节是国际奥委会根据奥林匹克主义的原则力图把体育运动与文化和教育融合起来的主要活动。组委会在国际奥委会同意下，组织安排充分展示举办国和世界各种文化特色的文化活动。它包括音乐、舞蹈、文学、绘画、雕刻、摄影、戏剧、建筑艺术、体育集邮。

4. 奥林匹克青年营

奥林匹克大家庭视奥林匹克青年营为奥林匹克区域，严禁任何政治的、宗教的、种族的宣传和示威。青年营营员由各国家和地区奥委会推荐，年龄在 18~22 周岁之间，营期最长不得超过 25 天，人数一般在 500~1 500 人之间。活动内容包括体育、文化、民族活动。在奥林匹克的旗帜下，世界各地的青年互相交流、学习，以深刻理解奥林匹克运动的理想。

(二) 奥运会举办城市的确定

举办奥运会是对举办国的城市在政治、经济、文化、教育等方面的一次大检阅,同时也能带来巨大的经济、社会效益。因此,申办奥运会的角逐是激烈的,只有符合国际奥委会在十个方面的 23 条规定的城市,通过申报、考核和遴选才能获得举办权。

(三) 奥林匹克运动的其他活动内容

奥林匹克运动的其他活动内容包括：各大州的州际运动会、伤残人奥运会以及国际奥委会承认的竞赛活动；大众体育活动,如每年举办的"奥林匹克日"；奥林匹克科学、文化教育活动,主要包括开办国际奥林匹克学院、建立奥林匹克博物馆、召开奥林匹克科学大会等；表彰为奥林匹克运动做出贡献的团体、个人而进行的颁奖活动。

第四节 奥林匹克运动会的筹办与仪式

一、奥运会主办城市的遴选

《奥林匹克宪章》规定,遴选奥运会主办城市是国际奥委会的独特权力,遴选工作必须在奥运会举办前 7 年完成。

(一) 申办奥运会的条件

根据国际奥运会执委会颁发的举办奥运会城市的条件规定及各国际单项体育组织对比赛场地和技术的要求,归纳起来,主办国应备有十个方面的条件：①社会政治稳定。②体育场馆及设施齐备。③国家的开放和现代化。④经济保证。⑤国际和城市交通的便利以及先进的通讯信息设施。⑥安全保证。⑦文化艺术成就。⑧城市的美化和环境保护。⑨举办大型国际比赛的经验。⑩对国际赞助商的吸引力。

(二) 奥运会主办城市的遴选程序

国际奥委会首先向各国奥委会发出是否申请举办奥运会的征询书,同时规定各申请城市提交申请书的截止日期。国际奥委会规定,申请城市必须经过本国奥委会的批准方能具备申办资格。国际奥委会确定奥运会举办城市目前采用的程序是：

1. 由申办城市向国际奥委会提出书面申请

由于现代奥运会筹备工作需要足够的时间才能完成,国际奥委会在奥运会举行的前 8 年即开始招标,并规定明确的截止日期。意欲举办奥运会的城市须在此日期前以正式的书面形式向国际奥委会提出申请。申请报告必须经本国奥委会批准,并由该国政府签署表示支持。

2. 国际奥委会评价委员会实地考察

国际奥委会和奥运会项目的国际单项体育联合会发出对申办城市各种条件进行调查的有关表格和问卷,这些问题非常具体而详尽,涉及举办奥运会的各个方面。申办城市将自己对这些问题的回答汇总,装订成长达数百页的申办报告,实际上这就是一个非常详细的举办奥运会的计划。该计划要在国际奥委会全会表决前六个月送交国际奥委会。然后,国际奥委会组成评价委员会,评价委员会由以下各方代表组成：国际奥委会、奥运会项目的国际单项体育联合会、国家奥委会、前举办国奥运会组委会、运动员、环境保护及财政方面的专家。评价委员会赴各申办城市进行实地考察，并将考察的结果以书面报告形式呈交国际奥委会。

3. 国际奥委会遴选团进行初步筛选

国际奥委会在接到评价委员会对各申办城市的评价报告后，组成国际奥委会遴选团。其人员构成为：国际奥委会执委会中非申办国的委员、国际奥委会评价委员会主席和奥林匹克运动的各方代表。遴选团根据评价委员会的报告及申办城市的陈述，筛选出数个城市提交全会表决。

4. 国际奥委会全会投票，确定举办城市

奥运会举办城市的最后确定权完全由国际奥委会全会掌握。具体形式是在奥运会举办前7年召开的国际奥委会全会上，由全体委员秘密投票表决。在投票中，只要某个申办城市获得半数以上的选票，即被确定为举办城市。在有几个城市竞争的情况下，采用多轮投票的方法，每一轮淘汰票数最少的一个城市。如果两个城市票数相同，则增加一次专为这两个城市的投票，从中淘汰一个。国际奥委会主席不参加投票，如最后一轮两个城市票数相等，则由主席来决定主办者。

5. 国际奥委会与举办城市签约

举办城市确定后，该城市即与国际奥委会签订正式的协议——"举办城市合同"，承担具有法律约束力的责任，保证组委会将遵照《奥林匹克宪章》和国际奥委会的指示，不折不扣地履行协议中的各项条款。

二、奥委会的组织工作

（一）奥委会组织委员会

组织委员会是奥运会主办国国家奥委会主持成立的、专门负责奥运组织工作的临时机构，简称奥运会组委会。组委会负责运动会的接待、财政、竞赛、安全、医务、外事、电视广播、艺术表演、建筑工程、活动计划、奥运器材和保险等事务。组委会的成员主要由奥运会举办国各有关方面人员组成。组委会主席由举办城市的市长或主办国奥委会主席担任，成员必须包括国际奥委会在该国的委员和国际奥委会秘书长。

（二）主体育场

主体育场是奥运会最重要的场馆，一般开幕式、闭幕式、田径比赛和部分足球比赛都在这里进行。奥林匹克圣火要在主体育场醒目的位置燃烧，直到奥运会结束。主体育场的建设也需要主办国投入最多的资金，花费最多的心血。奥运会结束以后，主体育场往往成为一个城市具有纪念意义的标志性建筑。

（三）奥林匹克村

奥林匹克村是奥运会主办者为参加奥运会的运动员、官员和工作人员提供的住宿地。在奥运村中，必须有餐厅、医院、商店及文化娱乐中心等辅助设施。《奥林匹克宪章》规定，奥运会组委会应负担运动员、官员和工作人员在奥林匹克村的全部膳食费用和在当地的交通费用。各国代表团入住奥林匹克村都要举行一个简单而庄重的入村仪式，首先由村长致欢迎词，代表团致答谢词，然后奏代表团所属国的国歌，最后升起代表团国家的国旗。

（四）运动员参赛资格

1. 运动员参赛资格

一个运动员要参加奥运会的比赛，首先必须符合下列基本的要求：运动员所属的国家奥委会必须是国际奥委会的成员，运动员必须遵守国际奥委会章程，遵守国际奥委会批准的国际单项体育组织的规则；参加奥运会的运动员必须是选派他参赛的国家奥委会所在国的国民。1990年11月在国际奥委会东京第九十六届会议上，再次修改了《奥林匹克宪章》，明确规定运动员参赛资格为：①尊重公正比赛和非暴力精神，并在运动场上表现出来。②不使用国际奥委会或国际单项体育联合会规则禁用的药物和方法。③尊重并遵守国际奥委会医务条例。④在奥运会期间不允许将本人及其姓名、图像或比赛成绩用于广告目的。⑤报名或参加奥运会不应取决于任何经济上的考虑。

2. 运动员性别及兴奋剂检查

体育运动竞赛遵循的是一个让参加者在平等、合理的条件下公正地进行竞赛的原则。由于前些年在一些运动项目中有两性人参加女子项目比赛，其运动成绩明显高于女子，引起了人们的重视。为了确保女子项目中没有两性人或男子参加，国际奥委会规定，在奥运会比赛前对所有女运动员都进行性别检查，检查合格者发给合格证，方能参加女子项目的比赛。这已成为奥运会赛前的一项必须检查措施。

第十八届奥运会体育科学会议对兴奋剂所下的定义是：为提高运动能力而服用的刺激性或超过正常量的药物。由于在许多竞赛中经常发现运动员使用兴奋剂，奥运会章程规定，所有参赛运动员必须服从奥委会医药委员会规定的医药管理和检查，对拒绝检查和被发现服用过兴奋剂的运动员，取消其所获成绩和名次。目前对兴奋剂的检查主要是通过运动员尿液作色谱分析，以便准确地测定其化学成分。也有采用先进仪器通过连续呼吸和取血样检验的。奥运会中检查方法有两种：一是在运动员中抽查；另一种是对每一单项运动的前几名运动员检查。比赛结束后，接到通知的运动员在一小时后向药检站报到。在这一小时内，运动员有专人陪伴，不得离开比赛地点。

（五）裁判员

奥运会比赛的技术问题一般是由各国际单项体育组织负责的，裁判工作也不例外。各单项组织在奥运会前向各国的国际裁判们发出邀请，并组织他们进行所管辖项目比赛的裁判工作。但是那些担任辅助工作的裁判员，如巡边员、司线员、记录员等大都由东道国派出。应邀参加奥运会裁判工作的裁判员所需的费用由奥运会组委会负责。在奥运会期间，他们不住在奥运村，而是根据项目分开居住在旅馆里。他们凭身份卡进入比赛场馆，但不能进入运动员居住的奥运村。奥运会要求裁判工作公正准确，并接受国际单项体育组织、技术委员会和仲裁委员会的监督。不公正的裁判员将受到控告或被撤换。

（六）广告、吉祥物、邮票

1. 广告和经费的来源

奥运会在竞赛的运动场或其他体育场内是严格控制广告的，不准设置广告牌。参加比赛的运动员、官员所穿的服装上也都不准许有商业广告。虽然奥运会严格禁止广告，而事实上奥运会的各种活动都离不开广告。尽管衣服和装备上都没有商业广告字画，还是有很多选手受到各个厂商的赞助，为这些厂商做广告。在争取成为奥运会的举办国和筹集经费等活动中都有很多厂家在背后竞争、赞助，以达到广告的目的，广告费用是举办奥运会的强有力的经济支柱。

举办奥运会,从修建场馆和各种设施,到组织运动会的竞赛活动都需要大量资金。一般需要几亿甚至几十亿美元。从 1896 年至 1980 年主办奥运会的东道国都是靠财政支出。但是,第二十三届奥运会改变了以前完全依靠官方投资来举办的形式,在组织竞赛时,组委会主席——尤伯罗斯充分利用了洛杉矶现有场馆,同时,处处精打细算,仅耗资 5 亿美元便成功地举行了这届奥运会,还盈利 2.25 亿美元。

2. 吉祥物

吉祥物是每届奥运会中有趣而有代表意义的纪念品。奥委会虽然对吉祥物没作具体规定,但是吉祥物事实上已经成为奥运会的象征,具有祝愿大会顺利、圆满成功的含义。吉祥物的选定都是由奥运会各举办城市根据本国或本地特色而设计的一种经过艺术加工的动物形象。吉祥物被做成各种实物形象或作为图案印在各种奥运会纪念品上,一定要经过国际奥委会或举办国奥委会同意。这也是一种筹集奥运会资金的专利。

3. 邮票

在第一届雅典奥运会上,主办国希腊为弥补大会开支,发行了世界上第一套奥林匹克纪念邮票,共 8 种图案,12 枚。自第七届奥运会后,发行奥林匹克邮票盛行起来。第十二、十三届奥运会因第二次世界大战而停开,但波兰的体育爱好者在集中营里仍雕刻木模,印制邮票。1980 年,中国首次派代表团参加第十三届冬季奥运会,并发行了第一套奥运会纪念邮票。同年又发行了中国重返奥运会一周年纪念邮票。

三、奥运会的仪式

(一) 圣火点燃及传递

古希腊在每届奥运会举行以前,人们都要高举着在赫拉神庙前点燃的火炬,奔赴各个城邦,去传递停战的神谕和奥运会召开的消息。现代奥林匹克运动创立以后,最初并没有承继这个传统。直到 1920 年在安特卫普的第七届奥运会上,为了悼念第一次世界大战中死去的人们,主办者在主会场上点燃了象征和平的火炬,但没有进行火炬传递活动,火种也不是从奥林匹亚采集的。1934 年,国际奥委会在雅典正式做出决定,在奥运会期间,从开幕到闭幕,主会场要燃烧奥林匹克圣火,并且火种必须采自奥林匹亚,以火炬接力的形式传到奥运会主办城市。从此,圣火传递成为每一届奥运会必不可少的仪式。

从 1936 年柏林奥运会开始,每届奥运会前,在奥林匹亚的赫拉神庙遗址前都要举行庄重的点火仪式,国际奥委会、奥运会主办地和当地的官员都要出席。身着古装的希腊少女用聚光镜采得火种,然后用火炬传到雅典,再由雅典传到主办城市。火炬接力的整个过程都是很隆重的,往往政界要员、著名运动员都亲自参加。在火炬接力途中,如遇高山峻岭、江河湖海,则可用飞机、轮船运送。火种必须在奥运会开幕前一天到达主办城市,在开幕式举行时由一人手持火炬,在人们的欢呼声中点燃位于主体育场醒目位置的"奥林匹克圣火"。有幸承担这个使命的多是一些著名运动员。1936 年柏林奥运会的开幕式上,由德国田径运动员希尔根(Fritz Schilgen)点燃圣火。

(二) 开幕式与闭幕式

1. 开幕式仪式

开幕式历来都是奥运会的重头戏。在开幕式上既要反映出以和平、团结、友谊为宗旨的奥林匹克精神,也要展示出东道国的民族文化、地方风俗和组织工作的水平,同时还要表达对世界各国来宾的热情欢迎。开幕式上,除了进行一系列基本的仪式外,一般都有精彩的富有民族特色的团体操、文艺或军事体育表演。开幕式主要有以下仪式：

①奥运会组委会主席宣布开幕式开始。国际奥委会主席和奥运会组委会主席在运动场入口迎接东道国国家元首，并引导他到专席就座。

②各代表团按主办国语言的字母顺序列队入场，但希腊和东道国代表团例外，希腊代表团最先入场，东道国代表团最后入场。

③奥运会组委会主席讲话，国际奥委会主席讲话。

④东道国国家元首宣布奥运会开幕。奏《奥林匹克圣歌》，同时奥林匹克旗以水平展开形式进入运动会场并从赛场的旗杆上升起。

⑤奥林匹克火炬接力跑进入运动场，最后一名接力运动员沿跑道绕场一周后点燃奥林匹克圣火，然后放飞鸽子。各代表团的旗手绕讲台形成半圆形，主办国的一名运动员登上讲台。他左手执奥林匹克旗的一角，举右手，宣读以下誓言："我以全体运动员的名义，保证为了体育的光荣和我们运动队的荣誉，以真正的体育道德精神参加本届奥林匹克运动会，尊重并遵守指导运动会的各项规则。"

⑥主办国的一名裁判员登上讲台，以同样的方式宣读以下誓言："我以全体裁判员和官员的名义，保证以真正的体育道德精神，完全公开地执行本届奥林匹克运动会的职务，尊重并遵守指导运动会的各项规则。"

⑦奏或唱主办国的国歌，各代表团退场。

⑧这些仪式结束以后，是团体操或其他表演。这是历届奥运会开幕式工作量最大、准备时间最长、花费最多的项目，东道国往往提前一两年即开始准备，并挖空心思，以期能以恢弘的气势、独特的民族精神吸引来宾。开幕式的成败与否，在很大程度上取决于团体操和表演的效果。

2. 奥运会会旗、会歌

会旗：1913年在顾拜旦建议下确定，并在1914年巴黎奥林匹克代表大会上为庆祝国际奥委会成立20周年而首次升起。会旗的图案是在白色无边的绸布上镶绣五个相互套连的彩色环。旗为长方形，环的颜色由左至右为蓝、黄、黑、绿、红。1920年安特卫普奥运会结束后，比利时国家奥委会将大会使用的那面旗赠给国际奥委会，这面旗帜就成了国际奥委会的正式会旗。从此以后，历届奥运会都有会旗交接仪式，但使用的是一面代用品，图案一样，只是规格要大一些。冬季奥运会会旗是1952年挪威奥斯陆市赠送的，其交接和使用与夏季奥运会会旗相同。

会歌：1896年在雅典第一届奥运会的开幕式上，国王乔治一世宣布奥运会开幕以后，合唱队唱起了一首庄严而动听的歌曲《奥林匹克圣歌》。这是一首古希腊歌曲，由希腊人萨马拉斯（Spiros Samaras）作曲，帕拉马斯（Costis Palamas）作词，但当时并未将其确定为奥运会会歌。国际奥委会在1958年于东京举行的第五十五次全会上最后确定还是用《奥林匹克圣歌》作为奥林匹克会歌。其乐谱存放于国际奥委会总部。从此以后，在每届奥运会的开、闭幕式上都能听到这首悠扬的古希腊乐曲。这首歌歌词内容如下：

古代不朽之神，美丽、伟大而正直的圣洁之父。

祈求降临尘世以彰显自己，让受人瞩目的英雄在这大地苍穹之中，

作为你荣耀的见证。

请照亮跑步、角力与投掷项目，这些全力以赴的崇高竞赛。

把用橄榄枝编成的花冠颁赠给优胜者，塑造出钢铁般的躯干。

溪谷、山岳、海洋与你相映生辉，犹如以色彩斑斓的岩石建成的神殿。

这巨大的神殿，世界各地的人们都来膜拜，啊！永远不朽的古代之神。

3. 闭幕式

开幕式突出的是庄严、隆重，闭幕式则多一些欢乐的气氛。必不可少的程序有：

（1）各代表团的旗手按开幕式的顺序成一列纵队进场，在他们后面是不分国籍的运动员队伍，旗手在讲台后形成半圆形。

（2）国际奥委会主席和当届奥运会组委会主席登上讲台，希腊国旗从升冠军国旗的中央旗杆右侧的旗杆升起，主办国国旗从中央旗杆升起，下届奥运会主办国的国旗从左侧旗杆升起。

（3）主办城市市长登上讲台并把会旗交给国际奥委会主席，国际奥委会主席把会旗交给下届奥运会主办城市市长。

（4）奥运会组委会主席讲话，国际奥委会主席致闭幕词。

（5）紧接着，奥林匹克圣火在号声中熄灭，奏《奥林匹克圣歌》的同时，奥林匹克旗从旗杆上徐徐降下，并以水平展开形式送出运动场，旗手紧随其后退场。同时奏响欢送乐曲。各代表团退场。

（6）最后，进行精彩的文艺表演。

（三）颁奖仪式

无论对获奖的运动员，还是对观众来说，颁奖仪式都是奥运会上最令人激动的时刻之一。它的举行必须根据国际奥委会规定的礼仪：在奥运会期间，奖章应由国际奥委会主席（或由他选定的委员）在有关的国际单项体育联合会主席（或其代表）陪同下颁发。如果可能，在每项比赛结束后，立即在比赛的场地以下述方式颁奖：获得前三名的运动员身着正式服装或运动服登上领奖台，面向官员席。冠军所站的位置比亚军（右侧）和季军（左侧）的位置稍高。然后宣布他们的名字和其他获奖者的名字。冠军代表团的旗帜应从中央旗杆升起，第二名和第三名的代表团的旗帜分别从紧靠中央旗杆右侧和左侧的旗杆升起。奏冠军代表团的国歌（节略的）时，奖章获得者应面向旗帜。颁奖仪式庄严、隆重和激动人心，许多运动员望着国旗冉冉升起而禁不住流下眼泪。

第五节　夏季奥运会与冬季奥运会

在奥林匹克运动的众多活动形式中，四年一度的奥运会是最重要的。《奥林匹克宪章》基本原则规定了奥运会在奥林匹克运动中的地位："奥林匹克运动的活动是持久的、全球性的。其最高层次的活动是使世界上的运动员在盛大的体育节，即在奥林匹克运动会上欢聚一堂。"

一、夏季奥运会

自 1896 年至 2016 年，夏季奥林匹克运动会共举行了 28 届，因第一次和第二次世界大战而中断了三届（1916、1940、1944）。

历届夏季奥运会概况一览表

届次	年份	奥运城	参加运动员	比赛项目	国家和地区	金牌前三名		
1	1896	雅典(希腊)	311	43	13	美国	希腊	德国
2	1900	巴黎(法国)	1 330	82	22	法国	美国	英国
3	1904	圣路易斯(美国)	681	89	12	美国	古巴	德国
4	1908	伦敦(英国)	2 034	109	22	美国	英国	瑞典
5	1912	斯德哥尔摩(瑞典)	2 054	102	28	美国	瑞典	英国
7	1920	安特卫普(比利时)	2 591	166	29	美国	瑞典	英国
8	1924	巴黎(法国)	3075	133	44	美国	芬兰	法国
9	1928	阿姆斯特丹(荷兰)	2 971	109	46	美国	德国	芬兰
10	1932	洛杉矶(美国)	1 331	117	37	美国	意大利	法国
11	1936	柏林(德国)	3 908	129	49	德国	美国	匈牙利
14	1948	伦敦(英国)	4 062	136	59	美国	瑞典	法国
15	1952	赫尔辛基(芬兰)	5 867	149	69	美国	苏联	匈牙利
16	1956	墨尔本(澳大利亚)	3 342	145	67	苏联	美国	澳大利亚
17	1960	罗马(意大利)	5 396	150	84	苏联	美国	意大利
18	1964	东京(日本)	5 586	163	94	美国	苏联	日本
19	1968	墨西哥城(墨西哥)	6 626	172	112	美国	苏联	日本
20	1972	慕尼黑(德国)	7 894	185	122	苏联	美国	民主德国
21	1976	蒙特利尔(加拿大)	6 189	198	88	苏联	民主德国	美国
22	1980	莫斯科(苏联)	5 923	203	81	苏联	民主德国	保加利亚
23	1984	洛杉矶(美国)	7 055	221	140	美国	罗马尼亚	联邦德国
24	1988	汉城(韩国)	9 417	237	160	苏联	民主德国	美国
25	1992	巴塞罗那(西班牙)	10 563	257	173	独联体	美国	德国
26	1996	亚特兰大(美国)	10 332	271	197	美国	俄罗斯	德国
27	2000	悉尼(澳大利亚)	1 1116	300	199	美国	俄罗斯	中国
28	2004	雅典(希腊)	11 099	301	201	美国	中国	俄罗斯
29	2008	北京(中国)	11 526	302	205	中国	美国	俄罗斯
30	2012	伦敦(英国)	10 568	328	204	美国	中国	英国
31	2016	里约热内卢(巴西)	11 303	334	205	美国	英国	中国

二、冬季奥运会

奥林匹克冬季运动会简称冬季奥运会或冬奥会。国际滑冰联盟决定,在1924年第八届夏季奥运会之前先在法国夏蒙尼举行国际体育周,进行冬季项目的比赛。后来国际奥委会正式确认夏蒙尼国际体育周为第一届冬季奥运会,并规定冬季奥运会也是四年举办一届。冬季奥运会届数的计算方法与夏季奥运会不同,是按实际举行的次数计算届次。会期原为12天,从第十五届起改为16天。

历届冬季奥运会概况一览表

届次	年份	奥运城	参加运动员	比赛项目	国家和地区	金牌前三名		
1	1924	夏蒙尼（法国）	293	16	16	挪威	芬兰	奥地利
2	1928	圣莫里茨（瑞士）	491	14	25	挪威	美国	瑞典
3	1932	普莱西德湖（美国）	307	14	17	美国	挪威	瑞典
4	1936	加米施—帐滕基兴（德国）	756	17	28	挪威	德国	瑞典
5	1948	圣莫里茨（瑞士）	713	22	28	瑞典	挪威	瑞士
6	1952	奥斯陆（挪威）	732	22	30	挪威	美国	芬兰
7	1956	科尔蒂纳丹佩佐（意大利）	924	24	33	苏联	奥地利	芬兰
8	1960	斯阔谷（美国）	665	27	31	苏联	德国	美国
9	1964	因斯布鲁克（奥地利）	1 111	34	37	苏联	奥地利	挪威
10	1968	格勒诺布尔（法国）	1 158	35	37	挪威	苏联	法国
11	1972	札幌（日本）	1 012	35	35	苏联	民主德国	瑞士
12	1976	因斯布鲁克（奥地利）	1 368	37	37	苏联	民主德国	美国
13	1980	普莱西德湖（美国）	1 283	38	37	苏联	民主德国	美国
14	1984	萨拉热窝（前南斯拉夫）	1 483	39	49	民主德国	苏联	美国
15	1988	卡尔加里（加拿大）	1 445	46	57	苏联	民主德国	瑞士
16	1992	阿尔贝维尔（法国）	1 801	57	64	德国	独联体	挪威
17	1994	利勒哈默尔（挪威）	1 739	61	67	俄罗斯	挪威	德国
18	1998	长野（日本）	2 177	68	72	德国	挪威	俄罗斯
19	2002	盐湖城（美国）	2 531	76	77	德国	挪威	美国
20	2006	都灵（意大利）	2633	84	80	德国	美国	奥地利
21	2010	温哥华（加拿大）	2701	86	82	加拿大	德国	美国
22	2014	索契（俄罗斯）	2873	105	88	俄罗斯	挪威	加拿大
23	2018	平昌（韩国）	2922	102	92	挪威	德国	加拿大

第六节 中国与奥林匹克运动

现代奥林匹克运动传入中国，并取得发展，经历了一个漫长的过程。1894年筹备第一届奥运会时，国际奥委会便向中国发出了邀请。当时的清王朝对奥运会不了解，没有答复。1922年，我国的王正廷当选为国际奥委会委员。1924年中华全国体育协进会成立后，中国陆续加入了田径、游泳、体操、网球、举重、拳击、足球、篮球八个国际单项体育联合会。在第八届奥运会上，我国三名网球手参加了表演赛。1928年第九届奥运会上，我国派观察员宋如海参加，并进行了考察工作。1931年，当时的中华全国体育协进会被国际奥委会承认为"中国奥林匹克委员会"，中国正式参加奥运会的历史由此开始。

1932年，第十届奥运会在美国洛杉矶举行。国民党政府决定刘长春、于希渭为运动员，宋君复为教练员，沈嗣良为领队，代表中国参加奥运会。刘长春在100米、200米预赛中位于小组的第五、六名，未能取得决赛权，但他以我国第一位参加奥运会的选手而留名于中国奥运史。

1936年，第十一届奥运会在德国柏林举行。中国派出了140人组成的代表团，其中运动员69人，参加篮球、足球、游泳、田径、举重、拳击、自行车七个项目的比赛。另外，还有 11 人的武术表演队和 34 人组成的体育考察团。其中篮球比赛胜过法国队，撑竿跳高选手符宝卢取得复赛权。中国武术队的多项表演轰动了欧洲。

1945 年抗日战争胜利后，中国的第一位国际奥委会委员王正廷和体育家袁敦礼、董守义等人提出请求第十五届奥运会（1952 年）在中国举行，引起了国人的兴奋。

1948 年，第十四届奥运会在英国伦敦举行。我国派出了 33 名男运动员参加了篮球、足球、田径、游泳和自行车五个项目的比赛，但没有一人进入决赛。奥运会结束后，代表团在当地华侨总会的帮助下，解决了路费，运动员才得以返回祖国。

1952 年，第十五届奥运会在芬兰的赫尔辛基举行。中国接到正式邀请较晚，只派出了 40 人的代表团，可当代表团到达赫尔辛基时，比赛已接近尾声。只有吴传玉参加了百米仰泳比赛。

1956 年到 1979 年间，中国奥委会没有派代表参加奥运会。中国台北选手杨传广在 1960 年罗马奥运会上夺取十项全能比赛的银牌。他是第一位获得奥运会奖牌的中国运动员。1968 年墨西哥城奥运会上，台北女选手纪政获 80 米栏铜牌，她是第一位获得奥运会奖牌的中国女子运动员。

1979 年 11 月 26 日，国际奥委会恢复了中国奥委会的合法权利，并决定台湾以中国台北奥委会的名义参加。中国又回到了奥林匹克大家庭中。1980 年 2 月，中国首次参加了第十三届冬季奥运会。

2001 年 7 月 13 日，在国际奥委会第 112 次全会上，北京获得了第 29 届奥林匹克运动会的主办权。

中国历届夏季奥运会成绩表

届次（年份）	金牌	银牌	铜牌
17（1960）	—	1	—
19（1968）	—	—	1
23（1984）	15	8	9
24（1988）	5	11	12
25（1992）	16	22	16
26（1996）	16	22	12
27（2000）	28	16	15
28（2004）	32	17	14
29（2008）	51	21	28
30（2012）	38	27	22
31（2016）	26	18	26

中国历届冬季奥运会成绩表

届次（年份）	金牌	银牌	铜牌
16（1992）	—	3	—
17（1994）	—	1	2
18（1998）	—	6	2
19（2002）	2	2	4
20（2006）	2	4	5
21（2010）	5	2	4
22（2014）	3	4	2
23（2018）	1	6	2

第二篇

发展体育能力篇

体育能力是走、跑、跳、投、支撑、攀登、爬越等基本活动能力的总和，它与人类的生存、发展休戚相关。

值得注意的是：过去人们为了维持和延续生命，在与自然界抗争中发展起来的各种能力，却因为文明社会与富裕生活造成的运动不足，将有从现代人手中丧失的危险。

在漫长的人类历史长河中，人们已清楚地认识到体育运动是学习和发展人的基本活动能力的良好手段与重要途径。新世纪来到之际，我们还要以更新的视角加深对体育的认识，亲身体验体育是改造人类自身的科学运动形式。

第一章　发展行走和奔跑能力

行走是人类以下肢为支撑、不断地进行周期性交替运动并使人产生位移的过程，是人最基本的活动能力，也是人脚踏实地地迈向人生的一项初始运动。

奔跑是以下肢支撑与腾空的周期性交替运动而使人体产生位移的自然动作，是人的一种基本活动能力。

第一节　发展行走和奔跑能力的方法示例

一、健身走跑的方法与练习

健身走跑主要利用道路、房屋楼梯、运动场、各种自然地理环境进行。可个人单独锻炼，但最好能和家人、同伴一起锻炼。有条件的地方还可建立健身走跑俱乐部，以形成良好的锻炼氛围。主要有以下方法：

(1) 普通散步法：步速每分钟60~90步，每次走20~40分钟。

(2) 摆臂散步法：行走时两臂前后做较大幅度的摆动，步速每分钟60~90步，每次走20~40分钟。

(3) 摩腹散步法：行走时两手旋转按摩腹部，每分钟行走30~60步，每走一步按摩一周。

(4) 后臂背向散步法：即行走时把两手背放在腰部，缓步背向行走50步，然后再向前走100步，这样一退一进反复行走10~20次。

(5) 运用竞走的方式在比较平坦的场地上行走2 000~5 000米。

(6) 雨中走；倒步走；踏步走；快步疾走。

(7) 在沙地、海滩上或鹅卵石铺的路上赤脚行走。

(8) 远足、郊游时，利用山路或田间小路进行中速行走，时间1小时以上为宜。

(9) 走跑交替锻炼法：走1分钟，跑1分钟，交替进行练习，持续时间20~30分钟。

(10) 持续跑：无间断地连续进行练习，持续时间以20~30分钟为宜，跑的形式可匀速也可变速进行。

(11) 法特莱克法：这是斯堪地那维亚人发明的一种利用地形、地貌或人为设置的加速与减速段落来发展耐力的方法。跑时，练习者要根据自我感觉和地形的变化来自行变换速度，但应对全程或某一分段内的加速跑次数作些规定，并可自由决定减速段落的长度以及法特莱克的结构。跑的时间不超过30分钟。例如：持续慢跑2~3分钟，中速跑100米，接着持续跑2~3分钟，再用中上速度跑50米（上坡），并持续快跑200米直到结束。持续跑的负荷和间歇休息都保持在较高水平和最佳心率范围内，这样对心脏功能有较大地锻炼作用。同时由于肌肉活动有间歇时间，也有利于提高训练效果及肌体抵抗疲劳的能力。

二、发展有氧代谢能力跑的方法与练习

有氧代谢能力跑的主要特点是运动强度相对较小、持续时间长（5分钟以上），供能方式主要为糖的有氧代谢供能。提高有氧耐力是提高长时间奔跑能力的关键。

（一）练习的主要方法

持续训练法：是指负荷强度较低、负荷时间较长、无间断地连续进行练习的方法。练习时平均心率应在每分钟130～170次。练习的主要手段：各种定时定距的奔跑练习。如：3 000米跑、5 000米跑、12分钟跑等。负荷强度：负荷强度小，一般将心率控制在每分钟145～170次，使机体运动时不产生氧债。负荷数量：根据水平的高低选择相应的练习时间和距离。练习的方式：可采用匀速跑、变速跑（负荷强度从较小负荷提高到较大负荷，交替进行）、越野跑、法特莱克跑。

（二）练习的方法示例

（1）2 000米跑练习：10分钟内完成，每周5次。

（2）5 000米跑练习：25分钟内完成，每周2～3次。

（3）不计时间的慢跑练习：每天坚持2 000～3 000米。

（4）12分钟跑练习：男生能跑完2 400米为良好，完成2 800米以上者为优秀；女生能跑完2 200米为良好，完成2 600米以上者为优秀。

三、发展无氧代谢能力跑的练习

无氧代谢能力跑的特点是运动强度大、持续时间短（5秒～2分钟），可采用时间少于30秒的以无氧磷酸盐代谢系统为主供能的练习；以及30秒～2分钟主要以无氧糖酵解供能为主的练习。

（一）练习的主要方法

1. 重复法

重复法指多次重复同一练习，两次（组）练习之间安排相对充分的休息时间的练习方法，主要用于发展最大速度。

2. 间歇法

间歇法指对多次练习时的间歇时间做出严格规定，使机体处于不完全恢复状态下，反复进行练习的训练方法。在这里主要用于发展无氧耐力。使用间歇法练习时，间歇方式最好用走或轻跑，一般在心率恢复到每分钟120次左右时进行下一次练习为宜，其他规定与重复法一致。

（二）练习的方法示例

（1）用自然阶梯作高抬腿练习。

（2）100米反复跑3～4次，200米反复跑3～4次，400米反复跑2次，600米反复跑2次。

（3）400米间歇跑3～5次间歇2分钟，200米间歇跑4次间歇1分钟，800米间歇跑2次间歇5分钟，1 500米间歇跑2次间歇10分钟。

（4）60米加速跑6次，100米加速跑4次，200米加速跑3次。

（5）30米后蹬跑10次，50米后蹬跑8次，60米后蹬跑6次，100米后蹬跑3次。

（6）80米变速跑10次，100米变速跑8次，200米变速跑2次。

（7）单足跳过渡到快速跑练习：30～40米单足跳5～10次，50～60米单足跳5～10

次，60~80 米单足跳 5~10 次，80~100 米单足跳 3~6 次。

(8) 30~100 米行进间跑 3~8 次。

(9) 200 米变速跑 3~5 次用 80% 速度完成，400 米变速跑 2~4 次用 70% 速度完成，1 000 米变速跑 2~3 次用 60% 速度完成，以上练习速度快慢各 50% 交替进行。

四、提高奔跑能力的辅助性练习

由于奔跑能力具有多素质综合利用的特点，因此在练习时可采用多种辅助手段促进身体素质的全面发展，其主要通过各种高频率的专门练习、通过发展步长为主的练习、利用特定的场地器材进行加速练习和其他力量练习等进行。具体有：

(1) 高频率的专门练习：快速小步跑、原地快速踏脚练习、后踢小腿跑、快速高抬腿跑、行进间高抬腿跑中突然做几次最快速度的抬腿练习、由行进间小步跑或高抬腿跑过渡到加速跑、双手扶肋木小腿拉橡皮筋做快速"扒地"动作练习、快速跳绳练习、快速上台阶练习等。练习时应在神经兴奋性比较高时进行，一般在每次练习课的开始时期，且每次都应以最快速度进行，当速度下降时应停止练习。

(2) 发展步长为主的练习：支撑后蹬跑、车轮跑、放松大步跑、负重弓箭步换腿练习、跨步跳台阶、由行进间后蹬跑过渡到加速跑、有弹性的前后左右压腿与摆腿练习、立定三级跳远、各种形式的跨跳练习等。

(3) 利用特定的场地器械进行加速练习：下坡跑、顺风跑、牵引跑、缩短步长加快步频的"短格"跑、骑固定自行车等。

(4) 其他力量练习：手握轻哑铃的原地摆臂练习、各种超等长跳跃练习（跳深练习、连续的蛙跳等）、单足跳、立卧撑等。

第二节 发展走跑能力的竞技运动简介

一、竞走

竞走：动作结构与普通走法相同，但步幅更大、步频更高、前进速度更快。由单腿支撑与双腿支撑交替进行，两脚不得同时离地，向前迈进的脚着地瞬间膝关节不得弯曲，支撑腿在垂直部位时必须伸直。

竞走自我学练法：

(1) 大步走。上体正直，自由大步前进。

(2) 逐渐加速大步走。双臂呈弯曲状摆动，步子要大，强调脚的滚动工作，要求较大的臂部动作和相应的后蹬力量。

(3) 中速和快速竞走。双脚不断接触地面，动作过程要合理。

(4) 变速竞走。双脚不断接触地面，在不缩短步长的情况下提高速度，轻松有力。

二、接力跑（4×100 米接力跑技术）

接力跑是由短跑和传、接棒技术组成的集体项目，接力跑包括男、女 4 人×100 米和 4 人×400 米接力项目。接力跑技术包括短跑技术、接棒技术两个部分。接力跑的成绩决定于各棒队员的速度和娴熟的传、接棒技术,以及传棒队员与接棒队员在交接棒时的最佳位置及配合。

1. 起跑

(1) 持棒起跑:第一棒传棒人以右手持棒,采用蹲踞式起跑,按规则规定接力棒不得触及起跑线和起跑线前的地面。持棒起跑技术和短跑的起跑技术相同。

持棒方法有三种:

①右手的食指握住棒的后部,拇指与其他三指分开撑地(图2-1-1①)。

②右手的中指、无名指握住棒的后部,拇指、食指和小指成三角撑地(图2-1-1②)。

③右手的中指、无名指和小指握住棒的后部,拇指和食指分开撑地(图2-1-1③)。

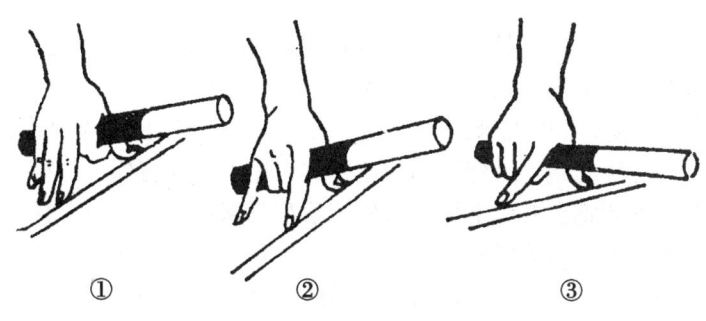

图 2-1-1

(2) 接棒人起跑:第二、三、四棒的起跑常采用半蹲踞式或站立式起跑。接棒人站在接力区后端或预跑线内,选定起跑位置,两脚前后开立,两膝弯屈,上体前倾。第二、四棒接棒人应站在跑道外侧,右腿在前,右手撑地保持平衡,身体重心稍偏右边,头部左转目视传棒人的跑进和自己起动的标志线。第三棒接棒人站立跑道内侧,左腿在前,左手撑地,身体重心稍偏左,头部右转,目视传棒人的跑进和自己起动的标志线(图 2-1-2)。

此外,第二、四棒接棒人靠近跑道外侧也可采用左腿在前,右手撑地,或不撑地,头部左转,目视传棒人;第三棒接棒人员靠近跑道内侧,也可采用右腿在前,左手撑地或不撑地,头部右转,目视传棒人跑进的起跑方法(图 2-1-3)。当传棒人员跑到标志线时,接棒人员便迅速起跑。

2. 传、接棒方法

传、接棒方法有上挑式和下压式两种。

(1) 上挑式:接棒人的手臂自然向后伸出,手臂与躯干约成 40°~50°角,掌心向后,拇指与其他四指自然张开,虎口朝下,传棒人员将棒由下向前上方送入接棒人的手中(图

图 2-1-2　　　　　　　　　　　　　　　　图 2-1-3

2-1-4)。

上挑式传接棒的优点是接棒人向后伸手的动作比较自然，容易掌握。缺点是接棒后，手已握在接力棒的中部待第三棒传给第四棒时，只能握住棒的前部，容易造成掉棒和影响持棒快跑。

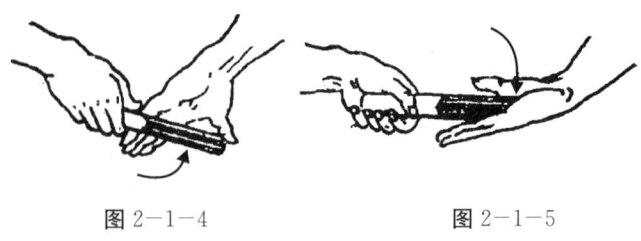

图 2-1-4　　　　　图 2-1-5

（2）下压式：接棒人的手臂向后伸出，手臂与躯干约成50°角，手腕内旋，掌心向上，拇指与其他四指自然张开，虎口朝后，传棒人将棒的前部由上向下传给接棒人的手中（图 2-1-5）。

下压式传、接棒技术的优点是每一棒次的接棒，都能握住棒的一端，便于持棒快跑。缺点是接棒时，接棒人的手臂较紧张，不自然。

4人×100米接力跑多采用混合式传、接棒方法，它综合上述两种传、接棒的优点。第一棒传棒人以右手持棒起跑，沿弯道的内侧跑进，用上挑式将棒传给第二棒接棒人；第二棒人接棒后沿跑道外侧跑进并以下压式将棒传给第三棒接棒人；第三棒人接棒后沿弯道内侧跑进，用上挑式将棒传给第四棒接棒人。

无论采用哪一种传、接棒方法，接力棒传递的顺序，都应是第一棒、第三棒运动员沿跑道内侧跑进，以右手传棒给第二棒、第四棒运动员的左手，第二棒运动员沿跑道外侧跑进，以左手传棒给第三棒运动员的右手。

3. 传接棒的位置和起跑标志线的确定

传接棒的时机和标志线的位置是保证在接力区内快速完成传接棒的重要条件。

（1）传、接棒的位置。接棒人站在预跑线内或接力区的后端，待传棒人到达标志线时便迅速起跑和传棒队员跑进接力区后在最合适的位置（离接力区的前端约4.5米，离接棒队员约1.5米），将接力棒迅速无误地传给接棒队员。传接棒过程通常是传棒人跑到离接棒人约1.5米处立即发出"接"的信号，接棒人迅速后伸手臂接棒。当传接棒技术十分熟练后，也可不发"接"的信号，完成传接棒（图 2-1-6）。

图 2-1-6

（2）接棒人起跑标志的确定：接力跑起跑的标志线是第二、三、四棒次接棒人起跑的标志，它是根据传棒人和接棒人的跑速以及传接棒技术熟练程度确定的。起跑标志线设置的位置，一般是在预跑线的后面，也可以设置在预跑线的前面。

4. 各棒队员的安排

接力跑由四人配合，各跑一段距离完成全程跑。因此，选择各棒队员时，必须根据各人的特长，合理搭配。

（1）接力跑的技术特点：即起跑技术、弯道跑技术、冲刺跑技术和传接棒技术。

（2）把最有特长的队员安排在最适合的棒次上，各棒队员的安排一般是第一棒安排起跑技术好并善于跑弯道的队员；第二棒安排专项耐力好，善于传接棒的队员；第三棒应安排除要具备第二棒条件外，还要善于跑弯道的队员；第四棒应安排成绩最好、冲刺能力强的队员。

三、接力跑练习方法

（一）学习传、接棒技术

①原地站立传、接棒练习。②在走步或慢跑中传、接棒练习。③在中速跑和快速跑中传、接棒练习。④用中速跑，在接力区内做传、接棒练习。⑤用快速跑在接力区内做传、接棒练习。

（二）学习全程接力跑技术

①组织接力队在接力区内进行练习。②进行全程接力跑练习或比赛。

第二章 发展跳跃能力

跳跃是腿部用力作用于支撑面，使身体获得向上的推动力而腾空并在空中产生位移的有意识动作。有目的、有意识地进行跳跃能力的锻炼，对人们下肢机能的发展及骨骼的完善有良好的作用。同时也能直接或间接地促进其他器官、形态、机能的发展。

从腾空时身体在空中位移的形式看，跳跃可分为三大类：以高度为目的垂直向上的跳跃；以远度为目的向前的跳跃；以其他为目的（戏剧、舞蹈、杂技和许多竞技运动项目）的跳跃。根据起跳方式的不同，又可分为单脚起跳、双脚起跳、借助臂力起跳三种。

第一节 发展跳跃能力的方法示例

用以发展跳跃能力的手段和方法是多种多样的，可以根据场地、器材、环境及自己身体条件选择运用。

一、利用地形、地物发展跳跃能力

（一）利用垂直障碍做各种跳跃练习

（1）半蹲或全蹲，双脚同时起跳越过垂直障碍练习。

运用海绵垫、沙坑、草堆、沙堆落地，在落地前方15厘米处的平地上设一垂直障碍，高度60~100厘米（视练习者能力而定）。练习时，用半蹲或全蹲姿势，配合两臂由后向前、向上有力摆动，双脚用力起跳并迅速向前、向上提膝，越过障碍落于落地区。障碍高度逐渐递升，直至练习者能跳过的最高高度。

（2）原地单脚起跳越过垂直障碍（横杆）练习。

场地同上，练习者运用单脚起跳越过横杆落于落地区，高度逐渐递升或置于练习者需要的高度。

（3）助跑起跳越过垂直障碍（横杆）练习。

场地同上。①练习时运用1~3步助跑（即用扣排球助跑方法），配合两臂有力摆动，双脚起跳越过横杆。②练习时用3~5步助跑，单脚起跳，助跑方向可与横杆成15°~30°的夹角，起跳时，摆动腿直腿上摆，起跳腿离地后迅速屈膝越过横杆。③练习时用5~7步助跑，单脚起跳，助跑方向与横杆垂直（正面助跑），起跳后用剪式腾空姿势越过横杆。④练习时用5~7步助跑，单脚起跳，助跑方向与横杆成15°~30°角。起跳后，用跨越式或俯卧式腾空姿势跳越横杆。

（4）半蹲或全蹲，双脚做跳深练习。

（5）选择一定高度标志或树枝、高物做原地或助跑的摸高练习。

（6）利用跳箱（跳马）做连续跳上跳下练习。

（7）利用海绵垫助跑起跳练习。海绵垫垫高1.2~1.6米或更高，练习者可用背越式、俯卧式腾空姿势落于高垫上（可不放置横杆）。注意：助跑、起跳、腾空技术应规范、连贯，垫子高度逐渐加高。

（8）野外练习。可以利用田坎、地埂或台阶做跳上跳下练习，高度约30～60厘米。①面对台阶，一脚放于台上，一脚放于台下，练习时必须在跳台上将腿膝关节顶直，两臂肘关节自然弯曲配合两脚跳动作前后摆动。连续跳20～40次，做2～3组。此练习亦可用双脚做。②侧对台阶，靠台阶一侧脚放于台面作边缘上的跳跃练习，练习要求是将腿和膝关节顶直并高于台面，跳15～20次，转体180°后再换另一条腿继续跳15～20次，做2～3组。③面对台阶，练习时，双脚同时跳上台面，连续跳20～40次为一组，做2～3组。练习时双臂配合两腿跳的动作前后摆动。

（9）利用沙滩、草地或运动场做跳远练习。

立定跳远、立定三级跳远、立定五级跳远、立定七级乃至十级跳远练习。练习时，应力求两脚在落地时屈膝、屈踝以缓冲及保持前脚掌先落地的正确动作。注意掌握好每跳之间的节奏。

（10）在草地、沙地、运动场地上做连续跳越障碍练习。

（二）利用水平障碍——平地、草坪、沙滩做各种跳跃练习

（1）跨跳步练习。练习过程中，注意支撑腿蹬离地面时充分后蹬，踝、膝关节主动发力，整个用力过程应柔和协调，富有弹性。

（2）用单（双）脚连续跳越障碍练习。用实心球及类似物体设障碍20～30个，每个间隔80～100厘米。练习时用单（双）脚连续跳越全部障碍。

（3）单足连续跳练习。

（4）双腿深蹲蛙跳越过障碍练习。

（5）在锯木跑道或沙滩上做跳远练习。

（三）借助障碍物做跳跃练习

（1）做跳"小黄牛"练习。15～20人一队，练习者依次从每个人背上完成支撑跳越，跳完后交换另一人继续跳，每个练习者既是"牛"，又是跳越者。

（2）利用木马、跳箱、山羊、跳马做支撑跳跃练习。

（3）利用撑竿（铝合金竿、尼龙竿或竹竿均可）做撑竿跳高练习。

二、借助外力发展跳跃能力

（1）顺风做连续跨跳步的练习。

（2）逆风做连续跨跳步的练习。

（3）利用上（下）坡做连续跨跳步的练习。

（4）利用弹簧板或助跳板做各种动作练习。例如：原地和助跑踏跳做腾空的屈体、屈腿、展体、转体、分腿、并腿、各种空翻、空翻转体等动作练习。

（5）利用橡胶带的拉力做各种跳跃练习。

三、利用重物发展跳跃能力

（一）穿沙背心做各种跳跃练习（沙背心或沙袋重3～5千克）

（1）在沙坑、沙滩、草地、锯木跑道上做原地双脚连续上跳练习。

（2）在沙滩、草地、锯木道上做单足或双足连续原地或向前跳练习。

（3）在沙滩、草地、锯木道上连续向前做蛙跳练习。

（4）在沙坑、草地、锯木道上原地连续做深蹲跳练习。

（5）双脚原地连续上跳头顶高物练习。

（6）双脚原地连续上跳用手摸高物练习。

（7）在沙滩、锯木跑道上做加速跑练习。

（8）运用看台做双脚连续跳看台练习。

（9）用跳箱、跳马、高台（坎）做跳上跳下练习。

（二）利用杠铃、石担做各种发展跳跃能力的练习

（1）肩负 15～20 千克杠铃（石担）站立做连续跳或原地快速高抬腿练习。

（2）肩负 20～30 千克杠铃（石担）做半蹲、深蹲跳练习。

（3）肩负 40～50 千克杠铃（石担）做半蹲、深蹲站立起踵练习。

（4）肩负 30～40 千克杠铃（石担）做发展足弓、踝、膝关节力量练习。

（5）肩负 60 千克以上杠铃（石担）做半蹲站立起踵练习。练习重量逐渐递增，每次加 5 千克，每组 3～5 次，做 2 组。

（6）肩负 15～20 千克杠铃（石担）做原地站立左右转体练习。

（7）肩负 15～20 千克杠铃（石担）做前迈步练习。

每组做 20～30 步，做 2～3 组。

四、利用器材、场地，发展跳跃能力

（1）利用篮球圈（板），做原地站立连续上跳手摸篮圈（板）练习。

（2）原地站立做连续跳起投篮练习。

（3）原地站立向上抛球，跳起接球，落地前完成抛接动作练习。

（4）两人跳起传、接球，腾空完成传接球动作练习。

（5）利用排球场做扣球练习。可做自抛自扣、固定高度做原地或助跑跳起扣球和通过二传的跳起扣球等练习。

（6）原地或滑步连续起跳拦网练习。

（7）连续跳起头顶球练习。

（8）足球守门员各种跃起救球练习。

（9）参加各类球赛，在比赛中发展跳跃能力练习。

（10）利用跳绳做各种跳跃练习。

①单足连续跳（双脚交换）练习。

②双足交替单足落地支撑跳或双足支撑跳练习。

③集体做跳绳练习。练习时，两人甩绳，其余人依次参与；亦可两人跳，一人甩绳，两人同时跳。

（11）利用武术中的各种跳跃动作做发展跳跃能力练习。

①行进间连续做腾空飞脚练习。

②连续 8～10 次旋风腿练习。

③连续做大跃步前穿练习。

武术中的象形拳，是模拟各种动物形象的拳术，如鹰爪、螳螂、蛇、猴等拳术都可作为发展跳跃能力的练习手段。

第二节 发展跳跃能力的竞技运动简介

一、挺身式跳远（图 2-2-1）

1. 挺身式跳远技术

（1）助跑：要求保持跑的动作结构和高速度，保持稳定步长和节奏，保持身体平稳向前运动。一般男子跑 18~22 步，女子跑 16~21 步。

图 2-2-1 挺身式跳远

（2）起跳：起跳技术包括着地、缓冲、蹬伸 3 个环节，为加快踏板的动作速度，要求起跳腿大腿抬起较低，并积极下压，用全脚掌积极下踏起跳板，由于水平速度的冲力和身体的重力作用，起跳腿膝关节弯曲缓冲，这时上体保持正直，摆动腿积极折叠，并迅速前摆，当身体重心移至起跳腿支点的垂直部位时，起跳腿迅速用力蹬伸，使踝、膝、髋三个关节迅速伸直，上体直立，两臂上摆，摆动腿的大腿积极向前上摆至水平位置，小腿自然下垂，完成起跳动作。

（3）腾空：起跳后的腾空步姿势，是身体起跳后进入腾空中的姿势，也是维持身体平衡和方便落地的动作（图 2-2-2）。腾空步后，摆动腿大腿下放，小腿向下、后摆，挺胸抬头，但绝不可后仰，伸展髋关节，形成展体挺身姿势。此时两臂上举或向侧上后摆。

（4）落地：落地是跳远腾空后两腿前伸落入沙坑的动作。落地时两脚并拢，脚跟插入沙坑时，脚掌快速下压，屈膝、屈髋，同时两臂向前回摆，使重心迅速前移超过支撑点，采用前倒或侧倒的落地缓冲方法。

2. 挺身式跳远自我学练方法

（1）助跑节奏练习：第一标记至第二标记间全速跑，第二标记后惯性跑。

（2）原地起跳模仿练习：原地站立、起跳腿抬起，然后积极下放，摆动腿摆出，快速完成起跳动作模仿练习。

（3）5~8 步助跑起跳练习：5~8 步助跑起跳后，做腾空步动作。

（4）摆臂摆腿动作模仿练习：原地一步起跳，进行摆臂、摆腿动作的协调配合练习。

（5）助跑跳过橡皮筋练习：助跑 3~5 步起跳，以腾空步越过沙坑上的橡皮筋。

（6）腾空步越过标志线练习：在沙坑内划一标志线，助跑 3~5 步起跳成腾空步，保持腾空姿势,在即将落地时摆动腿积极下放,跨过标志线落地。

二、背越式跳高（图2-2-3）

1. 背越式跳高技术

背越式跳高技术包括：助跑、起跳、过杆、落地四个部分。

（1）确定助跑距离：用先跑直线后跑弧线的方法确定助跑距离。直线段助跑加速积极、动作放松。弧线段助跑身体向圆心方向倾斜，步幅轻松、节奏快。直、弧段助跑衔接流畅。

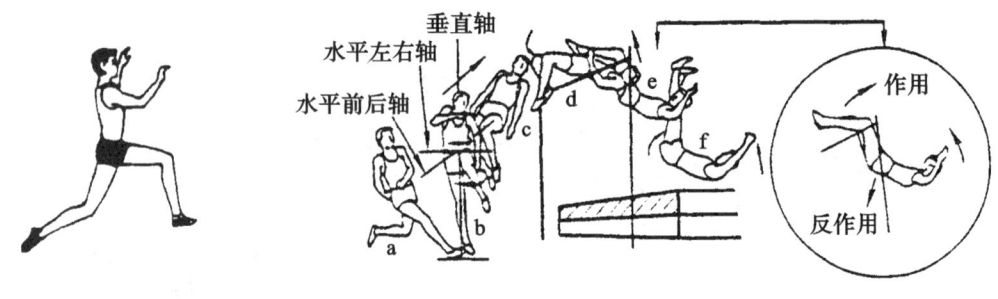

图2-2-2 腾空步　　　　图2-2-3 背越式起跳和空中动作

（2）起跳迈步放脚：身体保持向圆心倾斜。起跳腿向助跑切线方向插放，同时紧腰挺髋、以全脚掌快速滚动落地。在摆动腿前摆配合下，起跳腿屈膝、屈踝，稍屈髋；然后摆动腿和两臂同时前上摆，伸展起跳腿的髋、膝、踝三关节。身体由向里倾斜转为正直。起跳结束时，拔腰提肩、摆动腿大腿抬平并稍内扣，起跳腿充分伸展、脚跟内转，用脚尖蹬离地面，身体半背向横杆。

（3）身体背向横杆腾空过杆：抬头、肩下潜、展腹挺髋、两腿分开、膝放松，小腿自然下垂，身体成背弓形。上体过杆后，低头、收腹、屈髋、落腰，使臀部过杆。最后伸膝上举小腿过杆。过杆时手臂置于体侧或自然平伸张开，或从头上伸出向杆后下潜。

（4）落垫缓冲：以肩、背着垫缓冲。

图2-2-4 弧线跑　　图2-2-5 原地摆腿练习　　图2-2-6 原地模仿练习

2. 背越式跳高自我学练方法

（1）弧线跑：按助跑弧线的半径划一条半圆形弧线，沿弧线进行快跑（图2-2-4）。

（2）原地摆腿转体（右脚起跳为例）：原地正位站好，向左侧45°角迈出起跳脚，以起跳脚支撑，摆动腿向异侧上方摆动，原地旋转90°、180°、270°（图2-2-5）。

（3）起跳转体：3～5步助跑起跳，身体腾空后沿身体纵轴转体180°，背对横杆落地。

（4）原地模仿练习：双腿并立，上体向后做背弓，直至肩部落在身后垫上。

（5）跳起后倒练习：双脚并立，双腿屈膝发力向后上方蹬伸跳起。腾空后，肩、背、积极后倒，以肩背部着垫子（图2-2-6）。

（6）跳上垫子练习：3～5步助跑起跳、转体、提髋，做背弓动作，落在垫子上。

（7）半程助跑背越式跳高练习。

（8）全程助跑背越式跳高练习。

第三章　发展投掷能力

投掷——人用上肢以抛、推、掷、投等方式作用于物体并使其产生位移的用力动作。生活中的狩猎投器，竞技运动中的投远、投准，军事活动中投弹、掷雷，都是人的投掷能力的具体表现。

第一节　发展投掷能力的方法示例

一、利用实心球发展投掷能力

1. 跳起接球紧接跳起单手肩上投篮
2. 两人做单臂肩上传接球
3. 两人做双手头上传球
4. 仰卧起坐传接球
5. 正面双手投掷实心球

方法：面对投掷方向，双脚前后或左右站立与肩同宽，双手持球于头顶上方。用力时身体及肩向后倾，两膝弯曲，脚跟提起，两臂持球后引，借两腿蹬地、收腹、甩腰、向前挥臂将球投出。

6. 做正面推铅球的用力动作（右手为例，后同）

方法：面对投掷方向，两脚左右站立与肩同宽，投掷手臂持球于锁骨窝，另一手托球前下部，防止脱落。用力时两膝弯曲，内扣，起踵，髋部、肩部向右扭转，两脚蹬地迅速向投掷方向转体将球推出。

7. 双手持实心球做向后抛练习

练习时，背对投掷方向，两脚左右开立与肩同宽，两膝弯曲至90°，体重移至脚前掌内侧。用力时身体向投掷方向移重心，双脚用力迅速向投掷反方向地面蹬伸，做伸踝、膝、髋至躯干伸展的动作，双手将重物经体前向上向后投掷方向抛出。投掷结束后，身体随动作向投掷方向移步。

8. 双手持实心球做向左或向右抛掷练习

练习时侧对投掷方向站立，两脚左右开立与肩同宽，两膝弯曲至90°，体重移至脚前掌内侧。用力时身体向投掷方向移重心，双脚用力迅速向投掷反方向地面蹬伸，做伸踝、膝、髋到躯干伸展的动作，双手将重物经体前向侧上投掷方向抛出。投掷结束，身体随动作向投掷方向移步。

二、利用地形、地物发展投掷能力

（一）用手榴弹、标枪、铁球、木棍、石块等做各种投掷练习

器材重量200~800克，木棍长2.2~2.7米。

1. 原地正面投掷练习

练习时，两脚前后站立，相距约50~60厘米，左脚在前，投掷手臂上举至肩上并向后引，肘关节自然伸直，左臂自然弯曲放于体前，与肩平。投掷时投掷臂与身体成满弓状，两脚支撑，体重落于右腿。用力时，右腿向后下方蹬地。当身体重量移至左脚时，迅速蹬直膝关节并配合腰、背、肩、手臂依次用力将器械投出。

2. 原地侧向投掷练习

练习时身体左侧对准投掷方向，身体向右侧倾斜，左右脚相距60~80厘米，右臂手持器械向右后方伸引，抬至肩平。左臂自然弯曲于胸前，两眼平视投掷前方，体重移至右脚，屈膝内扣，足前掌内侧支撑，起踵。用力时右腿蹬地重心前移，迅速转髋、转体、转肩。当体重移至左脚时，自然弯曲的左膝关节迅速向后下方蹬地，支撑体重并配合甩腰、挥臂、扣腕动作，依次用力将器械投出。

3. 原地前交叉步投掷练习

练习时，先做好侧向投掷（标枪或手榴弹）姿势。投掷时右腿向投掷方向积极高抬大腿，足尖内扣向前迈步交叉；右脚掌一落地左腿随即向前迈步，同时右腿用力蹬地，转髋、转体、转肩、挥臂将器械掷出。

4. 原地（三步）交叉步投掷练习

选择一块平地。练习时，面对投掷方向，右手持器械至肩上方，两脚前后站立，与肩同宽，左脚在前并支撑体重。投掷时，右腿上步并向右转体，右臂向后引，右脚落地时右转体45°，身体继续保持转体姿态；左脚落地时向左转体90°，左侧对投掷方向，右臂保持后引伸直。第三步右腿经体前向投掷方向作交叉步，随即最后用力将器械掷出（同练习三）。

5. 助跑五步交叉步投掷练习

练习时，预先助跑4~6步。助跑方法：面向投掷方向站立，投掷臂持器械上举至肩上方，左臂自然屈肘于体左侧肩下。助跑时左臂和右臂手持器械随助跑节奏作前后摆动，当最后一步踏在五步交叉标志上时，即做五步交叉投掷练习。

（二）双手持石块、石锁、铁锁、杠铃片、铁球、铅球做前抛练习

器械重4~7千克。练习时面对投掷方向，两脚左右站立，与肩同宽，双手持重物自然下垂于体前。投掷时两膝前屈至90°，重心随身体前倾，过垂直面时两脚跟起踵，两脚用力快速向后下方蹬地，同时伸展下肢各关节至躯干，身体前倾，双手借向前的速度将器械向前上方抛出，至失重时出手。

（三）双手持铅球、铁球、石块、石锁、铁锁、杠铃片等重物做向后抛练习

器械重4~7千克。练习时，背对投掷方向，两脚左右开立，与肩同宽，两膝弯曲至90°，体重移至脚前掌内侧。用力时身体向投掷方向移重心，双脚用力迅速向投掷反方向地面蹬伸，做伸踝、膝、髋到躯干伸展的动作，双手将重物经体前向上向后投掷方向抛出。投掷结束后，身体随动作向投掷方向移步。

（四）用圆石片、铁饼、短木棍做投掷练习

器械重1~2千克。用投铁饼的方法握住圆石片做以下练习：

1. 原地站立向上抛掷练习

方法：练习者两脚前后站立，左脚在前，与肩同宽，下肢三关节稍屈。投掷手臂握器械自然下垂。用力前将器械向前后做钟摆运动1~2次，用力时当器械前摆至最高点（高于头），两脚依次蹬地配合摆臂用力动作将器械向垂直上方抛出。手离器械时以小指至食指做向后拨饼的动作，饼向前方旋转。

2. 原地站立拨饼练习

用练习1预备动作和用力方法，将器械向前下方投出沿地面向前滚动。出手时注意小指至食指依次拨饼的用力动作，使器械向前旋转。

3. 原地正面投掷练习

方法：练习者两脚前后站立，左脚在前，投掷手臂握器械平行地面经体侧向前后做1~2次摆动，饼握在手掌下。投掷时两腿依次（右腿先用力）蹬地，并做转髋、转体、转肩、挥臂动作用力将器械投出。器械出手时应在投掷垂直方向向右45°位置。出手前手指做拨饼的用力动作，使饼向顺时针方向旋转。

4. 原地侧向投掷练习

方法：身体左侧对投掷方向，右手握饼，经1~2次预摆，将手臂尽力摆向右后方，同时两脚蹬地并向投掷方向转髋、转体、转肩，随旋转速度重心移至左脚，形成左侧支撑，随后左脚蹬地，加快旋转速度，左膝关节顶伸时挥臂出饼。出饼后右脚交换支撑，迅速屈髋、屈膝、屈踝，降低身体重心缓冲。

5. 正面、侧向、背向旋转投掷练习

方法：正面旋转——预备姿势，面对投掷方向，两脚前后站立（左脚前），预摆1~2次。旋转开始时，保持投掷臂尽力向右后方伸展，左脚支撑并向下蹬转，足前掌内侧为轴，右腿提膝抬大腿向前跨跃，膝关节内扣加速旋转，右脚掌着地后迅速做蹬伸动作。交换左脚落地后，两脚同时蹬转推动身体向投掷方向转动，转动至投掷垂直方向45°时，做最后用力动作，将器械掷出。身体旋转360°做缓冲动作。

正面旋转（转体360°），侧向旋转与背向旋转，只是站立的预备姿势不同，旋转路线长短不同，其旋转方法和要求基本相同。侧向旋转转体450°，背向旋转转体540°。

（五）利用圆石片做打水漂练习

方法：投掷臂用拇指与食指捏住小石片，手臂用力角度与手夹角为5°~8°。投掷时手臂迅速用力，在出手瞬间，手腕手指控制石片底面与水面保持平行，投出后利用水面浮力，使石片在水面上向前连续漂动。

（六）利用竹棍、木棍、棒球棍做投掷练习

1. 用投标枪的方法做各种练习

棍长2.5~2.7米，粗2.5~3厘米，重500~800克。方法：投掷臂手握棍1/2重心稍后的位置，用中指和手掌握棍身，小指和无名指依次握住棍身控制棍不能上下摇动，拇指和食指控制棍不能左右摆动。手持棍于肩上方，高于头顶。用力时投掷臂持棍后引，左脚向前迈步，右脚蹬地重心移至左脚，左脚蹬地的同时甩腰，挥臂将棍尖插向目标。

2. 原地侧向投准练习（目标距20~30米）

方法：握棍方法同练习1动作，身体左侧对投掷方向，两脚左右开立，比肩宽（约

70~80厘米），右脚支撑体重，屈膝内扣，起踵、投掷臂后引棍自然伸直，棍尖对准投掷目标，左臂自然弯曲于体前。用力时右脚蹬地，随即转髋、转体、转肩、挥臂，将棍尖投向目标。

3. 上步交叉投准练习（目标距 20~30 米）

方法：预备姿势同练习 2 动作。投掷时，右腿向前上步交叉，腿落地即开始做蹬伸动作，迅速转髋、转体、转肩，当重心移至左腿时，配合挥臂动作将棍投至目标。

上述三个练习，可进行比赛，在规定投掷距离上加目标物，以击中目标多者为胜。

4. 用垒球棒做投掷铁饼的方法练习

方法：投掷臂握住棒柄，按掷铁饼的方法做各种练习。①原地侧向（不出手）投掷。②原地侧向（出手）投掷。③侧向旋转（不出手）投掷。④侧向旋转（出手）投掷。⑤背向旋转（不出手）投掷。⑥背向旋转（出手）投掷。

（七）应用各种力量练习发展投掷能力

（1）靠墙做手倒立和倒立推起练习。练习者先学习手倒立。平衡后停 30~50 秒钟。

（2）在练习（1）的基础上屈肘，做手倒立推起。开始时，肘关节弯曲小些，慢慢加大，推起的次数也可逐渐增多。

（3）在练习（1）和（2）的基础上，学习手倒立走路，走的步数逐渐增多。

（4）做侧手翻内转体推手站立练习。练习时，向内转体做推手动作，甩腰收腹和推手发力要快。

三、借助外力发展投掷能力

（1）借助顺风投掷轻器械，发展快速用力的能力。

（2）利用滑轮滚动，在拉力器上做投掷标枪和手榴弹练习，亦可做投掷铁饼的练习。练习的重量比实际器材重量重 2~3 倍。

（3）接住别人投出的重物发展力量和投掷能力。方法：用 3~5 千克实心球两人对传或自抛自接。随着力量发展，器械重量和抛投远度逐渐加大加长。

四、利用重物发展投掷能力

（1）用 20~30 千克杠铃做快速挺举。每组连续快速挺举 15~20 次，做 2 组。

（2）15~20 千克杠铃连续做头后快速挺举。每组连续快速挺举 10~15 次，做 2 组。

（3）15~20 千克杠铃做头后肘关节屈伸练习。每组 5~10 次，做 2~3 组。

（4）20~30 千克杠铃连续做半蹲抓举练习。每组抓举 5~8 次，做 2~3 组。

（5）30~40 千克抓举练习。每组连续做 2~3 次全蹲抓举，做 2~3 组。

（6）40 千克至最大重量杠铃抓举练习。将杠铃提至胸前下蹲起，然后举起杠铃。每次重量增加 3~5 千克，直至最大重量。

（7）10~20 千克杠铃做仰卧直臂拉引练习。杠铃拉至与身体垂直部位，每组做 5~8 次，做 2~3 组。

第二节　投掷练习的注意事项

投掷锻炼时，稍不注意就容易发生伤害性事故。为此，练习者一定要有安全防范意识，正确使用场地和器材，选择适当的练习方法，合理安排练习的时间和运动量，并做好锻炼前的准备活动和锻炼后的放松整理活动，以防止伤害事故的发生。

一、选择适宜的投掷练习场地

（1）应选择在四周无人、视野开阔的场地上进行练习；
（2）不要做相对投掷和对着阳光投掷的练习；
（3）练习者之间、前、后、左、右都应有足够的距离；
（4）旋转投掷时，不要多人站在一条线上进行练习，应尽可能在护笼内进行练习。如无护笼，器械出手的方向不能站人；
（5）要明确器械出手后，捡回器械的方法；
（6）不允许任何人在投掷练习场地中穿行。

二、要做好投掷练习前的安全措施和安全防范工作，防止练习中发生伤害事故

（1）要特别注意安全，加强安全教育和安全防范意识；
（2）提高自我安全保护能力；
（3）严格按照安全常规进行投掷练习；
（4）正确使用场地和器材；
（5）锻炼中应穿运动服，口袋里不带笔和小刀等硬物。

三、要做好投掷练习前的准备活动

（1）准备活动要轻松自如，力量由弱到强，动作的幅度由小到大，速度由慢到快；
（2）准备活动的时间一般在15分钟左右，夏天可短些，冬季可长些；
（3）尤其要做好上肢肘关节、肩关节和腰背的准备活动；
（4）如果感到四肢关节灵活，身体轻松有力，全身发暖，微微出汗，说明准备已很充分，可以正式锻炼了。

四、要做好投掷练习后的整理运动

（1）应先从走或慢跑开始，然后再做全身性的肌肉放松运动和按摩；
（2）尤其要加强对投掷臂、肩关节和躯干的放松整理；
（3）整理活动时要结合深呼吸，以加大肺的通气量；
（4）整理活动的量要逐渐减小，速度要逐步减慢；
（5）当自我感觉到呼吸和心脏搏动稳定、不适感觉消失和身体轻松时就可以结束整理活动了。

第四章　发展悬垂与支撑能力

悬垂是指人体肩轴低于借助器械轴并对握点产生拉力的一种动作，而支撑则是指人体肩轴高于借助器械轴并对握点产生压力的一种动作。

一般来说，支撑和悬垂动作大多是在抵抗自身重量的同时来完成其他动作的用力过程。因此，提高和发展支撑及悬垂能力就是要提高自己的上肢肌肉力量，其中包括了静力性力量和动力性力量。

第一节　徒手练习的方法示例

一、多种俯卧撑

①两手推地面的俯卧撑。②十个手指推地面的俯卧撑。③双手推离地面空中击掌再还原的俯卧撑。④俯卧撑时两腿交替伸直后举。⑤俯卧撑两腿并拢、连续伸屈腿。⑥俯卧撑收腹成四肢同时触地弓身姿势，再还原成俯卧撑。⑦立卧撑：由俯卧撑动作开始，两腿合并收拢成蹲撑，上跳、还原成蹲撑，再成俯卧撑。

二、其他支撑练习

①各种蹲撑。②各种跪撑。③各种前臂触地的卧撑。④各种仰卧撑。⑤左（右）单臂双脚侧撑。⑥左（右）单臂单脚侧撑。⑦各种俯卧撑。⑧一人抬脚踝部，一人做上述部分练习。⑨加大负荷完成上述练习。

第二节　运用器械的练习方法示例

一、单杠练习方法示例

①单杠引体向上。跳起双手正握杠，两手与肩同宽成直臂悬垂。静止后，两臂同时用力引体，上拉到下颌超过杠的上缘，放下还原成直臂悬垂。此动作已被列为《国家体育锻炼标准》的项目之一。②单杠单立臂依次上。跳起双手正握杠成直臂悬垂，两手用力屈臂拉杠至胸部时，左（右）手立即顺势向上扣腕压杠立肘，同时身体稍向右（左）转，体重移于左（右）臂，右（左）手向上扣腕压杠，上体前倾，转正身体撑直两臂。动作要求：扣腕迅速，含胸收腹移重心。③单杠双立臂上。跳起双手正握杠成直臂悬垂，两手用力屈臂拉杠至胸部时，双手立即顺势向上扣腕压杠立肋，同时把两肩和头部前送，两手压杠进入支撑。④单杠直臂悬垂收腹举腿、放下。⑤单杠直臂悬垂收腹举腿，两腿从两臂间穿

过，两腿前伸，落下成后悬垂，再收腹提臀，从臂间穿过，还原成直臂悬垂。

二、双杠练习方法示例

①双杠臂屈伸。两手握杠端，跳上成支撑，然后两臂尽量弯曲，使杠面达到胸部位置，接着双臂快速用力推直两臂成支撑。此动作也被列为《国家体育锻炼标准》的项目之一。②双杠支撑举腿。两手握杠端，跳上成支撑，直腿收腹举腿，放下。

三、专门器械的练习方法

(1) 肋木练习方法。

①肋木上悬垂引体向上。一人在肋木上端悬垂引体，另一人在下托脚，助其向上。②肋木上悬垂举腿。背对肋木，两手握肋木上端，两腿并拢，直腿或屈腿收腹举腿，尽可能使脚背触手握横杠。③一人背对肋木悬垂，另一人用背顶住练习者的背部，帮助其挺胸拉肩。④侧对站在肋木上，一手握木，同侧脚站立，下蹲屈膝，另一腿侧举或前举。⑤肋木上俯卧撑。两脚放在肋木上，两手撑地（两脚高于肩），弯曲和伸直。⑥靠肋木手倒立。两手撑地，与肩同宽，一腿后摆成背对肋木的手倒立。动作规格：两臂伸直，肩部顶开，身体要伸直。

(2) 爬绳（杆）。

①手脚并用的爬垂直绳（竿）。三拍法：预备姿势为直臂悬垂，两手靠拢握绳。第一拍，两腿弯曲上提，两脚（一脚脚背，另一脚脚跟）和两腿夹绳；第二拍，屈臂引体向上，同时两脚和腿蹬绳伸直，身体上升成屈臂、夹绳悬垂；第三拍，两手依次向上换握成预备姿势，两脚仍要夹紧绳。二拍法：预备姿势为一臂伸直向上握绳，另一手臂弯曲于下颌处握绳。第一拍，两腿弯曲上提，两脚和两腿夹绳；第二拍，脚和腿蹬绳伸直，并引体向上，下面的一手向上换握成预备姿势，两脚仍要夹紧绳。②只用手的爬绳（竿）。由直臂悬垂握绳开始，两臂引体，两手轮流向上换握，两腿伸直，将身体不停地向上拉。

(3) 荡绳。

荡绳。荡绳是利用垂吊绳索，由一处将人体摆荡至另一处，并越过一定高度和宽度的练习。练习时两手握紧绳索，两脚蹬地，荡至对面上方，松绳落下。摆荡中可做屈腿、屈髋、分腿等姿势。落下时可面向前，也可转体。

(4) 实心球练习方法。

①两膝跪立，上体前屈，两臂伸直，手掌撑实心球，手臂不弯曲，上体弹动尽量下振，使胸部触地抬头，大腿始终与地面垂直。②两手撑在实心球上做俯卧撑。③动作与上相同，在伸臂同时将一腿直腿后举并将头向侧转动。

(5) 多种俯卧撑与专门器械结合的练习方法。

①俯卧撑，两脚放在实心球上两臂弯曲和伸直。②俯卧撑，两脚放在实心球上两手迅速推起，并击掌一次，接着还原成俯卧撑。③俯卧撑，实心球在两臂之间，两手依次置于球上，成两手撑在球上俯卧撑，然后还原成预备姿势。④侧卧撑，一臂弯曲和伸直。⑤动作与上相同，在手臂弯曲同时，一腿直腿侧举。⑥俯卧撑，两脚放在体操凳上，两手撑地，双臂屈伸。⑦俯卧撑，两手撑在体操凳上，双臂屈伸。⑧仰卧撑，两手撑在体操凳上，双臂屈伸。

（6）撑杆跳远。

撑竿跳越。跑至沟边缘，双手握住预先放置的竹竿，用一脚的蹬力将身体向前上方跃起，两腿弯曲上提，两臂屈肘身体紧靠撑竿，两眼目视前方，越过壕沟，两脚先后着地。

（7）翻越板障。

臂撑翻越板障。跑至板障前 2 米处，右（左）脚向前用力蹬地起跳，左（右）腿弯曲并以前脚猛蹬板障，借身体向上的冲力，左（右）手迅速用手腕扣住板障上缘。当身体翻上板缘时，左（右）手换握（拇指向前），左（右）手移推板障使身体向右（左）转，跳下。

第五章　发展攀登与爬越能力

攀登和爬越，就是人们以手抓、脚蹬它物的形式而向上爬行或超过一定空间、距离的行为。

攀登与爬越活动的锻炼，不仅能提高人们对环境的适应能力和对突发事件的应变能力，还能培养人们的力量、灵敏等身体素质和勇敢、顽强、机智、果敢的意志品质。因此，在青少年中，注意开展攀登、爬越活动锻炼，培养其攀登与爬越能力不仅是生存的需要和生活的需要，而且还具有更深远的战略意义。

第一节　一般攀爬练习方法示例

爬：以双手搂树（杆），十指紧扣，用力上爬。

抱：当双手上爬动作完成后，两臂立即紧抱树（杆），使身体紧贴树体，保持相对固定姿势，以利于下肢收腿、蹬树发力。

蹬：当两腿收屈后，双脚即用内脚弓夹树并用力下蹬。

夹：完成双脚下蹬树体动作至两腿伸直状态时，迅速收腿、屈膝并用两腿夹紧树体，固定下肢，以利于松臂、出手交替向上攀爬。

在打猎、采药和军事活动中，为了克服天然障碍，常遇攀绳（藤）越涧的惊险场面，利用绳藤摆荡的规律达到由此及彼的移动目的。

在山涧水流湍急，水深且河底多尖石，水温低而河面不很宽的情况下，意欲过河，则可采用牵引渡河法。其方法是先将牵引绳捆扎于河此岸的树身上，然后由一人涉水或绕道上游过河，将绳的另一端固定于河彼岸较低的树杆或地面上，后继者即以滑车或铁锁在牵引绳上滑行，或以手脚交替渡河。

为了发展和培养学生的攀登爬越能力，更多的方法是采用人为设障的锻炼。最常见的首先是爬绳、爬竿。

其次，在学校组织学生攀登爬越肋木、平梯、竖梯等，不仅能做一般性的攀爬运动，还可以结合进行翻越或单、双臂引体向上等发展上臂力量的练习。这种练习要就地取材，简单安全。

另外，还可以练习攀登爬越板墙（板墙是军事障碍的一种，类似一般矮墙）。其攀登方法可以分为助跑、攀登、爬越、落地四部分。

助跑：力求跑距短，速度快。

攀登：手足并用，先蹬后攀。利用惯性可蹬1~2步，这样既减小了引体的难度，又加快了翻越的速度。

爬越：以足蹬手攀使身体重心到达一定高度后，立即向左（右）转体并高抬右（左）腿，翻越板墙。在翻越过程中，上体前倾，贴于墙顶并随摆腿动作，尽快翻转身体，使身体转动180°下垂成悬垂状态。

落地：利用推手和挺腹、顶膝的力量，使身体落地点离开板墙一定距离，以免擦伤和损伤。

第二节　普通登山

一、旅游登山

由于登山装备和技术等各种条件的限制，探险登山和攀岩比赛不可能组织很多人参加。但是，登山与旅游相结合或一些装备条件比较简单的比赛性、旅游性、考察性的登山活动，参加者则较多，也更具有推广价值。

目前西欧、日本、美洲和港台地区较为提倡开展旅游登山活动，我国也正在逐步开展。它是一种以旅游与登山运动相结合的活动，对于培养青少年集体主义精神和提高攀爬能力及身体素质都很有好处。它形式活泼，内容丰富多彩。利用节假日，由教师带领或由学生会、团委组织，大学生也可以自己组织。背上背包，装上食品、燃料、帐篷、炊具、睡袋及登山设备，选择攀登游人较多、路线安全的山川，有组织、有计划地开展一些安全系数较高的登山或攀岩运动；使青年们生活在空气新鲜的大自然群山环境之中，增进对自然界的了解；还可学习根据太阳、树木、岩石等判别方向和野外生存能力的锻炼，培养青年们的自立、自强精神。

二、定向登山

定向登山是欧洲、日本等开展较普及的运动项目。与前一种不同之处，它是一种比赛性的登山活动。其内容是：事先确定一座山峰（一般不是难度太大）作为比赛的登顶目标，将参赛的运动员分为若干个组（或队）从一个出发点同时出发，按事先规定的路线越过草坡、山间河流或溪流、冰坡或雪坡，选择宿营地点，攀登岩石峭壁等，最后登上顶峰，再向下返回原出发地点。

在路线上，每一段特殊地形（如渡河地点、峭壁、宿营等地段）都设有裁判员，对于各组（队）通过特殊地形的路线选择、通过方式、技术装备的使用、攀登技术的运用，宿营地点的选择（包括地点是否安全，是否便于取水、做饭、设置帐篷等）进行评定。这种登山比赛多半在大、中专院校的学生中和军队中进行。

第六章　发展负重与搬运能力

负重和搬运能力也是人体的基本活动能力。负重是指人通过背负、肩扛重物并将其从某一位置转运到另一位置的活动。搬运是个人或多人将重物从某地方转移到另一地方的能力。

第一节　负重和搬运的方法示例

一、单人负重和搬运

（1）背人行走或小跑 40 米 3 次。

（2）背人接力赛 25 米左右。

（3）做"骑马打仗"游戏。这是一种一人骑在另一人的肩头上，下面的人两手紧抱住上面人的两小腿。上面的人想办法将另一对"骑兵"下方人头上的帽子抓走的游戏。

（4）背"木人"。前后两人以背相对，两臂屈肘互挽，前者做运输者，后者做"木人"。"木人"身体伸直后仰，运输者跑步将他运至某一目标。

（5）推小车。前面人俯撑，后面人用双手在体侧抬起他的双腿成"推车"姿势，俯撑者用两臂交替前行。

（6）双手提重物或装满水的桶进行赛跑比赛。

（7）抱人或肩扛同伴进行赛跑比赛。

（8）负重爬山或越野跑。

（9）利用沙衣、沙袋进行跑的基本练习，如高抬腿跑、跨步跑、后蹬跑、小步跑、车轮跑等。

（10）肩负杠铃做跑、跳练习。

（11）在体操器械上或组合器械上做各种负重练习。

二、多人负重和搬运

（1）3 人抬轿。两人作搬运夫，一人坐轿，进行跑步比赛。

（2）搬运接力比赛。练习者分成两队进行接力赛，偶数者抱起或单肩扛起奇数者向前跑动 15 米后，折返，奇数者再搬运下一个偶数者，直至全队人都被搬运过。

（3）3 人扛"木头"比赛。一人做"木头"，另二人将其单肩扛起跑动进行比赛。

（4）抬担架。4 人一组抬担架，另一人做"伤员"躺在担架上进行跑步练习。

（5）利用各种重物，由两人或四人进行搬运练习。

（6）"搭人墙"。一组人站成一列横排，另一组人由后面跳上前排两个相邻者之间的肩上成支撑，待全部人完成并稳定后，可集体向前进。人越多越壮观。

(7)"搭人梯"。3人一组,相互坐在肩上或站在肩上,扶墙而立,保持40秒,然后交换做"底座"的人。

(8)"抱人"。4人一组,其中3人将另一人在胸前横卧抱起,走20米,再相互交换。

第二节　举重运动简介

举重是一项有益的体育活动,也是奥运会正式比赛项目,其技术动作分为抓举和挺举两种。从事举重运动可以促进人体格健壮、增进健康、增强体质和锻炼意志,同时还可以使人掌握提、举、负、运重物的基本技能,提高身体的基本活动能力。下面简要介绍举重技术。

一、抓举

"抓举"是一个快速、连续不断地将杠铃从举重台上提到两臂在头上伸直的动作,并以两腿伸直,两脚站在一条横线位置上,保持稳定状态而表示完成。它是举重比赛中的第一个项目。抓举技术掌握得好,一般来讲在比赛时成功率较高,因此对增强比赛的信心和取得比赛胜利有很大的积极意义。抓举完整的技术动作是由预备姿势、开始提铃、发力、下蹲支撑与起立、放下杠铃五个互相衔接的动作组成,此外,还有呼吸方法,其下蹲支撑与起立的方式有"下蹲式"和"箭步式"两种。具体技术动作如图2-6-1,图2-6-2。

图2-6-1　下蹲式抓举

图 2-6-2 箭步式抓举

二、挺举

"挺举"是力量与速度相结合的动作。这个动作是由提铃至胸和上挺两个紧密衔接而结构各异的动作所组成。两个发力动作后,杠铃借惯性上升的行程比抓举的要短。另外挺举的两步动作都能充分发挥运动员全身的力量,因此挺举比抓举能举起更大的重量。挺举是举重比赛的最后一个项目,从战术上讲,掌握好挺举的技术和努力提高挺举的成绩对取得比赛的最后胜利具有十分重要的战略意义;从技术上讲,挺举的整个过程比较复杂,完成一次动作的持续时间较长,机体的负荷量又大,因此更需要运动员具备准确的动作、良好的力量和速度、勇猛顽强的意志等素质。挺举分两步完成,第一步是提铃至胸,第二步是上挺,其中提铃至胸又分为下蹲式提铃至胸和箭步式提铃至胸两种。如图 2-6-3 是下蹲式挺举技术动作。

图 2-6-3 下蹲式挺举

第七章 发展涉水能力

在日常生活中可能会经常遇到一些小而实际的困难，如乡间上学或野外工作遇到的河或沼泽地，旅游或探险遇到的山涧、阴河，在洪涝灾害时遇上的抢险、救护与自救等，了解和掌握徒手或利用简易器材克服水障的知识和技能，培养勇敢、顽强、吃苦耐劳、克服困难和大公无私的品质，也会给生活带来更大的方便与乐趣。掌握涉水技能不仅能发展适应恶劣环境的能力和战胜困难的勇气，增强体质，而且对生产、生活和军事都有十分重大的意义。

第一节 发展涉水能力的方法示例

河流是野外活动时常遇到的障碍，有的河流缓缓而流，清澈见底；有的则是水流湍急，你该如何涉水渡河呢？

首先你要对河流进行一番"侦察"，做到心中有数。先了解河道的深浅、水的流速，河底的结构。仔细观察之后再确定渡河的地点和方法。

涉水渡河要选择河水较浅，水流平缓，无暗礁、暗流和漩涡的地点，如果水深过腰、水流速度超过 4 米/秒，则不要无保护地涉水过河。涉水点确定后，就是探路确定涉水路线，常用木棍试探水的深浅和水底的坚实程度。也有人在涉水前用扔石子的办法，向欲通过的路径的远、中、近多处投石块试探水的深浅。静水和缓流可根据气泡出现的迟或早来估量水的深或浅，水浅则气泡出现早且呈混浊。急流则根据石块入水的声音来判断，水浅时声音混沉，水深时声音较清脆。涉水过河时，应当穿鞋，以免河底尖石划破脚，同时也可以更好地保持平衡。如果河底是淤泥，应脱去鞋袜，赤足过河。

山区河流通常水流湍急，水温低、河床坎坷不平，涉渡时要有适当的保护。手持一根竹竿、帐篷杆、树枝等支撑在水的上游方向；腰间绑一条保护绳，在水中摔倒或被水冲倒，有保护可避免危险；在河两岸石块上或树木上拉架一条绳索，涉渡者手抓绳索或将安全带通过绳套和铁锁挂在绳索上过河；在河两岸架设一条有保护的绳索拉过河。集体涉渡时两人或三四人，彼此环抱肩部、身体强壮者应位于上游方向，相互移动过河。

冬季涉渡冰河，应将棉衣和棉鞋脱下，涉水过河后再立即穿上。应注意不能穿棉衣裤涉水。

涉水时，在急流中最好不要踩石头，小石头不稳，大石头易滑。应挑选沙土和有碎石的路线走；前一步踩稳后，才能移动下一步。在较深的流水中，身体应向上游倾斜，半侧面向上游，两脚不宜分开太宽，移步时不要抬脚太高，尽量利用支撑，如木棍或手扶露出水面的石头或树木，攀岩的藤蔓等，以增加身体的稳定程度。

涉水前，必须根据不同的水域情况，确立不同的涉渡方法：

（1）凡能漂浮的水障，游泳通过是最好的方式。如着装游泳，应将上衣敞开，袖子和裤腿卷起，脱掉鞋袜，用侧泳或蛙泳游过。

（2）二人涉水，如遇过膝至腰深的急流，可两人分腿面对站立，双手互搭肩上，用侧跨步固定三点移动一点的方式侧向前进。

（3）集体涉水应当派熟习水性、会游泳的人带头，成一路纵队行进。编队要将男女、强弱、高矮搭配好，人与人之间要保持距离，以相互能拉到手的距离为宜。静水且水底坚实时可依次而过；遇急流或湍流时务必谨慎，用绳索帮助为佳。一种办法是：2~3人一组，用绳拴在腰部，彼此连接，一人走1.5米~3米站牢后，另一人再走；若是3人一组，则2人站牢后，另一人再走。另一种办法是：一人将绳头拴在对岸打下的地桩或树干上，使绳高出水面，其余的人扶绳依次涉水而过。第三种办法是：将绳头连接铁钩或锚，另一头拿稳，然后将铁钩掷向前边，待铁钩挂牢水下岩礁或河底后，收绳涉水，到达铁钩固定处后，取出铁钩再向前抛掷。

（4）使用漂浮器材（竹筏、木筏、橡胶充气船、绳），可把人和物品带到对岸。方法是：在平静和缓缓流水中可随涉水者向前拖带；在急流中，让一人系绳先涉过河，将绳头拴在彼岸打下的地桩上，然后利用拖曳的方式渡河。

（5）沼泽地涉水，应走杂草密集的地段，行进时不宜走得太慢，必须用木棍探路。集体通过时，先行者应用木桩或树枝标出涉水路径，最后一人回收，转给先行者再用。为了安全，将2~3人用绳拴系在一起（间隔1.5米~2米），做到互相帮助。通过沼泽地带，不宜并排行进，一定要成纵队走。如遇下陷，可赢得时间，让同伴施救。个人通过沼泽地，带上木棍、绳和充满气的结实气袋或气圈，就能避免可能发生的事故。

必须指出的是，学会游泳是发展涉水能力的一个重要方面。

第二节　涉水练习的注意事项

涉水练习时，涉水者不仅要具备勇敢、顽强、吃苦耐劳的品质，还要具备强健的体魄和持久的耐力，且掌握一定的涉水技术，能根据水情做出正确判断，并有应对措施，这样才可能减少伤亡事故和保证涉水的成功。

一、涉水前准备事项

（一）选择水域

在涉水练习时，最好选择河床比较平坦，水质清洁，水流缓慢，深浅适宜，水底没有污泥、乱石和杂草，以沙土和碎石为主的河段，这对初次参加涉水的同学比较有利。

（二）起、终点的选择

起、终点的选择一般根据水流的速度和河面的宽窄来决定。起、终点最好设在水面干净，水底比较平坦，并能容纳较多人的地方。一般起点设在上游，终点设在下游。横渡时一般是走斜线距离。水的流速越快，河面越宽，取斜线距离就越长；如果水流慢，河面窄，取斜线距离就短。

（三）健康状况

涉水者必须是身体健康的人，有严重疾病的人不能参加，如心脏病、高血压、肝炎和重病恢复期、女性月经期间以及脚上有开放性创伤者。

（四）组织领导

涉水练习不同于陆上练习，这是在野外水中进行的项目，稍有疏忽，就可能出现危险。因此，对同学进行安全教育是很有必要的。涉水一定要有组织、有领导、有计划地集体进行，一切行动听指挥，不可单独行动。学校宜以班为单位，根据各班人数和技术水平分成若干组，让熟习涉水、会游泳的人带头。编队要男女、强弱、高矮混编，并指定责任心强、游泳技术好的人担任组长，负责本组的安全保护工作。涉水前应向同学讲清涉水的目的、任务、要求、路线、起终点位置、分组和队形等情况，使大家心中有数。下水前和上岸后要清点人数并进行小结。

另外，涉水与游泳有明显的不同，涉水一般是站立进行的，除了在允许范围内脱掉鞋袜外，不应脱去衣物，以免被水下物体划伤。

（五）发扬互助精神

在涉水练习中，应注意发挥集体力量。因为涉水是在野外进行的，难免出现一些困难、危险，大家一定要发扬集体主义精神，团结一致，互相帮助，互相鼓励，同心协力，克服困难，排除危险。

二、涉水中注意事项

由于不同的水域、不同深度的涉水，应采用不同的涉水方式，因而涉水应注意的事项也有所不同。

（一）浅水涉水

浅水涉水由于身体接触水的面积小，因而阻力小，利于加快涉水的速度。为了减少浮力和阻力的不利影响，涉水时应尽量提高身体的位置，减少挡水面。如果水深在膝部以下，可将腿、脚提出水面，步子也可以大些，以尽量减少水的阻力；如果水流比较急，腿、脚不宜抬高，步子应较小，前脚踩稳后，后脚并上前脚再走，交替进行。在集体涉水时，水缓可直接通过，水急就必须互相照应，人与人之间的距离不超过一个手臂的长度。

（二）深水涉水

深水涉水应注意克服水的浮力、阻力的不利影响。在齐胸、肩的水中涉水，首先注意身体应半侧面向上游倾斜，两脚不易分得太开，两手在体侧由前向后划水，以增大身体的稳定程度，减少阻力。还可利用向后划水的支撑反作用力的推进作用，加快涉水的速度。其次，应克服水的压力对人呼吸的不利影响，吸气时注意加大吸气的力度，以对抗水的压力，使胸廓得到充分的扩张。在急流或湍流中，必须借助于绳、铁钩或锚来帮助，增大安全系数。如果没有掌握涉水技术，且不会游泳者，不能去冒这个险。

（三）较深的水中进行距离较长的涉水

较深的水中进行距离较长的涉水应保持身体平稳，速度均匀，避免因速度加快促使阻力急剧增大而造成不稳定性。因此平时必须加强耐力素质训练，以适应长距离涉水的需要。

（四）流水中涉水

流水中涉水要尽量避免逆流涉水，如必须逆流涉水，应选择流速较缓的水域。由于逆流涉水比顺流涉水难度大，特别是初次涉水者更应小心。此外，还应注意避免在急流、漩涡、淤泥和杂草附近涉水，以防止被卷入急流、吸入漩涡和陷入淤泥杂草之中。

（五）复杂水域中涉水

在涉水中，如被急流冲走、漩涡卷住、陷入淤泥或杂草缠身时，用涉水的方法能解脱出来最好，如果不行则必须用游泳的方法自救或他救。

1. 遇急流、漩涡

涉水者万一不慎被急流冲走或被卷入漩涡，切记不要慌张，应吸气，尽量使身体保持水平的位置，并迅速将四肢展开，以扩大身体与漩涡的接触面，相对减小漩涡的旋转力量，伺机用力从漩涡的一旁向外冲出。特别是在急流中应抓住漂浮物或其他东西来减缓急流力量和速度。如经努力不能脱身，应及时呼救，以便在他人和外力的帮助下脱离险境。

2. 遇淤泥、杂草

涉水者万一不慎两脚陷入淤泥时，两臂应快速、用力向下划水，以增大身体上浮力量，同时应顺势从淤泥中抽出双脚。两脚未离开淤泥时，不要向下作蹬腿动作，以免加重陷入淤泥的程度。

涉水者在静水中，下肢被水草缠住，应将下肢伸直，两手划水，由原路退回；如在流水中，涉水者下肢被水草缠住，应将身体顺水流方向展开，下肢伸直，两臂划水顺下游退出，自行解脱。

涉水过程中，由于经验不足，人对水情的判断不十分准确，偶遇塌陷地形，被流水冲走或滑跌于水中的情况时有发生，自救和施救均需掌握游泳技能。学会游泳和掌握一定的涉水知识、技能，并做好充分的应急措施，涉水才能达到锻炼身体、陶冶精神、提高生存能力的目的。

第三节 发展涉水能力的竞技运动——游泳运动简介

游泳是人体在水中凭借肢体动作同水相互作用而进行的一种活动技能，是一项重要的涉水技能。（它能增强人体体温调节机能，提高机体对环境温度变化的适应能力。此外，游泳作为一种生存技能和娱乐休闲手段，是每一个学生都应掌握的。）

游泳的泳式多种多样，一般分为竞技游泳和实用游泳两大类。竞技游泳包括爬泳（自由泳）、仰泳、蛙泳、蝶泳（海豚泳）四种泳式，由这四种游泳姿势组成的混合泳也列为正式比赛项目。实用游泳包括仰泳、踩水、反蛙泳、潜水等。

一、游泳的基本技术及练习方法

（一）蛙泳

蛙泳，因模仿青蛙游水动作而得名，是最古老的一种游泳姿势。具有呼吸方便、省力持久、声响小、易观察等特点。

1. 蛙泳技术

（1）身体姿势。

蛙泳时，身体自然伸直，俯卧水中，两臂向前伸直并拢，掌心向下，头略抬，身体纵轴与前进方向约5~10°角（图2-7-1）。

(2) 腿部动作（图 2-7-2）。

蛙泳腿部动作十分重要，它是推动身体前进的主要动力。腿部动作由收腿、翻脚、蹬腿和滑行四个不可分割的阶段所组成。

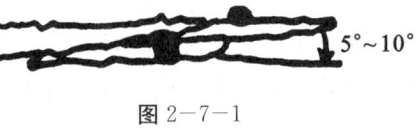

图 2-7-1

①收腿：两膝向下自然弯曲，边收边分，踝关节放松，两膝外侧约与肩宽。收腿动作要慢，两脚和小腿要收在大腿的后面，以减少回收时的阻力。收腿结束时，脚跟靠拢臀部，大腿与躯干约成140°角（图 2-7-2）。

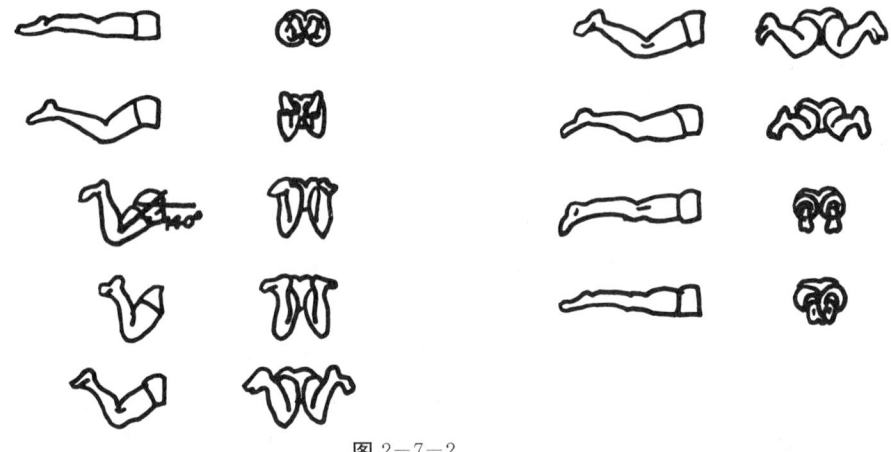

图 2-7-2

②翻脚：收腿结束时，脚仍向臀部靠拢，两膝内扣，同时两脚外翻，使脚和小腿内侧正对蹬水方向。

③蹬腿：大腿发力，先伸展髋关节，然后伸展膝关节，最后伸展踝关节，蹬水方向尽量向后，做到边蹬边夹。

④滑行：蹬腿结束后，双腿伸直并拢，使人体保持水平，随蹬腿获得的速度向前滑行。

(3) 臂部动作（图 2-7-3）。

蛙泳臂的动作可分为开始姿势、抓水、划水、收手和伸臂五个阶段。

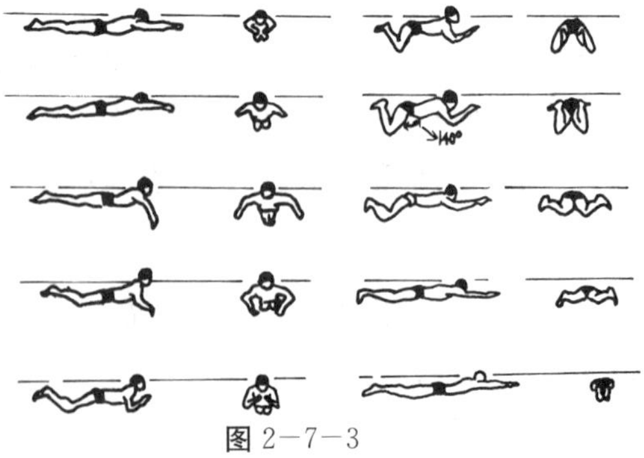

①开始姿势：蹬水结束时，两臂自然向前伸直与水面平行，手指自然并拢，掌心向下。

②抓水：两肩关节稍内旋，两手掌心转向外斜下方并稍勾手腕，两手分开向外下方压水，把水抓住。其目的是使身体位置升高，便于抬头吸气和推动身体前进，为划水创造条件。

③划水：肘关节逐渐弯曲，并保持较高位置。划水的路线是向侧、下、后加速划水。

图 2-7-3

④收手：手划至肩前，两臂夹角约成120°时，臂外旋，肘向下、向内收在体侧下，两手掌心由向后转向内，再向上、内收到头前下方。收手结束时，肘低于手，大小臂成锐角，掌心相对。

⑤伸臂：肩向前，肘、手快速向前伸，手臂边伸边内旋，掌心逐渐转向下方，使臂靠

近水面。

（4）配合技术。

①臂、腿动作的配合。一般的臂、腿配合技术是臂划水时，腿保持放松，身体保持伸直姿势；收臂、手的同时完成收腿动作；臂前伸中做蹬腿动作；蹬腿伸臂之后，臂、腿伸直滑行。臂、腿技术的配合是十分重要的，它直接影响划水的效果和前进的速度（图2-7-3）。

②呼吸与臂部动作的一般配合。两臂开始划水时，抬头迅速吸气；在收手时，低头闭气；伸臂向前滑行时，逐渐呼气；臂开始划水时，又抬头吸气（图2-7-3）。

2. 蛙泳的练习方法

蛙泳的学习顺序一般是先学腿部动作，后学臂及呼吸动作，最后学习臂、腿配合和完整的配合动作。

（1）腿部动作练习（注意：慢收，快蹬，伸直后要停顿）。

①陆上模仿练习。

练习一：坐在池边或岸上，上体后仰，两手伸直后撑，做收腿、蹬夹、伸直、停的动作，动作由慢到快（图2-7-4）。

 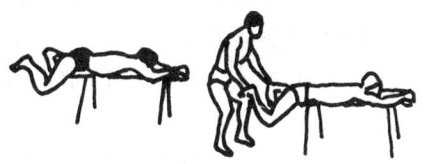

图2-7-4　　　　　　　　图2-7-5

练习二：俯卧池边或台、凳上，做蛙泳腿的模仿练习。也可在同伴帮助下，体会和纠正动作（图2-7-5）。练习中要特别注意脚的外翻动作。

②水中练习。

练习一：俯卧池中，在同伴帮助下或自做腿部动作练习（图2-7-6）。

练习二：浅水中牵引练习。练习者抓住同伴的手或腰俯卧水中做腿部动作练习，同时同伴向前行进，牵引练习者，使练习者下肢上浮。

练习三：手握浮板（或可提供浮力的物体），做练习二动作。此练习初期可加带浮球。

练习四：蹬壁滑行做腿的练习。练习者先深吸一口气，然后蹬池壁，身体伸直俯卧向前滑行。滑行中做腿部动作练习。

（2）臂部动作及呼吸配合练习。

①陆上模仿练习。

练习一：两脚开立，上体前俯，由慢到快做抓水、划水、收手、伸臂练习。在熟练臂的动作后，加上呼吸动作：开始划水时抬头吸气，收手时低头闭气，伸臂时呼气。

②水中练习。

练习一：俯立于浅水中，做上臂动作练习，注意手的抓水、划水。熟练后，与呼吸动作配合。

练习二：俯卧，由同伴托住腹部，练习臂与呼吸配合动作。

练习三：两腿夹泳板，练习臂与呼吸的配合动作。

(3) 完整配合动作练习。

①陆上模仿练习：原地站立，两臂上举并拢伸直，按口令做："1"，两臂向两侧、下做弧形屈臂划水；"2"，两臂收手的同时做收腿动作，收腿结束后立即翻脚；"3"，臂向上将要伸直时，翻脚的一腿向下做弧形蹬夹水的动作；"4"，还原成预备姿势（图2-7-7）。熟练后加上抬头配合呼吸动作。

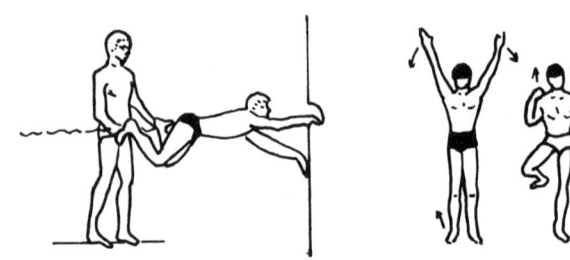

图 2-7-6　　　　　　　　　图 2-7-7

②水中练习。

练习一：闭气蹬池壁俯卧滑行后，做臂和腿的分解配合练习。划一次臂后，再做一次腿的收、蹬夹水，臂、腿依次交替进行。

练习二：在练习一的基础上，过渡到收手的同时收腿，臂将伸直时蹬夹腿，然后稍停再做该动作。

练习三：在浅水区站立，将头、口露出水面，前仆再做练习二动作。

练习四：在练习二的基础上，加上呼吸动作。开始可作几次腿、臂动作，呼吸一次，逐渐过渡到腿、臂动作一次，呼吸一次。

以上练习可以在浅水中抱腿漂浮后，再伸直俯卧，再开始动作练习。

（二）爬泳

爬泳是游泳姿势中速度最快的一种泳式。

1. 爬泳技术

(1) 身体姿势。

爬泳时身体平直俯卧水中，身体纵轴与水平面构成约3°~5°角，头部保持平衡，其1/3露出水面，使发际与水面齐平，眼视前下方。游进中因划臂和转头吸气，身体绕纵轴自然转动35°~45°角。

(2) 腿部动作。

打腿的主要作用是维持身体平衡，使下肢不致下沉和产生推进力。两腿上下打水从髋关节开始用力，大腿带动小腿打动，脚尖伸直成一鞭打动作。向下打水时膝关节自然弯曲成160°角，两脚尖上下最大距离约30~40厘米（图2-7-8）。打腿时，踝关节向内转，主要是向下用力。

(3) 臂部动作。

臂划水是爬泳的主要动力来源。臂部动作由入水、抱水、划水、出手和空中移臂组成。

①入水：肘高于手，屈臂，掌心稍向外，手指伸直，食指领先斜切插入水中。入水点在肩延长线与身体中线之间。

②抱水：入水后向前下方伸直臂，上臂要内旋，屈腕、屈肘，使肘处于较高位置，手臂与水面成40°角，肘屈至150°左右。肩充分前伸，手臂似去抱一大圆球。

③划水：划水是发挥最大推进力的主要阶段，可分为拉水和推水两部分。抱水后进入拉水阶段，拉水是一屈臂过程，拉水时前臂速度快于上臂。当臂划至肩下方时，手体下靠接近身体中线，屈肘为90°～120°（图2－7－9）。保持高肘位拉水，使手、前臂更有效地对水划动。推水是通过最大屈肘到伸臂来完成的。拉水后手掌继续对水向后划，同时肘向上，向体侧靠近，手掌向后推压（图2－7－10）。在划水过程中，肩部应向前、向下、向后合理转动，使划水的发力点提前，划水路线加长。整个划水中保持高肘，划水路线呈"S"形（图2－7－11）。

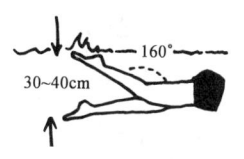　　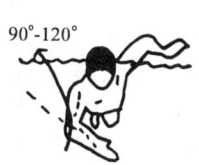　　　　

图2－7－8　　　　　　图2－7－9　　　　　　图2－7－10　　　　　　图2－7－11

④出水：划水结束后，臂由于推水用力的惯性很快靠近水面，将臂提起，肩部和上臂几乎同时出水。由上臂带动，肘向外上方做出"提拉"动作，将前臂和手提出水面，掌心向后上方。

⑤空中移臂：主要是靠三角肌、斜方肌的有力收缩屈臂向前，肩带肌应向上、向前拉开，肩靠近耳旁，肩关节转动前移，以加大拉动距离。移臂全过程始终保持肘高于手，连贯、迅速、放松。

（4）两臂的配合技术。

两臂的正确配合技术应保证两臂不断地产生均匀的推进力。两臂可分为三种交叉形式：前交叉（即一臂入水时，另一臂在肩前方与水面成30°角），中交叉（即一臂入水时，另一臂在肩下垂直部位与水面成90°角），后交叉（即一臂入水时，另一臂划至腹下方，与水平面成150°角）。新学者宜采用前交叉，有利于掌握呼吸技术。

（5）呼吸与臂的配合。

爬泳时，一般划一次水做一次完整呼吸，即吸气、闭气和呼气。转头吸气时利用头前波浪形成的波谷，可避免转头过多，以利于保持身体的水平位置。呼吸与臂的配合，以向右吸气为例，右手入水后，口和鼻开始慢慢地呼气，右臂划至肩下，向右侧转头，呼气量开始增加；右臂出水时，张口吸气，臂移至一半时吸气结束，并开始转头复原；而后保持闭气（图2－7－12）。

（6）完整配合。

呼吸、臂、腿的完整配合技术是向前快速游进的保证。现代短距离自游泳采用6∶2∶1的配合技术，即6次快而有力的小幅度打腿，2次划臂1次呼吸。长距离自由泳采用4次打腿或不规则打腿结合6次打腿，打腿趋于加强。

2. 爬泳的练习方法

学习爬泳按腿部动作和呼吸，再到配合动作的顺序进行。打腿是学习爬泳的基础，要把基础打牢。

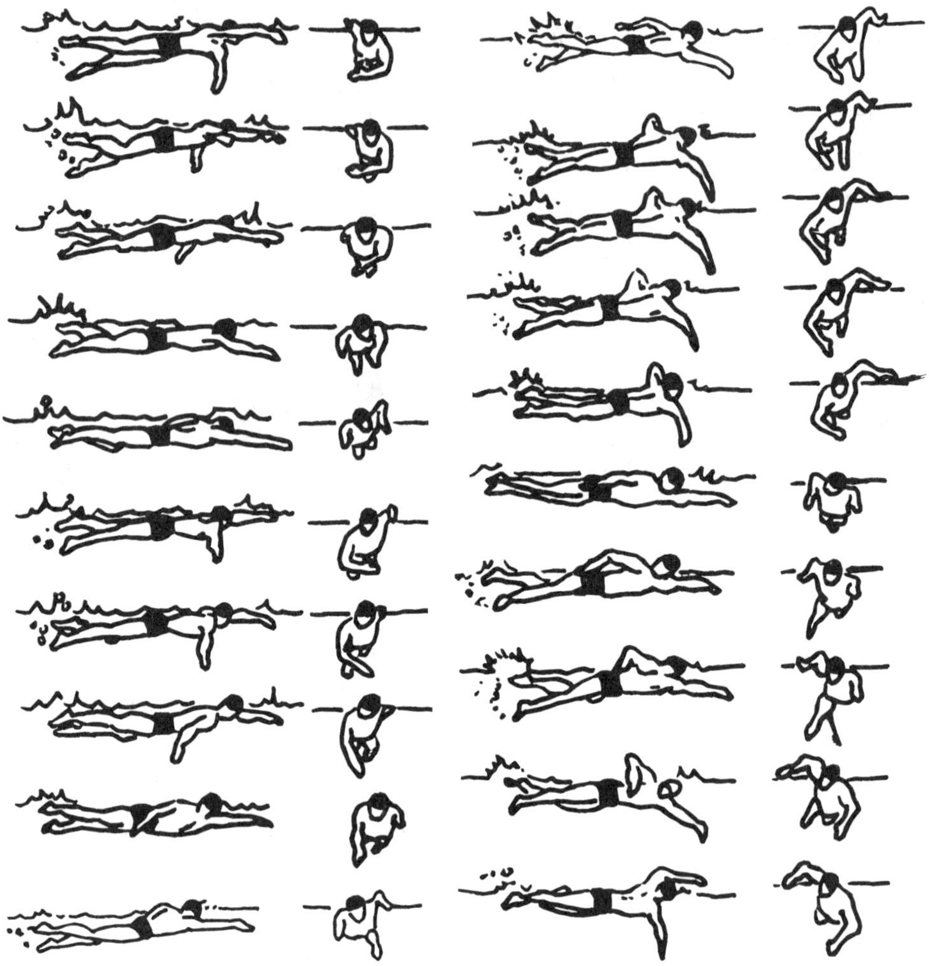

图 2—7—12

(1) 腿部动作。

①陆上模仿练习：坐池边或地上，身体后仰，两手后撑，两腿伸直并内旋，上下打动（图 2—7—13）。

②水中练习。

练习一：俯卧，手握池槽或水平姿势，做直腿打水动作。练习时要求大腿带动小腿（图 2—7—14）。熟练后加上转头呼吸动作。

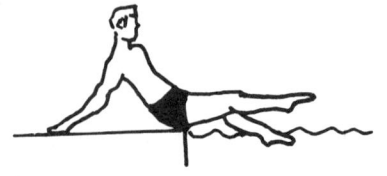

图 2—7—13

图 2—7—14

练习二：蹬池壁滑行后，做闭气打腿练习。

练习三：手握浮板（或可浮物）抬头做打腿练习。开始时可加上他人牵引，熟练后加上转头呼吸动作。

（2）臂部动作及其与呼吸的配合。

①陆上模仿练习。

练习一：俯立，做手臂划水模仿练习。注意手臂的运动线路，空中移臂要求屈臂高肘、放松。

练习二：熟习练习一动作后，加上转头呼吸的配合。

②水中练习。

练习一：俯立于齐腰深的浅水中，走步做划水练习。练习中注意手掌对水。熟练后可加上转头呼吸动作。

练习二：大腿夹泳板，做完整的手臂与呼吸动作配合。

③完整配合：完整配合练习开始时，可保持两腿不间断打水，再加上手臂及呼吸动作。能呼吸后，再注意腿与手臂、呼吸的节奏。

（三）仰泳

仰泳，顾名思义，成仰卧姿势的游泳。它具有易于呼吸、比较省力的特点，学习较为容易。仰泳包括反蛙泳和爬式仰泳。

1. 爬式仰泳技术

爬式仰泳动作结构和爬泳相似，但受解剖结构的限制，两臂在体侧划水，在技术上与爬泳需求又不尽一致。

（1）身体姿势。

身体自然伸展，仰卧水中，头肩略高于臀，腰和腿保持水平，后脑浸入水中，颈部肌肉放松，脸部露出水面，眼看后上方。

（2）腿部动作。

腿部动作是保证身体水平姿势和维持身体平衡的主要因素，正确的踢水动作能产生较大的推进力。

仰泳的腿部动作与爬泳相似，但膝关节弯曲（约135°）和打腿幅度（约45厘米）比爬泳大。动作是"上踢下压"，即"屈腿上踢，直腿下压"，以髋关节为轴，大腿发力，带动小腿和脚，形成鞭打有力的向后踢水动作。初学者首先要注意用力向上向后踢水。任何时候，膝不能出水面（图2-7-15）。

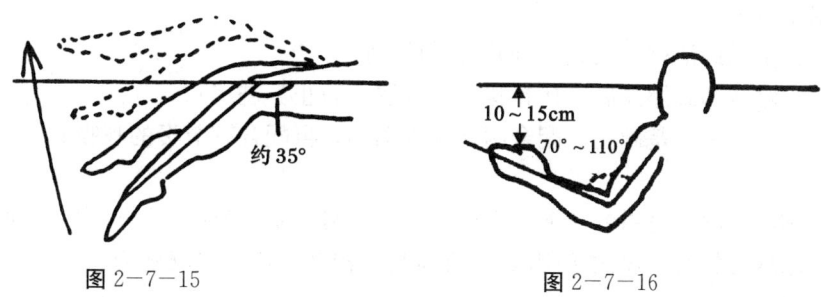

图2-7-15　　　　　　　　　　图2-7-16

（3）臂部动作。

臂的一个动作周期可分为入水、抱水、划水、出水、空中移臂五个阶段。

①入水：借助移臂的惯性，臂部自然伸直，掌心向侧后方，小指领先入水，入水点在身体纵轴延长线与肩的延长线之内。其顺序是：上臂先入水，再是前臂和手几乎同时入水。入水动作自然、放松，不要用手背拍击水面，以免带入气泡。

②抱水：手臂入水后，臂下滑到一定深度时直臂向深水处积极抓水，并转腕和肩带内旋，同时开始屈臂，使整个臂处于最有利的划水位置。完成抱水动作时臂与身体纵轴构成约40°角，肘关节微屈，手掌距水平约30厘米左右。

③划水：划水动作是推进身体前进的主要动力。动作包括拉水和推水两部分。

拉水段动作是：前臂内旋，手掌上移，肘部下沉，使屈臂程度加大。要尽快使手掌至上臂能保持与前进方向垂直，从而增大对水的接触面。至肩侧部位时，屈臂程度最大，约70°～110°角。手掌距水面约10～15厘米，肩轴与水平面约成45°角（2-7-16）。

推水段，应在拉水的速度上加速，保持前臂和手掌的对水面，向脚的方向推水。推水将结束时，小臂内旋加速转腕下压的动作，掌心转向下，至大腿侧下方距臀部约10～15厘米。从侧面看，整个划水手掌走的路线是先向下，再向上，再向下，形成一个S形（图2-7-17）。

④出水：借助手臂内旋下压推水的反作用力和三角肌的收缩力，手臂自然出水。出水动作是臂先压水后提肩，由肩带动上臂、前臂和手依次出水。

⑤空中移臂：提臂出水后，迅速沿着肩的垂直面向肩前移动。臂要伸直，移臂的后阶段注意肩关节充分伸展。

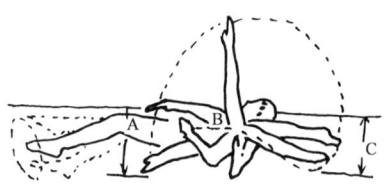

图2-7-17

（4）两臂配合。

一般当一臂划水结束时，另一臂正好开始划水；当一臂处于划水中段时，另一臂空中移臂至一半。

（5）腿、臂及呼吸的配合。

现代仰泳技术一般采用6次打腿，2次划臂，1次呼吸的配合。呼吸要有节奏，整个动作要平衡、协调，保持身体的流线型，不左右扭动。

2. 练习方法

（1）陆上练习。

仰卧池边，做腿部动作模仿练习。

（2）水中练习。

练习一：手反握池槽（或边），仰卧做打腿练习。

练习二：蹬池仰卧漂浮后，接打腿练习（注意防止鼻进水）。

练习三：在练习二基础上，配合两臂划水动作，再配合有节奏的呼吸。

（三）蝶泳

蝶泳又称海豚泳，是由蛙泳演变而成的一种泳势，游进时因两臂空中动作似蝴蝶展翅而得名。蝶泳速度较快（仅次于爬泳），身体起伏较大，技术比较复杂。

1. 蝶泳技术

（1）身体姿势。

身体俯卧水中，躯干和腿联合做有节奏的上下波浪形打水动作，游时两臂、两腿的动作左右对称。

（2）躯干和腿的动作。

蝶泳腿打水动作是由腰部发力，大腿带动小腿做鞭状动作形成的，它和躯干动作紧密联系在一起。

打水时，两腿自然并拢，双脚稍分开成内八字形。当两脚处于最低点时，膝关节伸直，臀部升至水面，髋关节约屈成160°角，然后两腿伸直向上移动，髋关节逐渐展开，臀部下沉；当两脚继续向上时，膝关节逐渐弯曲，髋关节继续加速向下；当脚抬至接近水面时，臀部下降至最低点，屈膝成110°～130°角，紧接着两脚向下打水，踝关节放松，脚面对水，小腿随着大腿加速下压，向后推水；当两脚向下打水尚未结束时，大腿又开始向上移动，至膝关节完全伸直，一次向下打水的动作即结束（图2-7-18）。

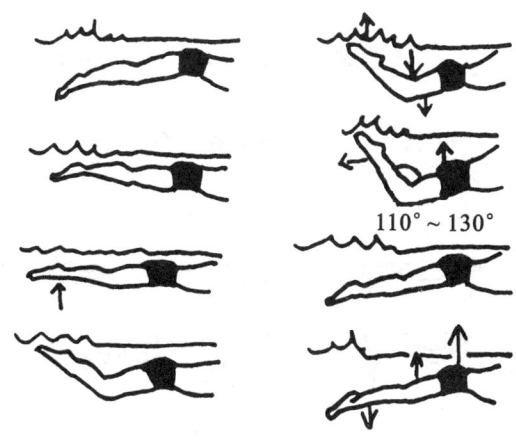

图2-7-18

打水动作要连贯，当上一次打腿尚未完全伸直时，大腿已开始向上运动了。初学者要注意用力向下打水，至腿伸直时稍提臀，直腿向上抬腿。打水节奏是向下快、向上慢。

蝶泳一般采用两次打腿技术，两次的用力程度随个人习惯，常见的是第一次重打，第二次轻打。

（3）臂部动作。

蝶泳划水与爬泳技术有很多共同点，均是由前向后划水，经空中向前移臂，要求高肘划水。不同的是蝶泳划水是两臂同时，身体不转动，做上下起伏运动。

①臂入水：入水时，手与肩同宽或稍窄，手掌领先斜插入水，前臂、上臂再依次入水。入水后手臂要避免过分前伸和潜入过深。

②抱水和划水：入水后，手和前臂内旋并向外侧下方抱水，接着两臂逐渐向内、向后屈臂划水。进入划水段，应屈肘保持"高肘"姿势，做加速划水动作。两臂划至肩下方时，前臂与上臂的角度为90°～100°。此后，两手划至腹下时，两手距离最近，再做两手的弧形向外推水动作，划水路线（图2-7-19）呈双"S"形。

③出水：当两臂推水尚未结束时，双肘已开始做向上抬动作，利用加速推水的惯性提肘出水。肘先于手出水。

图2-7-19

④空中移臂：两臂放松，内旋，沿身体两侧低平前摆。开始时肩关节上提，两肩胛骨靠拢，然后向前转肩伸臂。

（4）臂、腿的配合与呼吸配合。

应是速度均匀，节奏明显，打腿间歇时间相同，打腿连贯有力。一般多采用2次腿、1次臂、1次呼吸的配合技术。

①臂、腿配合：两臂入水时做第一次向下打水动作；臂抓水时，腿向上；两臂划至胸腹下时，做第二次向下打水动作；臂推水结束，打水结束；移臂时，腿向上（图2-7-20）。

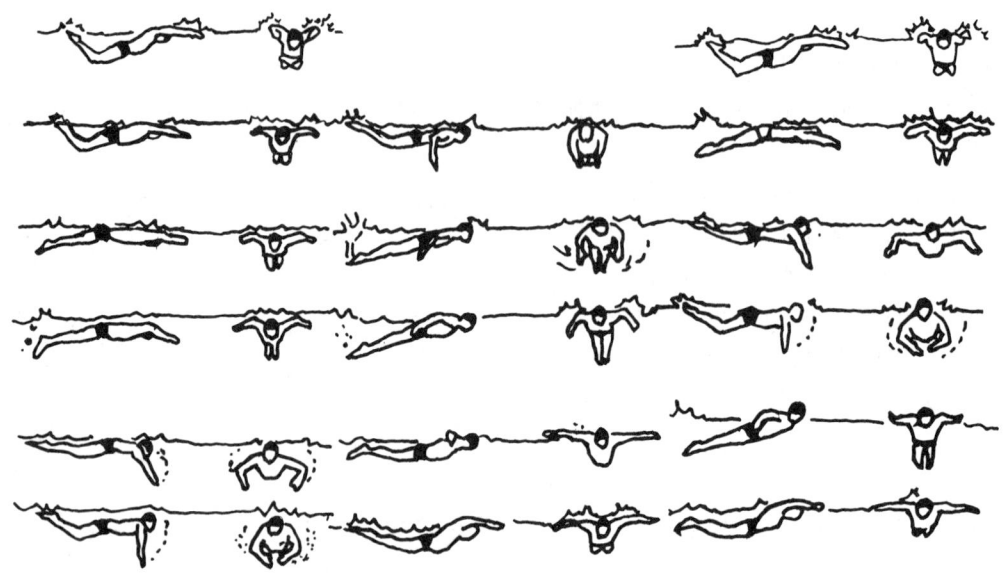

图 2-7-20

②呼吸与臂的配合：臂划至肩侧下时脸出水，开始吸气，臂前移时，颈部弯曲，低头入水。初学者一般采用早吸气比较容易，即在臂划水前约 1/3 时就开始抬头吸气，至臂出水和向前时闭气。

2. 练习方法

（1）陆上练习。

练习一：原地站立，两臂上举，做腰腹前后摆动练习（图 2-7-21）。

练习二：手正握单杠，直臂悬垂，做打腿练习（注意安全）。

练习三：俯立，做臂部动作练习，可与头部动作、呼吸配合。

图 2-7-21

图 2-7-22

（2）水中练习。

练习一：蹬池壁滑行后，手臂前伸，进行打腿练习（图 2-7-22）。

练习二：手扶泳板做打腿练习。

练习三：俯立浅水中，做两臂划水练习，并可配合呼吸练习。

练习四：做两次打腿、一次划水、一次呼吸的完整配合练习。

二、游泳安全卫生常识与游泳救护

（一）游泳安全卫生常识

游泳是在特定环境水中进行的，一定要把安全放在首位。特别是初学游泳者，没有教师在场或无安全保障，不能下水。

游泳前应认真进行体检，防止患病者游泳时发生意外，同时也避免传染他人。凡患有传染性肝炎、活动性肺结核、细菌性痢疾、化脓性中耳炎、心脏病、精神病、皮肤病、严重沙眼，以及其他传染病者，不得游泳。女生在月经期间，也不宜游泳。饭后1小时内或饥饿状态下，不宜游泳。

下水前应认真做好准备活动，使身体适应激烈运动和低温水的刺激；在游泳中不准乱跳水、潜泳和开玩笑，遵守游泳池（场）的规定，在指定水域内游泳，以免发生危险。游泳者要有同伴，以便互教互学，互相照顾。初学游泳者不得到深水区游泳。

注意公共卫生，淋浴后方可下水，不准在水中吐痰和便溺，不要租借他人游泳衣（裤）。

出水后应淋浴，然后擦干身体，穿衣保暖。出现头晕、恶心、冷颤、抽筋等情况应及时上岸。

在自然水域游泳要注意水质、水的深度和流速，不要在有污泥、乱石、树桩、漩涡、杂草丛生和船只来往频繁的地方游泳，以免发生危险。

（二）游泳救护

游泳救护是保障人身安全的一项重要措施，因此，在组织游泳活动的同时，要加强救护工作，对游泳者进行安全教育。学会和掌握一定的游泳救护知识和技术是十分必要的。

1. 自我救护

在游泳中出现异常生理现象或遇险时，不要紧张害怕，要沉着、冷静，想办法脱离危险，同时别忘了呼救，拍打水面，请求他人援助。

（1）抽筋。

在游泳中，有时身体异常，引起抽筋现象。抽筋的部位主要是小腿和大腿，有时手指、脚趾也会发生。抽筋主要是由于游泳前没有做好准备活动，身体过分疲乏，水凉刺激，精神紧张等造成的。发生抽筋时自我救护的方法有：

①小腿、大腿、脚趾抽筋：先吸一口气仰卧水上，用抽筋肢体对侧的手握住抽筋肢体的脚趾，并用力向身体方向拉拽，并将同侧的手攀压在抽筋肢体的膝盖上，帮助抽筋腿伸直。

②手指抽筋：手握拳，然后用力张开，反复多次，直至抽筋消除为止。

（2）防呛水。

避免呛水的办法，主要是掌握正确的水中呼吸。如果已呛了水，也不要慌，应迅速调整呼吸，使头露出水面做几次水面游泳，也可做原地踩水动作，稍作休息即可恢复正常。

2. 水上救护

游泳救护，人人有责。险情就是命令，时间就是生命。当发现险情时，应寻求更多、更广泛的援助，在专职救护人员的指导下积极参加救护。如果现场没有专职救护人员，在场游泳者应义不容辞地进行救护，面对险情要镇定、果断、迅速地采取措施。救援的同时也要注意自身的安全。

(1) 间接救护。

一般溺水者往往很靠近岸边，只要及时递给他一根竹竿、棒、可浮物、救生圈、绳子等就可进行救护。重要的是，要引起溺水者的注意，使他意识到救援者和救援物的存在。实践证明，使用救生器材既省力，又安全、迅速，效果好。

(2) 直接入水救护。

在周围无救生器材或不便使用救生器材的情况下，应果断跳入水中进行救护。救护者应迅速脱去妨碍游泳的衣裤，同时注意观察溺水者的情况，选择恰当的入水处跳入水中，用抬头爬泳或蛙泳接近溺水者。对比较清醒的溺水者，可协助其游回岸边；对于紧张、挣扎的溺水者，要从背后或潜入水中接近对方，避免被对方抱住。救护者先将溺水者转至背向自己，然后用侧泳或反蛙泳进行拖带，拖带时要使溺水者脸部露出水面（图2－7－23）。对于已经沉没在水中的溺水者，要快速寻找，并且组织打捞。救人上岸后，要一边进行人工呼吸抢救，一边寻求医务救援。

图 2－7－23

第八章　自卫与自我保护

自卫与自我保护，虽不算作人的基本活动能力，但在现实生活中，它应被看做是人们各种基本活动能力的综合体现。

第一节　自卫能力应用示例

一、防卫能力及应用

防卫能力即保护自己免受他人攻击的能力，是指在遭遇危急情况下能被动反击，又能保护自己并救助他人的能力。

防卫的原则有：

（1）临危不惧、镇定自若、敢于拼搏。

突遇袭击，任何人都免不了受到惊吓，感受到恐惧，这是很正常的生理、心理反应。但瞬间过后，我们要能迅速调整心态，并冷静地分析所处的环境、受到的威胁和预知可能发生的情况。此时，任何惊惶失措都于事无补，任何懦弱的表现，更有可能助长歹徒的淫威。

遭遇意想不到的情况，我们是被动的，但只要保持临危不惧、镇定自若心态，并有以死相拼的勇气，我们就能从精神上战胜对手，从气势上压倒对方，反倒会变被动为主动。

（2）充分利用一切可以利用的手段。

首先应想到利用一切当时可迅速利用的器械作为反击的武器（诸如随手抓来的棍棒、坐椅、地上的泥沙，以及你的皮带、外套甚至你的牙齿）。特别是当你的生命随时处于危险之中时，你没有也来不及多想方法、手段来自卫，此时最简单、最直接、最致命的反击就是最有效的反击。

（3）以最快的速度、最大的力量准确地攻击歹徒的弱点。

无论再强大的敌人，身体都有致命的要害部位。用最大的力量快速准确地攻击敌人的薄弱部位，可获速战速胜之效。但当双方力量悬殊较大时，进攻点最好选择双眼和裆部，才能收到反击的效果。如果攻击部位不当，力量不够，反而会刺激歹徒的疯狂。

（4）要善于借助歹徒的运动和力量来打击歹徒。

永远都假设歹徒比你强大，避开与他过多的身体接触和体力较量，要能巧借对方之力打击对方要害，将其制服。

当然，上述原则并非是一个从未接受过这方面训练的人所能做到的。与敌搏斗，你没时间停下来思考，每个动作都是自动的本能反应。一招一式都要求准确无误，没有一定的身体素质和搏击基本功，你又怎能会不心悸、胆怯、惊慌失措！更何谈防身自卫？

所谓"艺高人胆大"，并非盲目的胆大蠢动，而是源于长期搏击经验的沉淀积累，非朝夕之功。我们只有懂得一些防卫知识和方法，勤加练习，才有能力充分的自卫。

二、人体的要害部位及部分攻击方法

1. 人体的要害部位

头部：耳、太阳穴、眼睛、鼻三角区、后脑玉枕穴、咽喉、颈侧、颈背等。

躯干：腋窝、裆部、腰部等。

四肢：指关节、腕关节、肘关节、肩关节、膝关节和踝关节等。

这些部位是遭受打击时易致伤致死的部位，了解并学会攻击这些要害部位，加上勇气和信心，就能在搏斗中克敌制胜。

2. 攻击要害部位的简单方法

眼睛：以食指和中指成 V 形刺入敌双眼，手指和手腕要挺直。也可用相邻指关节狠戳眼窝，并用手指抠挖可将敌致盲。

裆部：这是防卫反击的重要部位。只要抓住机会，最有效的手段是击其裆部。可用膝向上猛力顶撞，也可用脚踢、脚后撩、拳击、肘击和手抓等方法，根据与敌的距离和相互的位置来实施。

太阳穴：骨质脆弱，有一条动脉和大量神经集中其下。通常用手外侧或掌，也可用肘击打，致其脑震荡和死亡。

耳：两手作杯状，猛力拍击敌双耳。轻则击穿耳膜，使其神经受到冲击，或耳内出血；重则足使敌脑震荡乃至死亡。

咽喉：与其卡喉，不如挺直两指直戳咽喉下凹处，如此狠力一戳，可使敌剧痛、咳嗽或窒息；若刺入皮层，其伤势更加严重。

四肢关节：采用猛力的反关节动作或脚踢，使其被控制，或脱臼、挫裂，造成剧痛并丧失攻击能力。

三、防卫的具体方法及其运用

防卫的具体内容较多，这里我们对徒手袭击者、持器械者和多人袭击的防卫方法进行简单的介绍。防卫反击实际上是一种更高形式的攻击。选择反击方法，应首选最迅速、最有效的形式。

（一）对徒手袭击者的防卫

徒手袭击者的进攻不外是拳打、脚踢、摔或擒拿四种方法。对不同的攻击，我们同样也可以采取相应的防守技术，并进行反击。

对拳打、脚踢的防卫，防守技术上可采用格挡、阻截、闪躲或扭抱。

格挡是一种以身体某部位挡架进攻的有效方法。它包括拍按（向里拍按，避免敌连续进攻）、推挡、格架（架关节处）、劈砸（用下劈拳或下砸肘对敌攻中盘的拳脚防守），以及搂抱动作。

阻截是在对方发力前，直接阻挡截击对方的防守方法。可削弱敌进攻的威力，打乱其进攻的节奏。原则是：敌不动我不动，敌若动我先动。当敌拳攻击中盘时，用膝、下肢阻截。

闪躲是以敏捷的判断、灵活的移动躲开敌进攻的方法。根据不同的拳脚进攻，可采用后闪、侧闪、低闪、跳闪、提膝闪和转身闪。幅度不宜过大，以能闪开敌进攻为度，这样可抓住时机迅速完成反击动作。

扭抱是对付敌进攻并贴身上前的防卫方法，是一种直接接触，具有一定的危险。但掌握好时机，可使敌有来无回，被动挨打。它包含勾挂、抱抄、挎肘、勾踢、抱铲、抱摔等动作。

（二）对实施擒拿和摔之敌的防卫

防卫实施摔拿之敌的情况非常复杂，因敌擒拿动作有千般万种。一旦被敌抓住、抱住，应在敌完成动作之前或刚完成后，利用反擒拿动作或直接攻敌要害迅速解脱，甚至用牙咬均有助于破敌擒拿。以下介绍常见的几种被动情况的防卫。

1. 头发、胸和手臂被抓

头发由前被抓时，你迅速用手将敌手腕按压在头上，另一手抓住对方肘部，压其手腕外侧，同时后撤步转体以借助两手之力，使敌手腕受制或损伤。

头发由后被抓时，可用双手将敌手腕固定，并迅速转身略低头，同时将敌手腕外翻至手心向上，随手迅速抬顶对方肘部，可折其手腕。

敌抓胸和手臂是为了控制你，以完成更进一步动作。如果情况紧急时，要迅速猛戳敌眼或近身用膝狠顶其裆部。或者，利用一手按扣敌手臂翻腕，另一手助力反托其肘或缠腕，并向翻腕的异侧倒转身爆发用力反擒拿，可反将敌手臂锁住。

2. 手臂由后被拧臂压肘

方法一：此时身体稍前倾，以脚后跟猛撩敌裆部；若敌稍远则用侧踹击其腹部或裆部。但是遇上有经验的敌手，他会以双腿和身体向你紧贴，令你无法起腿，在这种情况下，惟有将身体尽量前俯以制造起腿空间。

方法二：向被擒手异侧转体面向敌人，用异位手卡、戳其喉部或抠、戳其双眼，须快、准、狠。

3. 被双手卡喉

方法一：一侧手抢拳向斜下方成弧形猛力盖击压敌臂的同时，身体向挥臂方向转体，尽可能以身体重量加大摆臂的力量。此法可迫敌松手，并在敌未及时反应时，挥臂迅速以手掌外侧猛击敌太阳穴或颈侧部。

方法二：双手紧握成抱拳状从敌两臂间猛力上撞，使敌松开手，然后迅速反方向下砸其鼻三角区，或抓其后脑下拉，并抬膝撞其面部。被顶在地上遭卡喉时，敌一般都试图伸直手臂，这时可用双手分别卡喉，同时用膝顶撞或脚踢击裆部。

摔倒在地，被敌骑身卡喉时，你可一手猛托敌肘，另一手反向拉敌另一肘，并配合腿部动作，将敌反拉在地。也可用两腿分开沿敌体侧猛蹬其下颌和颈部，将其蹬倒后，抬肘砸其裆部。

4. 被抱腰

敌正面抱腰并试图后仰摔倒你，此时将左手拇指置于敌鼻底部并用右臂环抱敌腰，你可弯腰并后顶，并迅速俯身从你胯下抄起敌腿猛力上提，配合臀部下坐其膝，使敌膝关节受损，或下啃敌脚背，或转动身体并由左右肘击打敌太阳穴解脱。

当两臂也被箍抱时，不论在前在后你均应下蹲，用手抓其裆部，并配合肘击、下踩脚背或抓臂过肩的摔法将其制服。

5. 单腿被抱

你迅速用被抱的同侧手抓敌下额，另一手扣住其后脑，两手猛力向被抱一侧扭转敌头，配合身体转动。要注意抓额准确，扭头坚决。

6. 被摔倒地

不论向何方倒地,你都应迅速翻转身体成侧卧状。当敌准备上前时,你可一腿封抵敌前腿,另一腿横扫其腰、胯部,若能击中裆部则效果更佳;也可用脚拉住敌脚跟,另一腿则猛力蹬挫其膝关节,两脚合力使其膝关节受损。

(三)对持器械者的防卫

面对手持各种器械者,除非你有丰富的实战能力和搏击经验,并能对随后发生的情况做好充分的精神准备,否则是相当令人惊恐的。尤其是面对持刀或握枪者,如果盲目相信"空手夺白刃"的俗话,稍有差错便会有丧命的危险。

尽管我们会介绍一些对付持械者的办法,但当你真正面临这种情况时,处境对你还是十分不利的。所以你应该想方设法避开这种处境。

1. 对持棍者的防卫

你不必过于害怕,只要不是要害部位被击中,你甚至可用手臂或后背承受一下打击,然后尽量进身贴敌。当然最好的方法是了解敌棍棒挥舞的方向和线路,尽量闪躲,抓住时机贴身挺进,并控制其持棒之手,使其棍棒无法发挥作用,然后戳其双眼,或猛顶其裆部。总之,紧贴对方身体完成反击动作。

2. 对持刀者的防卫

持刀进攻常见是刺和劈的动作,以刀的刃口和握持方法,可以大致判断其进攻的动作。正握尖刀一般完成下刺动作,手握菜刀则一般是要完成劈砍动作,动作路线都是从上向下进攻。防卫方法以敌右手持刀为例,你用右拳在敌腕关节处挡住敌持刀之手,与此同时,左手猛击肘部,使其肘关节弯曲,并将敌右小臂向后上方拉,迅速弯腰以右腿踢其右膝后部,使其向后仰倒并失落武器。反握尖刀一般完成平刺或上刺的动作。方法一:两臂在腕部交叉,双手虎口重合成V形,以截击敌手腕或小臂;同时,双脚后跳,防敌刺中腹部。一旦阻住敌平刺或上刺动作,立即以手握住敌手腕,并向前借其冲力拉扯使其倒地,立即用左脚踩踏敌肘部,同时双手向上用力可断其肘部。方法二:双手成V形截击住敌手腕或小臂,迅速小步后跃,以使自己腹部远离敌刀尖,双手牢牢卡住敌腕,并以左脚为轴向前转体,同时将敌持刀之手上举,并直接向敌腋下跨步,以此姿势弯腰转身,并向前下方猛折敌小臂,将其摔倒。

3. 对持枪者的防卫

要从一个人手里夺枪是非常危险的,在一定距离内也无法把枪夺到手。因为在你触敌前,只有扣扳机那一瞬间的反击时间,但也不是不可争取的。只要有勇气,并抓住机会,也会取得成功。

对正面持枪者的防卫,你先以左手推抓敌握枪的右手腕处,同时快速向右闪躲,避开枪口,然后上步,右手猛击面部或裆部。

对背后持枪者的防卫,你稍回头以判断其持枪手。随之两手上举,伴装投降。当两手举至胸部时,快速向左转,用左手抓其持枪手的腕部,同时右手猛击面部或裆部。

4. 遭多人袭击的防卫

遭遇两面三人以上的袭击,比对付单个袭击者困难得多。如果你比他们更有充分的准备,并懂得具体防卫办法,就不一定处于劣势。但是要对付多个袭击者,必须具备更优秀的身体素质,并能运用智慧和各种手段进行还击,才有可能摆脱困境。

四、防卫的专门素质和技战术心理训练

根据防卫的性质和特点,练习应侧重于专门的力量、速度、耐力等专门素质和技战术以及准确性和距离感上进行心理训练。

(一)防卫的专门力量、速度耐力等素质训练

素质练习以发展爆发力为重点,特别注重手、手指、肘、足、膝的攻击力量和速度。它可包括专门性的俯卧撑(拳面、五指或单臂俯卧撑)、快速推杠铃或手推哑铃、快速的腰腹练习、压腿跳、身体左右摆转、左右跳步、负重跑、负重踢腿、专门的手指戳击练习和反应速度练习以及承受打击的练习等等。

(二)距离感和准确感的专门练习

眼法的训练。经常转动眼球,或尽最大可能用眼的余光来观察左、右两侧物体并进行快速扫描。选择固定和移动目标以各种攻击方法不断进行模拟攻击,以提高准确性。

距离感是指能准确击中敌手,或估量敌手攻击的距离。训练方法有:设想控制距离,移动击吊包,双人控制距离练习,招法的陪练、对练。

第二节 发展保护和防卫能力的竞技运动简介

一、拳击

拳击运动,是选手在一个正方形的绳围赛场中,戴着特制的柔软手套,在一定的规则限制下,进行击打和防御的一项对抗性很强的体育运动项目。它以技术为基础,融技艺、意志、智慧于一体,拳击被称为"勇敢者的运动"。它是锻炼人们意志品质和进行自我保护的重要手段。

拳击运动的基本技术有:①左直拳(图2-8-1)。②直拳(图2-8-2)。③左上钩拳(图2-8-3)。④右上钩拳(图2-8-4)。⑤左摆拳(图2-8-5)。⑥右摆拳(图2-8-6)。⑦转身右摆拳(图2-8-7)。

二、散打

散打是一项徒手搏击的技术,是散手的俗称。它是武术运动的对抗形式,更是武术运动的最高表现形式,是武术运动的精髓之所在。现代散手运动,是指两人以踢、打、摔、拿等基本素材,按照规则规定的场地、时间、条件进行徒手对搏格斗的一项竞技运动。它是格斗者双方智力、体力、技术、技巧和心理意志的综合抗衡,具有高度的攻防实战性和激烈的对抗性。它是人们强身健体,进行自我保护的重要手段。

散打运动的基本技术有:

1. 拳法(技术同拳击技术一样)
2. 肘法

①左横击肘(图2-8-8)。②右横击肘(图2-8-9)。③左、右横击肘(图2-8-10)。④右后上击肘(图2-8-11)。⑤右上击肘(图2-8-12)。

3. 腿法

①右横击脚（图2-8-13）。②左侧踹脚（图2-8-14）。③右侧踹脚（图2-8-15）。④右弹腿（图2-8-16）。⑤左横击腿（图2-8-17）。⑥右蹬脚（图2-8-18）。⑦左高蹬脚（图2-8-19）。⑧左撞膝（图2-8-20）。⑨腾空飞身右撞膝（图2-8-21）。⑩右撞膝（图2-8-22）。

4. 摔法

①接腿左拦摔（图2-8-23）。②接腿右拦摔（图2-8-24）。③接腿钩摔（图2-8-25）。④接腿钩提摔（图2-8-26）。

三、图解

第三篇

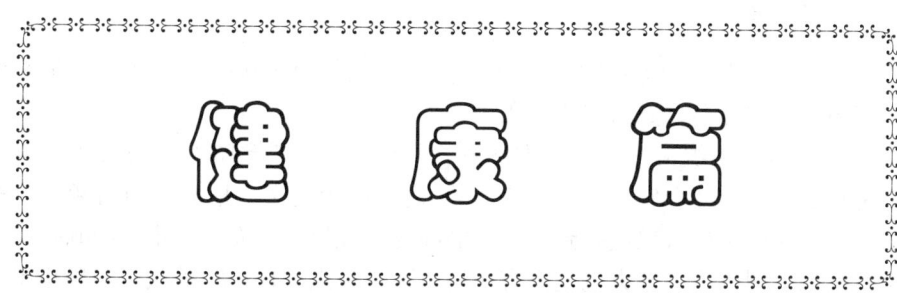

有句谚语说得好："有两种东西丧失之后才发现它们真正的价值——青春和健康。"的确，青春充满活力，健康带来生机。不过，即使处于青春年华，如果失去健康也会花落叶枯，过早凋零；假若青春已逝，只要身心健康，也会"竹叶青青不肯黄，枝条楚楚耐严霜"，永葆青春。虽说健康是生命力的基础，是成才的基石，大家都应该十分重视它。但是，什么是健康，怎样获得和保持健康，并不是每一个人都懂得的。不少人都是在失去健康之后，才在切肤之痛中有所领悟。

本篇通过对人类生命历程的回顾与展望，站在新世纪的起跑线上，确立现代健康观念，揭示健康的丰富内涵，昭示了获得健康、保持健康的具体途径。

第一章 健康概论

第一节 健康的定义与现代健康观

一、健康的定义

世界卫生组织在1946年将健康定义为：健康不仅是免于疾病和衰弱，而是要保持躯体方面、精神方面和社会方面的完美状态。

1982年世界卫生组织又在《阿拉木图宣言》中重申："健康不仅是疾病与体弱的匿迹，而且是身心健康、社会幸福的完美状态。"这一健康定义，把健康的内涵大大地扩展和深化了，它将对健康的认识提高到一个新的高度和境界。首先，该定义明确指出健康不仅仅是没有疾病，纠正了"健康就是没有疾病"这一观点的偏差；其次，明确指出健康应该包括精神和身体两个方面，纠正了那种把身体、心理、社会诸方面机械分割开的观念，把"健康"放置于人类社会生活的广阔背景中，进一步指出关心人们的健康不仅是医务工作者的工作目标，而且也是国家和社会的责任。应该说这一定义反映了人类对自身健康的理想追求。

二、现代健康观的内涵

现代健康观以世界卫生组织对健康的定义为认识基础，不能单纯地从人的生物性方面来考察健康问题，而应更全面、客观地从生物、心理、社会三方面来探讨人的健康，争取健康和创造健康。以生物、心理和社会为基础的健康模式，应包括以下几个方面的重要内容。

（一）生物因素

具有生物属性的人的健康首先必须是躯体结构与功能的正常，其次是健康受到多种不利因素影响：

自然因素 ｛ 生物：病原微生物、寄生虫等
化学：有毒的化学物质、变态反应、原有机体所需的化学物质的过剩或缺乏等
物理：放射线、高温、噪声等

体质因素：机体器官功能失调、内分泌失调、先天性异常等
遗传因素：染色体异常、基因变异等

人对这些影响健康的生物性不利因素的行为反应有两种：一是适应，二是改造。人类在进化过程中，不断增强与生物性健康环境平衡的能力和抵抗疾病的能力，这便是适应。人通过掌握自然科学的客观规律，发挥科学技术的力量，主动地避免、控制和消灭影响健

康的不利因素，积极地预防与治疗或通过各种形式的身体活动增强体质，这便是改造。

（二）心理因素

心理活动是人脑的机能，是人脑对客观世界的反映。人的健康应当包括心理健康，即气质、性格、情绪、智力、心理年龄、心理活动等都处于一种正常状态。心理活动是在生命活动的基础上产生的，反过来又通过情绪的中介作用，影响人体内脏器官的生物生化变化。积极的情绪可增进健康，延缓衰老过程；消极的情绪则会损害健康。心理因素可以致病，也可以治病。良好的心理状态有利于疾病的预防治疗和身体的康复。

（三）社会因素

构成人的属性是其自然性和社会性。人的健康的社会因素是指人具有正常的社会活动方式与社会活动能力，包括政治、经济、文化、风格、习惯、职业、社交、婚恋、经历、地位、人际关系、生活方式等诸多方面。积极的社会因素（环境）促进人的健康，消极的社会因素（环境）可导致疾病。社会因素在更多的情况下是通过一些中介因素导致疾病和影响健康的。例如：工业生产的迅猛发展，本是人类进步的表现，但如果人们片面地追求经济发展，而忽视环境保护，使工业废物过多地进入生态环境，将给人们的健康带来极大的危害。

对社会因素所导致的疾病，主要靠改变社会条件来防治。人对于社会因素造成对自然健康的危害，不能采取被动的行为——适应，而应是采取主动的行为——不断地改造社会环境，消除社会致病因素，积极争取健康。

三、现代健康观的社会文化根源

现代健康观念的产生，绝不是偶然的，它有着深刻的社会文化背景，其主要反映在以下几个方面。

（一）医学进一步社会化的结果

医学社会化是指医学作为一种社会事业，国家、社会和个体都应承担更多的卫生保健责任，把健康问题当成是全社会的公益事业，而不仅仅是卫生部门的事情。20世纪以来，由于生产社会化与生活都市化，带来了一系列健康问题，如环境污染、卫生立法、卫生监督等社会问题。这些问题成为人们非疾病种类及死亡原因改变的首要因素。要解决这些问题单靠卫生部门的努力是远远不够的，而要依靠全民、全社会的行动，做到国家保护人民的健康权，社会各部门担负保护与促进人民健康的责任，人民自觉去参加各种社会保健活动。

（二）人类对生命认识层次不断深化的结果

健康和社会文化状况是密切相关的。随着社会的进步发展，人们对健康的要求不断提高，从过去的"健康就是无病"、"健康就是治好病"的观念，发展到"健康是躯体上、精神上和社会上的完满状态"。这种对健康要求的改变，也是对生命认识层次的深化，把人作为自然环境和社会环境在内的生态系统的组成部分，从生物、心理和社会的水平来综合考察人类的健康和疾病。

（三）人类疾病构成发生变化的结果

过去由于科技、文化及经济发展的历史局限性，危害人类健康的主要原因被视为生物性致病因子与人体本身的不足，如先天性疾病、遗传性疾病、营养不良等。由于科技水平和医疗水平的提高，目前这类疾病已不再是人类健康面对的主要挑战。20世纪80年代初，我国有关专家从生活方式、行为方式、心理因素、环境因素，以及社会因素、保健服务制度、生物学因素等方面的全国性调查中发现目前危害人们生命健康的几种主要疾病，如心脏病、恶性肿瘤、脑血管病等，都以生活方式和行为方式为最主要致病因素。

（四）世界各国的卫生保健经验的总结

虽然世界各国的社会制度不同，经济发展水平不同，但卫生保健工作却有许多共同之处。许多国家都重视疾病预防与卫生保健工作，开展心理咨询和社会服务，重视研究社会、心理等因素对健康的作用，并动员教育、体育等社会力量为大众健康服务。各国的共同经验表明，从生物、心理、社会等因素全面地审视健康，是一个正确的模式。

四、树立"健康第一"的理念

人类已跨入知识经济的新世纪，在充满竞争与挑战的新世纪里，拥有大批的高素质的人才是一个国家可持续发展的优势。健康的体质是思想道德素质和科学文化素质的物质基础，是高素质的人才成才的物质基础，"健康第一"是新世纪合格人才和提高人类生活质量的新理念。

许多社会学者的研究表明，随着社会的发展进步，人类正沿着文化—科学—经济—健康—长寿这个文化历史的轴心，螺旋式地向前发展。人类对健康的认识过程也是由靠上帝—靠医生—靠自己而转变，医学由过去的"疾病学"正向"健康学"的方向发展。人才学对人才评价的标准，也明确地提出了将健康放在首位的观点。早在20世纪70年代末期，联合国教科文组织就提出新时代人才的三项基本标准，即"健康的体魄、高尚的道德品质和丰富的科学文化知识"。21世纪的国际竞争，就是高素质的国民和专门人才的竞争。没有高素质的国民和专门人才，就很难占领激烈竞争的制高点。所谓高素质的人才，就是德、智、体全面发展的合格人才。

我国改革开放以来，随着社会稳定、经济持续发展、人民生活水平逐步提高和教育改革的不断深化，我国学生的身体健康水平有了明显提高。据1995年全国学生体质健康调研结果显示，我国中小学生形态发育水平明显提高。与10年前相比，7~8岁学生平均身高增长量为3.09厘米，平均体重增长量为2.5千克，"豆芽型"体型得到改善，尤其是城市学生更为明显。速度素质、爆发力素质、力量素质与1995年以前相比，均在逐渐提高。部分常见病有所下降，城市学生保健水平有所提高。但是，我国学生体质健康方面仍存在着一些不容忽视的问题，如耐力素质、柔韧素质呈停滞和下降趋势，肺活量有所下降，肥胖儿童及超体重儿童比率增长较快，近视率居高不下，农村地区学生口腔保健水平亟待提高。另外，我国学生心理品质方面也存在明显弱点，意志比较薄弱，缺乏抗挫折能力，缺乏竞争意识和危机意识等等。其社会原因是，独生子女增多，家庭、学校放松了对学生意志品质和吃苦耐劳精神的培养；受应试教育的错误导向，长期片面追求升学率，只重视智育，轻视德育、体育、美育，尤其忽视体育与健康教育；另外，人们生活水平普遍提高，社会健康教育未受到重视，营养科学知识滞后，饮食结构不合理等等，也是不可忽视的社会原因。为此，教育要树立"健康第一"的指导思想既是改革教育现状的客观需要，也是我们所面临形势的必然要求。

健康是人一生关注的永恒主题。"健康第一"是竞争时代的需要、社会发展的需要，也是我国现实国情的需要。树立"健康第一"的理念，将对人类的发展、社会进步，对我国在新世纪的改革与发展产生深远的影响。

第二节 环境与健康

环境通常是指人类赖以生存的各种外部条件。人类的生存和繁衍及其一切活动都与环境息息相关。人类是在不断变化的环境中生存和发展的,因此,环境对人类健康的影响极大。除了少数遗传性的疾病外,人类所有的健康问题、疾病问题或多或少都与环境有关。环境可分自然环境、社会环境、文化环境三个基本范畴,它们之间紧密联系,相互影响,共同影响着人体健康。

一、自然环境对健康的影响

自然环境是指人类周围的客观物质世界,如空气、水、土壤、食物和其他生物等。自然环境分为原生环境和次生环境,其中存在着许多功能对人体健康有利的因素,如清洁并具有正常理化构成的空气、水、土壤,适宜的太阳辐射和气候等都对人体健康有促进作用。但是,由于地理地质原因,某些地区的水、土壤和食物中某些元素含量过多或不足,可导致化学性地方病的发生。此外,由于人类生产、生活和社会交往活动,可使自然环境遭受破坏,并对人群健康造成直接或间接危害。构成人类自然环境的因素主要有化学因素、物理因素、生物因素等。

(一)化学因素

自然环境中存在的化学组成成分通常是相对稳定的,这种相对稳定的环境是保证人类正常生活和机体健康状况的必要条件。人体必需的一些化学元素如铁、碘、氟、铜、硒等,大多数是通过水、土壤和食物供给人体的,并对人体生理功能的调节具有重要作用。随着历史的变迁,自然界的化学物质可通过自然灾害和人为活动释放于环境,特别是随着现代工业生产的发展,化学物质的种类和数量剧增。当今进入环境中的化学物质多达数百万种且逐年增加,其中部分化学物质在一定条件下可能被分解,但是某些金属、非金属和人工合成化学物质性质稳定,在自然环境中不易分解破坏;当这些化学物质在环境中达到一定浓度或与人体长期接触时,就可对健康造成严重危害。

(二)物理因素

自然环境中的物理因素如气温、气湿、气流、气压,以及阳光中的紫外线等,都具有一定的生物功能并综合作用于人体,可对健康产生有利或不利影响。环境中的物理因素对机体的良性刺激,有利于新陈代谢、生长发育和延年益寿。如气流可能通过垂直或水平运动保持大气中的化学平衡,并将有利于有害气体和粉尘稀释或扩散;阳光中的紫外线有杀菌和预防佝偻病的作用,红外线可促进机体的新陈代谢。然而,当这些物理因素的强度、剂量和作用人体的时间超过一定程度时,反而对机体造成危害或引起疾病。如高温可致中暑,低温可致冻伤,低温高湿环境易使机体发生呼吸道感染;接触过量的太阳辐射可对机体产生有害作用,如导致日光性皮炎等。在人类生产、生活活动中产生的物理因素如噪声、振动、电离辐射等有害于健康。噪声和振动干扰人们的情绪,长期接触可引起听力损伤和振动性疾病;电离辐射过量可诱发白血病、肿瘤。气温还对某些传染病的地区分布有明显的影响,这是通过病媒昆虫或宿主动物的生态活动而起作用。

(三) 生物因素

自然环境中的生物因素包括各种动物、植物、微生物等。自然界生物之间存在着相互依存、相互制约的关系。人类作为生物之间的主体，当然会受到其他生物因素的作用。环境中的微生物在自然界的物质循环和能量转换中，以及在人类环境的净化过程中，发挥着极其重要的作用。如土壤中的氨化微生物可将含氮有机物分解为氨和铵盐而无害化。但是，有些细菌、病毒、寄生虫、真菌等微生物却可成为人类致病因素，这些致病的微生物一般都是通过空气、水、土壤、食物等环境条件危害人体健康的。在人类历史上，病原体引起的伤寒、霍乱、鼠疫、血吸虫病、痢疾等疾病，曾严重威胁人类健康。许多昆虫和动物在某些人类传染病方面起着传播和媒介作用；有的生物体本身含毒；有些微生物在生长繁殖过程中产生毒素，通过一定方式与人体接触即可对人体造成危害，如食用含黄曲霉毒素的食物，误食河豚鱼和毒蕈所引起的中毒等。

此外，在地球的发展过程中，由于地质历史条件的差异，逐渐形成地壳表面元素分布的不均匀性，这种不均匀性在一定程度上控制和影响着世界各地区的人类、动物和植物的发展，甚至导致人体健康损害。如地质环境中适量的氟，是人体所必需的，氟在人体内的量 $5\times10^{-7}\sim 1\times10^{-6}$ 能被牙釉质中的羟磷灰石吸附，形成坚硬质密的氟磷灰石表面保护层，能抵抗酸性物质腐蚀，抑制嗜酸菌活动性，拮抗某些酶对牙齿的不利影响，发挥防龋作用。但过量的氟（大于 1×10^{-6}）进入机体则可造成各种病变损害和中毒，表现为斑釉齿、氟骨症等病变。

二、社会环境对健康的影响

社会是个庞大系统，由众多社会成分按不定期规律和程序结合成社会有机体。它包括政治制度、法律、经济、文化、教育、人口、民族和职业等诸多方面。它是人类通过长期有意识的社会劳动，加工和改造的自然物质、创造的物质资源、积累的物质文化等形成的紧密的社会关系，是人类物质文明与精神文明发展的标志，并随着人类文明的演进而不断发展。随着医学模式、健康观念的转变，人们已明确地认识到健康不仅与自然环境有关，而且也受社会因素的影响和制约。

(一) 社会制度与健康

社会制度对健康直接和深远的影响主要表现在国家制定和实施的各种方针、政策、法令对人民的社会地位、经济水平和医疗卫生事业方面的作用。

新中国成立后，党和国家十分重视人民的健康，制定了人民卫生工作方针，使我国的卫生保健和医疗卫生事业蓬勃发展。我国在世界上是第一个提出"预防为主"的卫生工作方针，开展轰轰烈烈的群众性的爱国卫生运动；建立健全三级医疗预防保健网，开展群防群治；发展社会保险、社会救济、合作医疗等各种卫生服务，使人民的健康水平得到很大的提高。因此，虽然从国民生产总值、人民生活水平以及卫生事业费用看，我国与经济发达国家相比，还存在很大差距，但主要健康指标却已接近或达到了经济发达国家水平（见表3-1-1），充分证明了社会制度对人群健康的深远影响。

表 3-1-1　中国与世界发展中国家及发达国家的主要健康指标比较

	出生率（‰）	死亡率（‰）	婴儿死亡率（‰）	平均期望寿命（岁）
中国	21.1	6.6	34.7	69
全世界	28.0	11.0	97.0	62
发展中国家	32.0	12.0	109.0	58
发达国家	16.0	9.0	20.0	72

（二）社会经济与健康

经济是人类社会发展的主体形式，也是人类生存和保持健康的决定力量。物质资料的生产创造出越来越丰富的物质财富，为人们采取维护和增进健康的行为提供了物质基础。经济发达的国家和地区，人民的健康水平也相应较高。

经济发展为人们提供了更多受教育的机会，从而有利于提高人民的健康知识水平，促进人们选择增进健康的行为。

当然，发达的经济带来了丰富的物质生活，也诱导人们出现一些新的危害健康的行为。人们过多的进食精制高热量、高脂肪、高胆固醇食品，天然食品摄入减少，导致营养素不平衡，肥胖者所占比重增加，心脑血管疾病和某些肿瘤发病率上升，从而使社会经济负担加重。由于劳动条件和生活条件的改善，体力劳动的时间减少、强度减轻，越来越多的人久坐不动，特别是电脑和电视的普及，不少人连续数小时地观看与操作，长此以往造成生理机能退化，心血管疾病增多。经济条件改善，使一部分人追求抽烟、酗酒、吸毒等刺激性消费，使不良行为、不利于健康的行为增多，直接危害人的健康。

（三）社会人口与健康

人口的数量与质量不仅在经济的发展中有重要作用，而且与健康的水平息息相关。世界卫生组织认为："健康、人口与发展是相互不可分割的。发展的成功，取决于资源分布的平衡，迅速的人口增长威胁着这种平衡，因为它使人口与资源的差距加大。人口的规模、年龄结构及性别结构、区域分布，既取决于生育率、人口流动情况，又对健康工作有着重要影响。"人口是一个社会问题，人口的增长应该与社会经济的增长相协调。从经济学角度看，在经济增长时出现的人口增长终将耗尽经济赖以增长的资源。物质生产的发展是人口发展的前提，没有物质生产发展，超额的人口造成收入降低，导致贫困，并最终以死亡率的上升来抵消人口增长的影响。此外，在一定的生产力发展水平下，人口过多，还会造成自然环境的破坏，对人类健康和生存造成严重后果。

人口过多的增长，与经济发展不相适应，还会带来就业困难。失业人口的增多，不仅给社会带来一系列问题，而且由于经济上、生活上没有保障，健康也就失去了保障。

人口过多给医疗卫生带来很多问题。由于人口密度过大，为许多传染病的流行提供了有利条件；又因社会和个人的经济负担过重，对医疗卫生事业投资相对减少，卫生服务不能适应实际需要，使人群的健康得不到保障而降低健康水平。

人口增长过快必然造成儿童及老年人口比例增加。由于年龄的特征，还有他们健康上的特殊问题，将会造成社会保险工作的负担加重。另外，人口过多、过于集中，对环境的影响也很大，环境的污染又对健康造成严重威胁。

三、文化环境对健康的影响

文化是人类特有的、普遍的社会现象,是人类在实践中创造的物质财富和精神财富的总和,是人们继承、传递和发展社会文明的重要手段。文化包括思想意识、道德规范、风俗习惯、教育等等。由这些文化内涵所形成的文化环境,直接影响着人类的健康。

(一)思想意识与健康

思想意识是人们认识客观世界的理性化产物,表现为观点、信念等。思想意识的核心内容是世界观。

人的思想意识的形成,一方面基于其生活经历和实践,另一方面受社会观念的影响。因此,思想意识具有个别性和社会普遍性。一个有着崇高理想和明确生活目标,朝气蓬勃,积极进取,不怕困难与挫折,富于理性的人,必定选择促进健康的行为方式。一个提倡健康、进步思想意识的社会,其社会成员的行为取向必定倾向于有益于健康的行为;相反,一个颓废的、思想意识混乱的社会,其成员中必定存在危害健康的行为。目前西方社会中的吸毒、性淫乱、自杀三大病态现象就与一种反文化思潮直接相关。反文化思潮倡导利己主义、享乐主义和虚无主义,宣扬逃避责任和义务、极端的自私自利、追求物质享受和感官刺激。受这种思潮影响的人认为感官刺激的快乐是人生的目的。追求以毒品造成欢快的虚幻感,严重地危害健康以致损害人体的多个器官直到造成死亡。可见,个体的思想意识与个体的健康、社会的思想意识与社会成员的健康有着密切联系。

(二)道德与健康

道德是以善恶和荣辱观来评价和调节人们的社会生活行为的一种社会规范。作为一种行为规范,道德的作用主要通过对人的行为提出善与恶、正义与非正义、诚实与虚伪的社会评价舆论而对社会成员发生导向和制约。道德舆论将一定的社会行为准则推荐给社会成员,经过个体的认知过程在其内心树立起某种初步的道德信念,并逐步使其道德认识深化。通过舆论的褒扬、贬抑、谴责而产生作用力,控制和影响个人的需要、动机和行为。如胡乱倾倒垃圾或工业"废料"而危害他人或人群健康的行为,将会因违背了有关社会道德标准而受到社会舆论的谴责;在公共场所吸烟或随地吐痰,都会受到旁人的批评和厌恶;晚间举办家庭舞会,尽管对自身的健康有益,但可能因影响他人睡眠而遭到干涉。因此社会的道德舆论导向制约着个体道德观念的形成,个体的道德观念又直接制约着个体的行为向有益于和不益于健康的方向发展。

(三)教育与健康

教育指一切增进人们知识技能、身体健康以及形成和改变人们思想意识的活动。教育的职能主要体现在两个方面,即传授知识和传播社会行为规范,两个方面均与健康联系密切。

教育通过传授知识的活动,增进教育对象的科学知识、技能和健康信息,使其接受、理解和应用健康信息和提高自我保健能力。与此同时,教育还通过传播社会行为规范,使教育对象了解并掌握与健康有关的法规制度、道德标准等,系统地按社会的需要培养出符合社会健康规范的相应角色。可以说,一个人接受教育水平的高低对其健康的影响是十分明显的。受过良好教育的人接受卫生知识多,重视自我保健,注意培养自己良好的生活习惯,同时按社会健康规范来约束自己。一般而言,受教育水平越高的人对健康认识水平也越高,教育事业越发达的国家,国民健康水平也越高。

第三节　行为与健康

著名的医学专家和社会科学家诺勒斯指出："99％的人生下来就是健康的，但由于种种社会环境条件和个人的不良行为使之患病。"世界卫生组织1998年公布了这样一组新数字：在人类死亡因素中有60％是由不良行为而致。美国因不良行为致死的人数占总死因率的48.9％。我国占37.3％。高度科技化和城市化的现代社会，给人类带来了高度的精神紧张和刺激，交通拥挤，人际关系复杂化，吸食烟、酒精以及缺乏体力劳动，进食高糖、高脂肪、高盐和进食、睡眠无规律等等"高危因素"，给人类带来了"文明病"和"富贵病"，成为现代人类的主要病因。人们不健康的行为方式、生活习惯与某些慢性疾病有密切的关系，如心血管疾病、恶性肿瘤、糖尿病、溃疡病等。因此，要维持人类健康，必须充分认识行为对健康的影响，培养健康、文明、科学的行为方式。

一、行为的概念与分类

（一）行为的概念

行为是人类在内外界环境刺激下所引起的反应。具体地说行为就是有机体面临内外环境变化而产生的内在生理和心理变化的反应。

人类行为的表现有多种多样，但其基本规律是一致的，即：行为是人类为了维护自身生存和种族的延续与环境相互作用所发生反应的结果。它包括三层含义：第一，表现为一种活动过程；第二，表现某人当时的状态；第三，表示该人具有的某种行为特征。如当某个吸烟者接过别人的敬烟并开始吸烟时，这个行为不仅表现他是个吸烟者，正处于吸烟状态，还提示吸烟是他的生活习惯，他具备吸烟者通常具有的一些行为特征。

（二）行为的分类

人是具备有生物性和社会性的高级动物，人的行为也因此分为本能行为和社会行为。人的本能行为包括摄食行为、睡眠行为、性行为、攻击和自我防御行为、探究行为和追求刺激行为，它们是由人的生物性决定的。但是人类的本能行为由于受到文化、心理、社会诸多因素制约和影响，同动物的本能行为有本质的区别。如人在疲倦的情况下会产生睡眠行为，但是如果受时间、地点、环境、纪律的限制，人会主动抑制这种行为以适应当时的情况。人的行为是由其社会行为所决定的，主要来自社会环境的影响。即个体的社会行为是人与周围环境相适应的行为，是通过社会化过程确定的。回顾人的一生，自幼接受家庭和学校的教育，成人后必须遵守一定的法律、社会和团体行为规范。人在自己的成长过程中通过不间断的学习、模仿、受教育和与他人交往的过程，逐步使自己符合社会道德规范，以求得到社会的承认和具有社会价值。

二、促进健康行为

促进健康行为是个体或群体表现出的、客观上有利于自身和他人健康的一组行为。对日常生活中的各种促进健康行为，其判断标准主要有以下五项：

有利性：行为表现有利于自己、他人和全社会，如不吸烟、不酗酒。

规律性：行为表现有恒常的规律，如定时、定量进餐。

和谐性：个体行为表现有自己的鲜明个性，又能根据整体环境随时调节自身行为，使个体或团体行为有益于他人的、自身的健康。

一致性：外在的表现行为和内在思维动机的协调一致。

适宜性：行为强度有理性控制，个体行为能表现出忍耐和适应，无明显冲动表现，且强度是对健康有利的。

常见的促进健康行为主要有：

（一）积极休息与消极休息

人们从事了各种活动之后常会发生疲劳。为了消除疲劳，恢复充沛的精力，保持健康，就需要休息。休息有积极的休息和消极的休息。所谓积极的休息，就是通过变换活动和工作的方式方法，来协调机体各个部位的活动，协调大脑皮层的兴奋和抑制过程，以保持稳定的动态平衡，使大脑得到休息。以体力劳动为主的人，休息方式最好采用文娱活动的方式，如听音乐、看电视、钓鱼等；以脑力劳动为主的人，休息时可做一些体育活动，通过活动肢体，尤其是左侧肢体，使右脑皮层兴奋起来，使左大脑皮层转入抑制状态，达到迅速、有效地恢复疲劳的效果。

所谓消极的休息方式是和积极的休息方式相比较而言的，这种方式以静为主，或坐或卧。睡眠被视为最彻底的休息，与机体的许多活动关系密切。研究发现，充分的睡眠能恢复机体的疲劳，增加机体对各种紧张刺激的耐受程度，增进食欲，加速排泄，降低对各种疾病的易发性，从而使机体能有充分的精力去迎接新的挑战。

（二）合理营养和平衡膳食

营养状况和人的身心健康密切相关。合理的饮食是生长发育、维护健康和延年益寿的主要条件和保证。如果营养不良或摄取过多以及营养平衡失调，都会损害人体健康，导致贫血、肥胖症、糖尿病、心血管病等。例如，在南非，犹太人的肠癌发病率是非犹太人的4倍，主要原因是犹太人的高脂肪饮食习惯。健康生活的重要基础是平衡膳食。所谓平衡膳食，就是全面达到营养供给的膳食。这种膳食意味着：第一，在热量和营养素上达到生理需要；第二，各种营养素之间建立起一种生理上的平衡，如三种生热营养素（蛋白质、脂类、碳水化合物）作为热量来源比例的平衡。另外，平衡膳食也应根据年龄、性别、生理状况、特殊劳动环境等做相应调整。

（三）积极的应付方式

随着社会的飞速发展和生活节奏的加快，时空观念和竞争意识加强，人们接触的紧张刺激越来越多，紧张刺激的消极影响也变得日益突出，成为当今此类致病因素的主要方面。对此，人们应采取一种旨在消除不良影响，维护和促进健康状态的应付方式——积极应付。所谓积极应付是一种在主体身上发展起来，针对紧张刺激所能出现的结果的一种积极反应；同时也是在现实生活中培养起来的对生命和健康可能造成的威胁在头脑中形成预兆，然后针对或为达到预期结果而做出积极反应的一种能力。培养积极应付的行为方式可采用的方法为：

1. 倡导人的行为发展过程中的"杂食性"

所谓杂食性是指人们面对复杂多变的现实生活的各个侧面，即要接受对自己有利的信息，进行"自然感染"，以较小的代价换来"自然免疫力"。例如，久经磨砺和坎坷的人，多能抵抗十分强烈的不利的精神刺激，所谓"无故加之而不怒，猝然临之而不惊"，有利于保持良好的身体身心健康在很大程度上归于其人生发展过程中的"杂食性"。通过"杂食"生活培养成的积极应付，往往对各种不利刺激具有较强的抵抗力。

2. 努力提高个人的基本素质

任何形式的积极应付都是以良好的个人素质为基础的。良好的素质，如健全强壮的体格、坚强的个性、合理的社会文化素质等，十分有利于积极应付的形成和发展。

（四）音乐欣赏

音乐对人类健康的积极作用早已为人们所认识。我国两千多年前的《乐记》中明确记载了音乐有调剂、和谐人们生活及增进健康的作用。音乐欣赏对身体的作用表现在生理和心理两个方面。

从生理方面来看，当悠扬悦耳的音乐通过听觉器官传入大脑可以对神经产生一种特殊的刺激作用，能引起大脑皮层新的兴奋点，使处于紧张状态的部分得到抑制，处于休息状态，促使大脑各部分趋于平衡。当音乐的节奏与人的运动系统的适宜运动节律一致时，音乐可以起到重要的运动控制作用，减少肌肉的疲劳症。愉快的音乐有助于胃肠道消化液的分泌及消化道的节律性蠕动。

音乐对人的心理状态的影响比生理影响更直接、更强烈，对人的心理状态的调节和干预作用更明显。它主要表现在情绪上。情绪是人的体能需要，人在自我表现之后，才能保持情绪上的平衡，音乐满足了人的这一需要，为人们提供了一个情绪宣泄的出口，并把人带到意识的深度。音乐的神奇力量在于，它能帮助人们显示和唤起许多未被表现或潜在的东西。当欣赏者被音乐带往梦境似的意象世界时，会淡化所处的现实、时间、空间，从而减弱或消除现实环境中的不利因素的影响，使心理和生理趋于平衡。可以说，音乐是架在现实与非现实之间、意识与非意识之间的一座桥梁。内容健康、形式适当的音乐可以使人感到愉快和谐、充满信心、乐观向上。

（五）体育锻炼

"生命在于运动"是法国著名哲学家伏尔泰的名言。我国古籍《吕氏春秋》中"流水不腐，户枢不蠹"之说揭示了运动着的事物的自然法则。毛泽东"发展体育运动，增强人民体质"的倡导，明确了体育与健康之间的密切关系。实践证明，体育运动是人类文明和进步的象征，是增进身体健康、提高人口素质、改善抗病能力和延年益寿的积极手段。自20世纪60年代开始，人们把提高健康水平的注意力转向了体育锻炼。目前，世界各国的体育人口都呈持续上升的趋势。

经常参加体育锻炼可提高心脏的储备功能，使血管保持弹性，血压维护在较低水平，减慢因年龄增长而出现的血管硬化。经常运动可以改善肺功能，增加肺活量，提高消化吸收能力，改善植物神经的功能，增进食欲；可增强肌肉的收缩力，提高骨骼抗折、压、扭、拉的能力。在青春期经常锻炼还可使人增高，防止身体肥胖，使体态匀称协调。经常锻炼还可提高对紧张刺激的耐受性，包括减少神经肌肉紧张、抑郁和焦虑，增强自我信念，有利于睡眠，感觉舒适等等。

三、危害健康行为

危害健康行为是指在偏离个人、他人乃至社会健康所期望的方向上表现出来的一系列相对明显、相对确定的行为群。对日常生活中的各种危害健康行为，其判断标准，主要有以下三项：

与期望不一致性：行为表现出和个人、社会健康期望不一致，表现出对己、对人、对社会的危害作用。

明显性和稳定性：行为对健康的危害呈现明显和稳定，即是说该行为作为危害健康因素的成分是需要有一定的作用强度和持续时间的。

后天习得性：该行为在后天经历中所习得，故又称为"自我创造的危害因素"。

常见的危害健康的行为有：

（一）吸烟

世界卫生组织曾把吸烟称为"慢性自杀行为"，是 21 世纪人类面临的两大公害之一。吸烟可促发和形成某些严重疾病，导致劳动力的丧失和不良后果。长期大量吸烟引发的常见病，有肺癌、支气管炎、肺气肿、局部缺血性心脏病及其他心血管疾病，约占死亡率的 80% 以上。吸烟同时污染环境，造成被动吸烟的危害，使被动吸烟者致病促发因素增加，对被动吸烟者造成的危害不亚于主动吸烟者。

（二）酗酒

过量饮酒即称酗酒，对健康的影响可分急性和慢性两大类。急性健康影响包括急性酒精中毒、车祸、犯罪、打架、家庭不和等；慢性健康影响有酒瘾综合症、肝硬化、心血管疾病、神经紧张、痢疾等。据世界卫生组织资料报告，酗酒者的死亡率比一般居民的死亡率高 1～3 倍，酗酒男性发病率比一般居民发病率高 20%，而严重酗酒者要高出 50%。酒精性肝硬化是 25～64 岁年龄组的 5 种主要死因之一。长期酗酒成瘾还可引起脑血管疾病、多种癌症，特别是酗酒的同时大量吸烟，具有协同致癌作用。

（三）不良饮食行为

人们常说："病从口入。"有些专家也提出警世危言："现代文明正在快乐地吃进文明病——心血管疾病和癌症。"调查研究证实，在现代人的饮食行为中，至少有六种诱发疾病的促进因素。

（1）饮食习惯：人们大量享用着的糖类、高蛋白和高脂肪类的美味食品，加之体力活动减少导致热量余积、营养过剩等。

（2）高脂饮食：饮食中动物脂肪过多，饱和脂肪酸过多，易发生高胆固醇血症。

（3）低纤维饮食：食物过于精细，结肠癌发病率增高。

（4）偏食：生活条件优越容易使父母溺爱孩子，养成孩子偏食习惯，到 40 岁时，就会过早地出现消化系统功能衰退。

（5）喜吃含致癌物质的食品：不少人喜欢吃烟熏火烤和高温加工的食品，这些食品中含许多杂环胺类而易引发癌。

（6）进食过快、过酸、过硬、过热：容易加重胃肠的负担，擦伤食管。由于进食过快，食物中的致癌物质如亚硝基化合物、黄曲霉素会逃避唾液的解毒、灭毒作用，很容易通过食管和胃的损伤部分长驱直入而诱发多种肿瘤。

（四）吸毒

吸毒是人类的一种自身损害行为。由于毒品具有独特的生理功效和精神功效，使人产生欣快和致幻效果，具有成瘾性。目前，西方国家吸毒者之多令人震惊。在美国 2.4 亿人口中，约有 1 亿人非法使用毒品，有 3 000～4 000 万人经常使用一种毒品。在澳大利亚有 40～50 万人至少每周吸毒 1 次。目前吸毒现象又死灰复燃，有吸毒者数万人，特别是少数民族地区和边远地区所占比例更大。

吸毒造成的危害是多方面、综合性的，一旦流行起来就很难逆转。吸毒不仅对健康危害严重,而且败坏社会风气,破坏社会伦理、道德和秩序,危及全社会的安全,故被称为是一种新型社会瘟疫。

(五)性生活混乱

西方国家近30多年来社会思潮的变化使人们对待家庭和婚姻的观念十分淡漠,导致性关系随便和混乱;另外,部分地区和国家因贫困、社会分化,迫使一些妇女以卖淫为生,加之某些地区妇女以出卖肉体换取毒品这一新的社会现象的出现,成了性病传播流行的基础,由此导致性传染病发病率有增无减。另外开始引起人们重视的是同性恋行为。目前美国大约有800万男性同性恋患者,约占美国成年男子的10%。许多同性恋患者喜欢每周与5~10个不同的同性伴侣发生性行为——这些伴侣通常是陌生人。有的同性伴侣多达上千人。然而这些同性恋男性正以付出生命的代价体验着"新奇",艾滋(AIDS)病毒正源源不断地涌入其机体内,孕育着被称为"21世纪新瘟疫"和超级癌症的艾滋病流行。

第四节 营养与健康

营养的摄取、消化、吸收和利用是人体健康的物质基础。不过,营养是一把"双刃剑",类似于水一样能载舟也能覆舟,故只有合理营养才能维持和(或)促进健康。当然,合理营养来源于平衡膳食。下面我们就从合理营养、平衡膳食以及合理的膳食制度和良好的膳食环境三个角度谈谈营养与健康。

一、合理营养

(一)合理营养的目的

合理营养通过促使人体正常生长发育、确保人体各组织器官系统正常的机能以及提高人体对疾病的抵抗力,进而达到提高工作效率和生命质量以及延长寿命的终极目的。

(二)合理营养的要求

第一,及时供给人体所必须的热能和营养素。

第二,膳食具有良好的感官性状,色、香、味俱全,饭菜多样化,能够激起食用者的食欲。

第三,食物易于消化和吸收且有一定的饱腹感。

第四,适应工作和生活特点的合理膳食制度及良好进食环境。

第五,膳食卫生,进餐食品新鲜、干净,禁用腐败变质或含有致病微生物及有毒物质的食物。在食物的加工处理和烹调过程中,确保破坏或消灭其中的微生物、寄生虫卵等有害物质,以达到无害化和零污染的要求。

二、平衡膳食

平衡膳食,亦称健康膳食,是指膳食中所含营养素种类齐全、数量充足、比例适当,并且与人体的需要保持平衡。

(一)平衡膳食中各营养素的合理构成

平衡膳食的基本原则是足够的糖,适当的蛋白质和脂肪,适量的食物纤维,充足的维生素、无机盐和水。

1. 三大能源物质平衡

糖、脂肪、蛋白质是人体的三大能源物质，一般情况下，三者供给量的比例分别占总热能量的60%～70%、20%～25%、10%～15%。作为能源物质，糖和脂肪的作用远大于蛋白质，通常情况下蛋白质主要作为机体组织的构成部分和修复原料，但当进行长时间耐力性有氧代谢运动过程中肌糖原耗竭时，蛋白质的供能比例由一般情况下的5%左右提高至10%～18%。故此类运动后应及时额外补充一定数量的优质蛋白质，一方面用于机体组织的修复，另一方面预防运动型贫血的发生。

2. 氨基酸平衡

首先蛋白质中所含的人体必需的8种氨基酸应种类齐全，数量充足，比例适当；其次还应含有一定比例的非必需氨基酸。必需氨基酸和非必需氨基酸的比值一般应为4∶6。

3. 不饱和脂肪酸与饱和脂肪酸的平衡

人体的必需脂肪酸都是不饱和脂肪酸，在植物油中含量较高，虽供能比例不大，但为人体所必需，通常认为必需脂肪酸供能应占总热量的2%。故脂肪膳食一方面为了维持脂肪供能的比例，另一方面还应增加不饱和脂肪酸以维持机体正常的功能。一般要求每日脂肪摄入量中植物性脂肪应占2/3，并且植物油的摄入量大于10克才能维持不饱和脂肪酸与饱和脂肪酸的平衡。不过脂肪摄取过多又会抑制钙和铁的吸收。

4. 无机盐之间的平衡

钙、磷对人体生长发育和体质健康影响较大，膳食中的钙、磷比例恰当才有利于二者的吸收和利用。一般成年人膳食中钙、磷之比为1∶1.5，儿童为1∶1。

过量的亚铁离子、钙和铜抑制锌的吸收。

铁与铜在造血过程中起协同作用，若缺铜，铁不能顺利进入血红蛋白的分子，导致即使铁量充足也会发生贫血。

5. 维生素与其它营养素之间的平衡

维生素B_1作为辅酶参与体内的糖代谢，故应随热能摄入量的增加而增多。维生素B_2、维生素PP（烟酸）在生物氧化过程中具有递氢作用，故应随热能需要量而变化。

维生素C可促进铁的吸收和利用。

维生素D能促进钙、磷的吸收和利用。

6. 膳食纤维适量

膳食纤维缺乏会引起某些生理机能失调且导致一些疾病，但过多又会影响其它营养素的吸收和利用。

7. 水充足

人可以绝食七八天，但若缺水四五天，则会因代谢废物在体内堆积导致中毒身亡。正常人每天都应饮水至少1.2升，感冒发烧、酷暑以及大负荷运动后应酌情加量。运动前饮水应适量，运动中和运动后补水应少量多次。

(二) 平衡膳食的食物构成

平衡膳食一般由粮谷类、动物性食物和豆类、蔬菜水果类、油脂类四种类型的食物构成。

1. 粮谷类

粮谷类是热能和B族维生素的主要来源。

一般每天的膳食中应提供粮谷类3个品种，占总进食量的30%～40%。不要长期食用过于精细的大米、白面等，现代人脚气病盛行的一个主要原因就是长期食用精粮而导致 B 族维生素缺乏，应常配以食用杂粮和薯类，但薯类蛋白质含量低，不宜作为主食。

2. 动物性食物和豆类

肉类、蛋类、奶类、鱼类、大豆及其制品是优质蛋白质的主要来源，可与粮谷类蛋白质发生互补作用，提高混合膳食中蛋白质的生理价值。同时它们也是很多无机盐和维生素的重要来源。一般人膳食中其应占膳食量的 25%～30%。动物性食物中应尽量多选择蛋白质含量高、脂肪含量低的禽、蛋、鱼类、奶类，少选择蛋白质含量低、脂肪含量高的猪肉类。

当然，如果选择大豆及其制品作为蛋白质的主要来源，不仅可以满足人体所需的优质蛋白质，而且还可以一定程度的预防动脉粥样硬化等心血管疾病和肥胖症。其实，越来越多的素食主义者已经逐渐用大豆及其制品代替了动物性蛋白质。并且事实证明这种替代不仅可行而且更具优势。和尚和尼姑从不吃肉却红光满面甚至能练成盖世武功；拳王阿里常年素食却享誉半个世纪；孙基祯多年素食却夺得柏林奥运会男子马拉松冠军。

3. 蔬菜水果类

蔬菜水果的品种很多，不仅是维生素、无机盐和膳食纤维的主要来源，而且也是日常膳食中的主要副食品。此外，因粮谷类和动物类食物都是酸性食物，应该补充足够的蔬菜水果类碱性食物才能保持饮食的酸碱平衡，以防止饮食酸中毒的发生。

蔬菜水果的膳食应占总膳食量的 30%～40%且应多样化并用，一般成人每天应摄入 500g 左右的蔬菜和 200g 左右的水果。

4. 油脂类

油脂类主要提供热能和必需脂肪酸以及促进脂溶性维生素的吸收，应占总膳食量的 3%左右，即每天应摄入 15g 左右的优质植物油。另外应严格控制动物性脂肪的摄入量，因为动物性脂肪中的饱和脂肪酸，不仅不易消化、吸收和利用，而且过多将危害心血管系统的健康。

当然，除了上述粮谷类，动物性食物和豆类，蔬菜水果类，油脂类食物的比例协调外，各类食物的搭配也很重要。应长期坚持科学合理的主副食搭配、粗细粮搭配、荤素搭配并确保充足的水供应。

三、合理的膳食制度和良好的膳食环境

（一）合理的膳食制度

合理膳食制度首先应坚守吃饭前不发生剧烈的饥饿但有正常的食欲；其次确保所摄取的营养能被机体充分地消化、吸收和利用，能满足食用者生理和劳动的需要，能保证食用者健康的生活和工作以及尽量适应食用者的工作制度，以利于生产、工作和学习。

1. 两餐的间隔时间

两餐间隔的时间适宜，如一天三餐，每餐之间间隔 5～6 小时。

2. 三餐的食物分配

早餐吃得像皇帝，中餐吃得像王子，晚餐吃得像平民。

早餐可以吃营养丰富、热量高的食物，因为可以用一天的各类工作、学习来消耗；中餐还可以吃营养较丰富、热量较高的食物，因为可以用下午的各类工作、学习来消耗；但晚餐最好吃营养尚可、热量较低的食物，因为晚上消耗小且体内存在利于脂肪合成的生化

条件，如高浓度的胰岛素。

早餐要吃好，至少占全天总摄入量的30%，可以蛋白质、脂肪为主。中餐要吃饱，至少占全天总摄入量的40%，可以糖、蛋白质为主。晚餐要吃少，最多占全天总摄入量的30%，可以富含维生素和膳食纤维且易消化吸收的粗粮、蔬菜为主。中国人"饱腹"观念强且习惯晚餐吃营养丰富的正餐，故更应从改善晚餐的营养结构入手。多吃富含维生素的蔬菜水果、富含粗纤维的粗粮、蔬菜和野生植物，少吃含糖多的甜类食物和含脂多的肉类尤其是肥肉，适量吃富含蛋白质的动植物，多喝水。

此外，如果条件允许，早餐喝杯豆奶，晚上临睡前喝杯牛奶。因为豆奶不仅富含优质蛋白质，而且还能有效的预防动脉粥样硬化等心血管疾病；牛奶富含色氨酸，而色氨酸有助于睡眠。

(二) 良好的膳食环境

膳食环境应尽可能整洁、明亮、优雅和舒适。良好的膳食环境可使进食者身体放松，心情愉悦，食欲大增，并且有利于食物的消化和吸收。

附1：膳食指南

一、中国居民膳食指南 (2007)

1. 食物多样，谷类为主，粗细搭配
2. 多吃蔬菜水果和薯类
3. 每天吃奶类、大豆或豆制品
4. 常吃适量的鱼、禽、蛋和瘦肉
5. 减少烹调油用量，吃清淡少盐膳食
6. 食不过量，天天运动，保持健康体重
7. 三餐分配要合理，零食要适当
8. 每天足量饮水，合理选择饮料
9. 如饮酒应限量
10. 吃新鲜卫生的食物

二、美国的膳食指南

1. 食用食物多样化
2. 食物与体力活动保持平衡，保持和改善体型
3. 食物富含多种多样的谷类、蔬菜水果
4. 选择低脂肪、低饱和脂肪酸、低胆固醇膳食
5. 选择含糖、食盐和钠适量的食物
6. 酒精性饮料适量而止

附2：膳食宝塔和膳食金字塔

一、我国居民平衡膳食宝塔

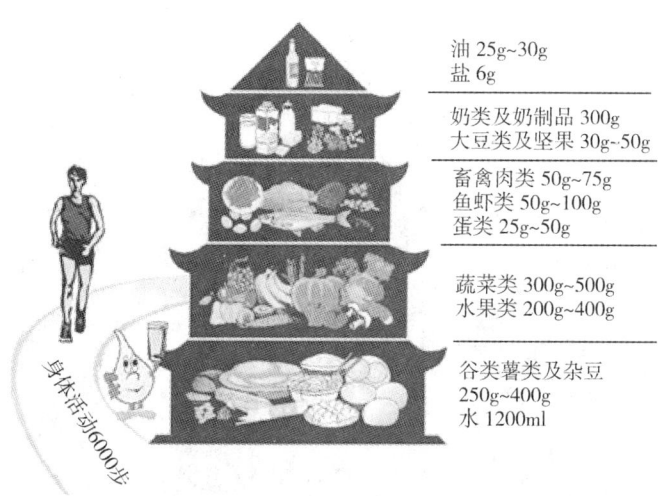

二、我国居民平衡膳食金字塔

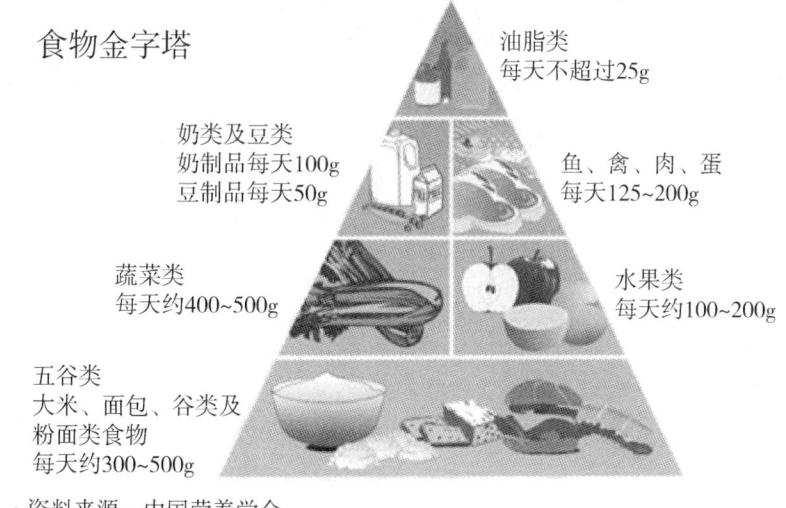

·资料来源：中国营养学会

三、美国改进膳食金字塔

"我的食品金字塔"给出日常饮食指南

根据年龄、性别和日常运动量的不同,每个人每天摄入比例会有一定变化,归根结底就是要符合自己身体机能要求。具体比例,可参照美国农业部相关网站www.mypyrarmd.gov获得最佳建议。

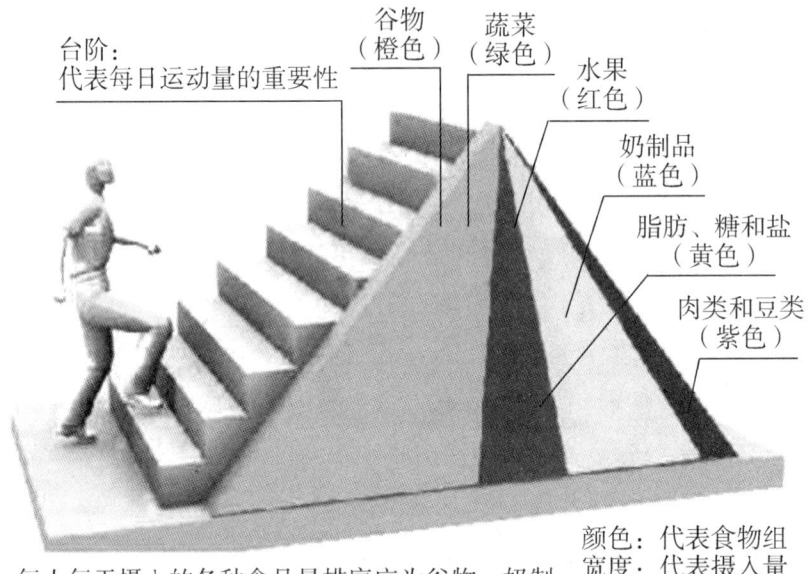

每人每天摄入的各种食品量排序应为谷物、奶制品、蔬菜、水果、肉类和豆类及脂肪、糖和盐

颜色:代表食物组
宽度:代表摄入量
制图/王世鑫

第二章 运动与健康

第一节 运动对增强体质的作用

体质是人类有机体生命活动的基础,人的体质是人体各种生物因素在遗传和变异的矛盾斗争中形成的一种相对平衡的状态。个体体质的增强是以物质、能量的新陈代谢活动为根本依据的。现代科学已经证明,人类有机体的物质能量代谢水平不是永远不变的。当人们进行体力和脑力劳动时,体内的物质能量储备相应下降,而在适宜的恢复期内,这些储备要超过原来的水平,即出现"超量恢复"。机体储备的累进增长提供了体质增强在生理学方面的可能性。生物进化论中"用进废退"的原则,证明长久不使用的器官系统会出现萎缩和退化,而经常使用的器官系统会得到充分的发展,逐渐形成形态学和生理学的特征。这些特征往往就是体质增强的表现,如心肌的肥厚,骨骼肌的粗壮等。这些形态和机能方面的变化提供了体质增强的进化论依据。

无数事实证明,人体是具有很大的可塑性的。在一定外界作用下,特别是通过科学的运动锻炼,人的体质状况是可以改善的。可以说,运动锻炼是人体未来发展过程中最积极、最有效的因素,它有益于人类向自己进化的更高水平发展。

一、运动对身体形态的作用

身体形态是指人的有机体的外部形状或体态,它包括人的身高、体重、胸围、四肢围、体脂及四肢与躯干长度的比例,以及身体姿态等等。主要通过身高、体重、胸围的指标来反映身体形态的发展水平和整体指数与比例。

(一)运动促进身高的发展

人体的身高主要与骨骼的发育水平有关,而骨骼的发育除遗传因素以外,直接受制于人体内分泌——激素的状态。运动能提高人的兴奋性,促使激素分泌。特别是能够促使脑垂体分泌生长素,甲状腺分泌甲状腺素,以及维持维生素甲含量的增加。生长素使骨骼软骨细胞增生繁殖,长骨不断加长;甲状腺分泌能力低下,骨生长发育发生障碍,致使身体矮小;若维生素甲缺乏,则造骨与骨改建活动失调,导致畸形生长。同时,体育运动可以加强人体的新陈代谢水平,合理地刺激并促进人体的新陈代谢,在骨骼的生长发育过程中,使流向长骨两端的血量增多,促使细胞分裂、增殖,使骨骼长得更快,骨密质增厚,骨变粗,从而使骨骼从形态结构上变得粗壮而坚固。

(二)运动增加肌肉的体积与肌力

俄国诗人马雅可夫斯基曾这样赞美:"世界上没有什么比健康的皮肤和发达的肌肉更美丽。"人体肌肉的均衡丰满与人体的形态美密切相关,运动锻炼能改变肌肉的形态和结构。

肌肉的基本单位是肌纤维,肌纤维内决定肌肉收缩能力的是肌球蛋白。运动时由于肌肉不断地收缩使肌球蛋白不断增加，不易产生疲劳。运动还可使肌肉结缔组织增厚，使肌肉纤维（细胞）的数量增加和横截面增大，提高其牵张力，以维持骨骼的正常体位。实践证明，经过长期的运动锻炼，肌肉的重量可由占体重40%（女性约35%）左右改变为50%左右。这不仅明显地改善了身体的形态结构，而且对提高工作、学习、生活效率，以及防止过早疲劳、过早衰老起到了积极的作用。

（三）运动促使身体姿态的协调与改善

人的身体姿态主要通过人体脊柱弯曲的程度及坐、立、走、跑的体态来体现。一个人良好的身体姿态，不仅反映其精神面貌，而且是一个民族精神文明的标志之一。

一个人坚持进行运动锻炼，特别是坚持各种协调性、柔韧性较强的运动，从生理学的角度来说，由于承受了一定的运动负荷，促进了其血液循环及新陈代谢，使附着在骨骼、脊柱上的肌肉、韧带的柔韧性加强，消除体内多余的脂肪，使整个人的形体和姿态显得挺拔、轻灵和矫健。从心理学来看，在有节奏、韵律的氛围下做着各种带着美感的动作，可以陶冶情操，调节情感，丰富情趣，松弛紧张的神经，使人从内心感受到一种愉悦、自信，从而表现出朝气蓬勃、神采奕奕的精神状态。生理和心理两个方面和谐起来了，就能由内向外地表现出健康健美、优雅大方的身体姿态来。

二、运动对身体机能的作用

身体机能是指人体在新陈代谢作用下，各器官系统工作的能力。运动锻炼可以提高各器官系统的机能，尤其是神经系统、心血管系统、呼吸系统和消化系统。

（一）运动能改善和提高中枢神经系统的工作能力

1. 使人头脑清醒、思维敏捷

人脑是人体的最高指挥部，人体一切活动的指令都是由大脑发出的。大脑只占人体重的2%，但它需要的氧气却需要心脏总血流量的20%来供应，比肌肉工作时所需血液量多15%~20%。进行体育运动，可以改善大脑供血、供氧情况，促使大脑皮层兴奋性增加。此外，体育运动是以肌肉活动为核心的，即要完成任何一种锻炼活动，相应的肌肉都得有规律而协调地收缩。这不仅要求肌肉有一定的力度，而且对动作的幅度、速度和节奏都有要求，这些都是在神经系统的调节和控制下完成的。这样的过程对神经系统是一个很好的锻炼，使兴奋和抑制、传导和反应都能得以改善，表现为大脑皮层神经过程的兴奋性、均衡性和灵活性提高，反应的潜伏期缩短，大脑及神经系统的机能改善，使经常运动的人精力充沛，动作敏捷，思维灵活，精明果断。

2. 解除疲劳和精神紧张，改善睡眠

经常参加运动的人，由脑及垂体产生一种称为乙种内啡呔的物质。这种物质能增加对疼痛的耐受性，对抗紧张；它还能降低血压，抑制食欲；并给运动者以愉快和健康的感觉。

3. 防止脑动脉硬化，维持大脑良好的血液供应

脑动脉的硬化是由于血液内胆固醇含量过高所致。研究证明，体育活动可使血液总胆固醇含量降低，尤其是低密度脂蛋白胆固醇降低，提高高密度脂蛋白胆固醇含量，从而清除沉积在血管壁上的胆固醇，防止动脉硬化。

4. 提高体温调节中枢的机能,增强人体耐寒耐热的能力

一个训练有素的人既不畏冰天雪地的严冬,也不怕炎热的酷暑。这是因为运动中神经系统的调节能力得到改善,特别是体温调节中枢的机能加强。在寒冷的环境中进行锻炼,能使下丘脑产热中枢兴奋,提高了机体的产热过程,同时皮肤血管收缩使散热减少;而在酷热的环境中进行锻炼,也能使下丘脑散热中枢的机能加强,使机体散发更多的热量,以便维持正常体温。当然,这一机能的提高是靠长期锻炼的结果。

(二) 运动能改善心血管系统的形态结构和机能

1. 提高心肌利用氧的能力

经常参加体育运动,可以使心肌兴奋性增高,收缩力加强,冠状动脉扩张,血流改善,心肌利用氧的能力提高,从而使心脏的功能得以加强。运动时,由于肌肉的活动,心脏的工作量增加,心肌的血液供应和新陈代谢加强,心肌纤维增粗,心壁增厚,心肌中的毛细血管口径变大,数量增多,供血量相应加大,因此心脏具有更大的收缩力。同时运动能使心脏的体积增大,一般人心脏重约300克,运动员可达400克～500克。这种心脏增大称为功能性心脏增大或称为"运动员心脏"。

坚持良好的运动,不仅可使心脏收缩力加大,还可增加心腔容量,即增加有氧代谢能力。一般人心脏容量为465～785毫升,运动员可达1 015～1 027毫升。心脏在收缩前,由于心腔容量的增大,充血量多;心肌纤维伸展较长,心肌收缩有力,从而使心脏的每搏血液输出量和每分钟血液输出量增加,使循环系统机能增加。

2. 提高心力储备

坚持运动,可以提高人体的心力储备,增进健康。心力储备是指心输出量率(每搏输出量×心率)随人体代谢需要而增加的能力,它包括每搏输出量和心率可以发生的最大、最适宜的变化。心脏的良好心力储备表现为长期坚持运动者安静时脉搏频率低,为每分钟40～60次,而一般人安静时为每分钟60～80次。在一般运动时脉搏频率升高少,紧张活动时脉搏频率升高多,运动后脉搏频率能较快地恢复到安静状态。坚持运动还能影响血管壁的结构,改变毛细血管在器官内的分布和数量,有利于器官供血和机能提高。动物实验证明,体育运动能影响营养心脏的血管,使冠状动脉口径增粗,心肌的毛细血管数量增多,从而增强了心肌供血、供氧能力,使其收缩更为有力,功能得到改善。

3. 降低血脂,减少心血管病的发生率

美国学者对59名马拉松赛跑者、85名健身跑者和74名不运动者进行血液化验,发现马拉松赛跑者每100毫升血液中的高密度脂蛋白胆固醇含量是6.5毫克,健身跑者为5.8毫克,不运动者为4.3毫克。说明跑步者血液中高密度脂蛋白含量高于不运动者,而这种物质有保护心脏、防止心肌梗塞的作用。国外报道德国一名82岁的老人经常参加马拉松训练,医生对他的心脏功能进行检测,发现他的心脏比实际年龄至少要年轻50岁。中国学者研究发现:经常练习太极拳的老人,血压平均为134.1/80毫米汞柱(1毫米汞柱=133.322帕);同年龄不运动组,血压平均为154.5/82.7毫米汞柱,即运动组明显低于不运动组。

(三) 促进物质代谢,改善消化系统的功能

经常参加体育运动,能量的消耗较大,新陈代谢也旺盛起来。这些消耗的能源物质要通过饮食来补充,于是促进了消化机能的发展。这是因为一方面运动使消化腺分泌的消化液更多,消化管道的蠕动更强,胃肠的血液循环更加得到改善,而且由于某些消化酶和代

谢中酶的活性也提高了，使得食物的消化和营养物质的吸收进行得更加充分和顺利。另一方面，由于运动时呼吸加深加快，与呼吸有关的呼吸肌（如膈肌和腹肌）的活动也大大加强。膈肌上下移动和腹壁肌肉前后活动，对胃肠起着一种很好的按摩作用。这不仅改善了消化系统的血液循环，而且帮助了胃肠的蠕动，这对提高消化机能，促进食物的消化、吸收是很有利的。这些就是经常锻炼的人吃得多、消化得好的原因。

三、运动对身体素质的作用

身体素质是衡量一个人体质水平的重要标志之一。它是指在神经系统控制下，运动时肌肉活动所表现的能力，这种能力分为速度、灵敏、力量、耐力、协调、柔韧等。身体素质的发展取决于身体形态结构、各器官系统机能、能量物质的储备等。运动对身体形态结构、各器官系统的机能以及能量储备等有极大的改变、提高和调节的作用，这些作用综合起来又进一步促进身体素质的发展。它的重要性主要表现在运动与各器官系统、形态结构的改善和谐统一，促进身体素质快速、有效的提高。

（一）运动与身体素质发展的年龄特征

身体素质是随年龄的增长而变化的，它的发展有明显的年龄特征。特别是在青春发育期，各种身体素质指标增长迅速，各年龄组的差异也十分明显。与此同时，各项身体素质的发展对不同的性别也有不同的发展敏感期。

全国青少年儿童体质调查结果表明，男子身体素质增长的高峰出现在 22 岁，而且 15 岁以前身体素质增长特别快；女子身体素质的增长在 12 岁出现第一高峰，经过一段停滞和下降后（在青春发育期），于 22 岁出现身体素质增长的第二高峰。

调查结果还表明，男子从小学到大学的整个过程中，速度、灵敏、速度耐力和腰腹肌力量增长领先；其次是下肢爆发力，增长比较缓慢的是臂肌静力性力量耐力。女子五项素质发展的程序随年龄的变化在不同阶段表现出不同的特点。7~12 岁间，同男子一样，速度、灵敏、速度耐力、腰腹肌力量增长领先；其次下肢爆发力，臂肌静力性力量增长缓慢。而 13~17 岁，即进入青春发育期后，速度、灵敏、速度耐力和下肢爆发力增长领先；其次是腰腹肌力量，臂肌静力性力量耐力增长最慢，并出现不同程度的停滞和下降趋势。另外，从男女五项素质指标出现的早晚来看，速度素质在 19 岁左右就显现很充分，力量和耐力素质约在 22 岁左右进入稳定阶段。

综上所述，根据身体素质发展的年龄特征只要掌握性别和身体素质发展的敏感期，不失时机地加强运动锻炼，可以事半功倍地促进身体素质的迅速增长，达到身体素质增长的最佳效果。

（二）运动与身体素质发展和形态机能发育的一致性

身体素质的发展与形态机能的发育相互影响和相互制约。其显著的特征是身体素质增长与形态机能发育的一致性。两者的一致性主要表现在以下几个方面：

增长速度基本趋势一致。以男女儿童、少年和青年三个主要阶段的主要形态、机能和身体素质指标的平均增长率来看，除女子静力性耐力（屈臂悬垂）一项外，均呈现增长速度逐渐减慢的趋势。

不同年龄阶段身体素质的自然增长速度与形态机能的发育密切相关。男子 12~14 岁、女子 10~12 岁为生长发育的突增期。而各项素质快速增长阶段，男子约在 15 岁左右，女子约在 12 岁左右。由于这个阶段脑垂体与甲状腺活动加强，刺激了身高、体重的快速增长，同时，也使这一阶段机体的新陈代谢过程加强了。这种形态发育的加速过程和机能能力的提高，相应地促进了身体素质的提高。

同一年龄阶段身体素质的增长与形态发育具有内在联系。从形态指标身高、体重、胸围和五项素质指标两个阶段（快速增长和缓慢增长阶段）增长量占总增长量的百分比看，在快速增长阶段，由于体重、胸围等指标的增长相对地比身高增长量小，这就使下肢爆发力和上臂肌静力性耐力的增长落后于速度、灵敏、腰腹肌力量的增长；而在缓慢增长阶段则反之。上述情况不是偶然的巧合，它反映了两者之间的内在联系。

了解和掌握形态机能发育和身体素质发展的一致性，就可以使运动锻炼在促进形态机能发育的同时，重视身体素质发展的阶段性和年龄性特征，在运动中遵循人体机能活动的规律并与身体素质发展的阶段性、敏感性协调统一起来，使两个方面相互带动、相得益彰。

第二节 运动对心理健康的影响

人的心理健康状态是一个比较复杂的问题，对此，心理学家、精神病学者、社会学家各有不同的看法。综合国内外各学科专家的观点，一般认为心理健康的标准主要应包括以下几个方面：

人格完整。人格是每个人所独有的心理特性或特有的行为模式。人格在心理学上指个体比较稳定的心理特征的总和。人有表现于外的，给人印象的特点；也有外部未必显露的，可以间接测得和验证的特点。这些稳定而异于他人的特征，给人的行为以一定倾向性，它表现一个由表及里，包括身心在内的真实的人，即人格。人格完整就是指有健全统一的人格，其基本特征是相对稳定的情绪状态，坚忍的毅力，灵活的应变能力，强烈的责任感和良好的自制力。

智力正常。智力是一个人的观察力、注意力、记忆力、想像力、思维力、实践活动能力的综合体现。智力正常且能充分发挥的人，往往是乐于学习，有强烈的求知欲望和探索精神，积极地、有意识地培养自己的观察力、想像力、思维力、记忆力、实际活动能力，并在认识活动、实践活动中充分地发挥作用。

情绪健康。人的情绪健康的主要标志是情绪稳定和心情愉快。情绪健康应表现为：乐观开朗，充满热情，善于自得其乐；目光远大，满怀自信，对生活充满希望；善于控制和调节自己的情绪，胜不骄、败不馁，快乐有度，悲伤有束，即使遭到挫折和失败也能用理智调节和控制自己的情绪。

和谐的人际关系。和谐的人际关系是心理健康不可缺少的条件，也是获得心理健康的重要途径。和谐的人际关系表现为：乐于与人交往，保持独立完整的人格，不卑不亢，能客观地评价别人和自己，在交往中善于取长补短，宽以待人，乐于助人，既有稳定而广泛的人际关系，又有知心朋友。

从事各种体育活动，能使人心情舒畅、精神愉快，调节人的情绪。同时通过运动锻炼，克服困难，培养坚强意志和集体协作精神，可以矫正沮丧、忧郁、自私、散漫等不良或不健全的人格。运动对心理健康的影响主要表现在以下几个方面。

一、运动对心理功能的促进

运动对心理功能的促进作用,主要反映在提高唤醒水平和降低应激反应水平。

(一)提高唤醒水平

唤醒水平是指一个人情绪兴奋的水平。提高唤醒水平的愿望是与做某件事情要达到的目的以及环境和个性的不同相联系的。例如,一个外向性格的人在舒适的环境中从事一项令人厌倦的工作时,他最需要提高唤醒水平。运动能提高人的唤醒水平是由各种感觉信息的输入所造成的。当体育运动达到一定的运动量时就会导致唤醒水平的提高,使人精神振奋,乐观自信,充满活力。然而,在一个舒适愉快的情景中慢跑练习只能产生放松效果。因此,对于精神不振、情绪低落、意志品质薄弱的人,运动具有明显的治病和调节作用。

(二)能降低应激反应

应激反应是指一种不适宜的紧张表现。通过运动可以降低应激反应,这是因为运动可以降低肾上腺素能受律的数目或敏感性,可以由降低心率和血压而减轻特定的应激源对生理的影响。心理学实验表明,运动具有减轻应激反应以降低紧张情绪的作用。因为运动可以锻炼人的意志,增强人的心理承受能力。心理学家认为,与习惯坐着的人相比,经常从事运动的人更少产生生理上的应激反应。如果有应激反应,也能尽快地从中恢复过来。现代社会的快节奏和激烈的竞争,使人们常常受到情绪波动和过度紧张的刺激。要适应这种环境并保持良好的心理状态,就有必要多参加各种形式的体育运动,以缓解内心的紧张情绪,使身心张弛适度,始终保持在一种比较稳定、积极的状况之中。

二、运动对心理素质的培养

心理素质是指人的内心世界对事物认识后所作出的客观表现。心理素质在素质结构中起着核心、中介和桥梁的作用,它影响着生理潜能的发展和生理的健康,同时它又是社会文化素质形成的基础,决定着社会文化素质的发展水平。心理素质的形成和培养,除了先天所具有的某些解剖和生理的特性外,更多的是在后天所参与的知、情、意等不同心理活动中,通过认识、调节、控制、平衡等手段与方式获取。体育运动是知、情、意等心理活动尤其鲜明的活动形式,对培养和形成良好心理素质起着积极的促进作用。

(一)体育运动中情绪体验的多样性

体育运动中情绪体验的多样性来源于运动项目的多样性和运动环境的多样性。在参与运动的过程中,从开始学习动作时的新鲜、好奇甚至胆怯,到掌握动作后的惊喜和自信;从把运动技术动作拿到比赛场上展示到与同伴配合默契的快感;从比赛紧张激烈的戏剧性变化,到比赛胜利后的狂欢与失败后的懊丧,无一不在丰富地体验着惊、喜、怒、哀、乐这些作为人之常情的最基本的情绪,并在这些情绪的变化中,学习着如何去控制这些情绪,调整这些情绪,使之更好地投入下一次的运动参与。心理学家普遍认为,治疗心理脆弱等问题的最好方法,就是多让他们去参加体育竞赛,面对大起大落竞赛结果,去竞争、去拼搏、去承受并长此以往,良好的心理素质就在这样的过程中形成和培养起来了。

(二)体育运动中对意志品质要求的特殊性

体育运动是一种身体活动,身体活动区别于其他活动最显著的特征就是承受能力。人承受运动之前首先是要克服生理惰性,克服生理惰性的过程需要意志品质的支撑。如在进行3 000米跑的过程中,在最后1 000米甚至500米、100米的时候,机体的能量储备已经大量消耗，心率加快，四肢因乳酸迅速积累而开始乏力，最后这一段距离的冲刺，从某种意义上来说，主要不是靠身体能量的支撑，更多的是依赖意志品质的力量去唤醒身体能量的极限，去赢得3 000米跑的成功。在运动的过程中，往往会出现许多与自身的疲劳、伤痛，以及生理极限挑战的机会，战胜这种挑战的最坚实的基础是顽强的意志品质。因此经常参加体育运动，对良好的意志品质的形成具有强大的推动力。

（三）体育运动中人际交往的协作性

心理素质很重要的一个因素即是人际交往的协作能力。现代社会，社会化的进程不断加快，每个人一进入社会，首先要求的就是与人协作。1995年联合国教科文组织对现代人的素质要求中，第一条提出的就是与人协作的能力。体育运动的形式多以集体的方式表现出来，参加运动的过程就是一个与他人紧密协作和配合的过程。如排球的二传手与扣球手之间，足球的接应与前锋、中锋之间，田径接力比赛的交接棒之间，体操比赛的单项与团体之间等等，许多体育项目尤其是球类项目离开了与他人的配合是无法进行的。因此，参加体育运动的过程，就是主动积极地参与与他人协作的过程，这将有效地促进与他人协作能力的养成，提高心理素质，提高对现代社会发展的适应性。

三、运动对心理疾病的治疗

人们往往一提到心理疾病，总认为是精神病。其实有些轻微的心理不适现象或心理障碍都难免会有一些不同程度的心理疾病。如一个人因焦急而头痛，一个人因生气而失眠，一个人因过度忧郁而肠胃功能紊乱，这些都是一些心因性的生理疾患，也可称为心理疾病，治愈的方法首先是从心理治疗开始。据世界卫生组织最新统计，全球目前至少有5亿人存在各种精神心理问题，占全世界总人口的10%，其中2亿人患有忧郁症，忧郁症是当前最常见的心理疾病。

心理专家巴斯奇在1993年曾调查两种体育方式对攻治严重抑郁症住院患者的效果。一种方式是散步或慢跑，另一种方式是踢足球、打排球及练习体操等体育活动结合放松的混合练习。慢跑或散步每次连续练习30分钟，每周3次，共8周。混合组每次40分钟，参加2~3种活动，每周2次，也是8周。在每周的第3天，混合组患者进行放松练习。结果显示，混合组患者报告在心理症状方面明显地减轻，自尊感增强，身体状态明显好转；相反，慢跑组患者未报告有生理或心理的变化。这是因为，心理疾病患者如抑郁症，常常是因一些不良情绪的积累，形成了暂时障碍性心理秩序。参加体育运动，可以使患者注意力转移，把一些淤积的情绪通过另一种方式和另一种情绪宣泄出来，使紧张得到放松，使某些消极的情绪暂时遗忘并开始淡化，用运动中强度、速度、方向的变化以及和谐韵律、鲜明的节奏、默契的配合去干扰和破坏患者暂时的心理导向，消耗患者因心理疾患所积聚的大量的副作用心理能量，从而疏导和转移患者的情绪，使其心情变得愉悦起来。

另外，体育运动中产生的自我效能和控制感等心理机制都十分有利于对人心理疾病治疗的效应。当体育运动作为弥补心理缺陷、塑造健全人格的训练形式时，不能等同于一般体育活动和娱乐游戏活动。要想达到心理转变的目的，必须有一定强度、质量和时间要求，每月3~4次，每次锻炼时间至少30分钟左右；运动量从小到大，循序渐进，3个月为一个周期，一般进行两个周期左右。每次锻炼后有微汗，有轻松舒畅感，脉搏10分钟恢复到安静状态。饮食睡眠没有受到不良影响，次日体力无异常，说明运动量适当。但如果锻炼后大汗淋漓，头昏眼花，胸闷胸痛，心悸气短，食睡不佳，脉搏15分钟内恢复不到安静状态，甚至比前一天快，次日周身乏力，不想续继运动，则表明运动量过大。要想使运动达到治疗心理疾病的目的，活动时不可急于求成，要科学地安排锻炼内容，并持之以恒。

第三节 运动对常见疾病的预防

生命在于运动，运动讲究科学。科学地运动可以改善人体的代谢过程及生理功能，增强体质和抗病能力。明代名医张景岳深刻地认识到："久卧则阳气不伸，故伤气；久坐则血脉滞于四体，故伤血。"古希腊思想家亚里士多德强调说："最易使人衰竭、最易损害一个人的，莫过于长期不从事体育活动。"法国著名医生蒂索指出："运动就其作用来说，几乎可以代替任何药物，但世界上的一切药品并不能代替运动的作用。"

现代科学证明，人类保持健康和维持生命的三大要素是：均衡的营养、充分的休息和适宜的运动。由此可见，运动和健康紧相关连。

一、运动对近视眼的预防

（一）近视的概念

近视眼是眼睛只能看清近处物体而看不清较远的物体。它是指在没有调节的状态下，远处物体发出的平行光线进入眼内后，经过屈光系统的折射，焦点聚合在视网膜前，不能清晰地在视网膜上成像，这种屈光状态的眼睛称为近视眼。

（二）近视的致病原因

青少年患近视眼病主要是由不良用眼习惯引起的，如长时间地看电视、看录像、玩电脑，以及看书做作业的距离过近等，都会使眼的调节机能发生变化，形成近视。其次遗传也是重要因素。国内有研究表明，双亲均为高度近视者，子代多为高度近视；双亲一方为高度近视者，子代约有50%为高度近视。另外，长期缺乏体育锻炼，身体虚弱，眼睫状肌的弹性也会减弱，容易诱发近视。青少年在生长发育时过多食入甜食，会影响机体中钙质的吸收，使眼球发育不好，也是导致近视发生的一个原因。

近视眼给青少年的生活、学习及工作带来诸多不便，高度近视者还可引发视网膜脱落，导致失明。

（三）运动预防近视的机理

经常性参加体育锻炼，能促使眼内外肌群的弹性、协调性和灵活性得到提高。如进行球类运动时，眼睛会跟着球的运动而转动，即在做眼球体操。此外，通过专门的眼肌锻炼方法及眼保健操的练习，可极大地提高眼部神经、血管和肌肉的代谢水平，减轻眼部肌肉的疲劳，防止眼部淤血，从而达到预防和矫正近视的目的。

（四）常用预防近视的方法

1. 眼保健操

①按睛明穴。闭目，用双手拇指按在睛明穴上，挤按鼻根，先向下按后向上挤，一按一挤各1拍，做4×8拍。②揉按四白穴。四白穴在下眼眶边的正中，用大拇指支撑在下颌部的凹处，由食指在四白穴处轻轻按揉，连做4×8拍。③揉按太阳穴和闭目轮刮眼眶。

做时先刮后揉,用双手拇指轻按太阳穴,其余四指拳起来,用左右食指第二节内侧面轮刮上下眼眶,上眼眶从眉头到眉梢,下眼眶以内眼角到外眼角,先上后下,各2拍,刮一圈为4拍,再用拇指按揉太阳穴4拍,共8拍,连做4×8拍。④揉按风池穴。用双手食指和中指并拢放在风池穴上,每拍按揉一下,连做4×8拍。⑤干洗脸闭目。用双手四指沿鼻梁两侧上推至额,然后顺着两侧眉横骨沿太阳穴向下拉。上推为4拍,下拉为4拍,共8拍,连做4×8拍。

2. 眼部肌肉锻炼法

眼球保健操。静坐闭目,双手轻抚双眼上,头部保持不动,利用眼球的转动默写一遍英文字母。这样可让眼部的肌肉通过运动得到积极的休息,消除眼部的疲劳。尽力睁大眼睛3秒,再连续闭眼3秒,反复进行5分钟。

交替闭睁眼。一只眼尽力睁,向外上方瞧;另一只眼尽力闭,使眼睛内陷后拉。3秒交换一次,连续做5分钟。

交替看远看近。宜早上在绿色景地进行,先看远处30秒,再近看30厘米处30秒,反复交替进行5~10分钟。

(五)注意事项

①做眼保健操时,认穴力求准确,动作轻柔,全身放松,集中意念,会达到更好的效果。②练习远视时,应选择好方位,避开强光直射眼睛。③剧烈运动后或身患疾病时不宜练习眼保健操,身体康复后方可开始练习。

二、运动对冠心病的预防

(一)冠心病的概念

冠心病是冠状动脉性心脏病的简称。是一种由于冠状动脉固定性(动脉粥样硬化)或动力性(血管痉挛)狭窄或阻塞,发生冠状循环障碍,引起心肌氧供需之间不平衡而致心肌缺血、缺氧或坏死的一种心脏病,亦称缺血性心脏病。世界卫生组织和国际心脏病学会和心脏病协会对缺血性心脏病的定义是:由于冠状动脉循环的改变引起冠状动脉血流量和心肌之间需求不平衡而导致心肌损害。

缺血性心脏病包括急性、暂时性和慢性三种情况,它们都是由于功能性改变或器质性病变所引起。(非冠状动脉血脉动力学改变引起的缺血,如主动脉瓣狭窄则不包括在内。)因冠状动脉粥样硬化导致血管腔的狭窄是造成心肌缺氧的主要原因,因此,通常意义上的冠心病是指冠状动脉粥样硬化心脏病。此外冠状动脉痉挛、冠状动脉炎症、冠状动脉夹层、冠状动脉机械性损伤,也会造成心肌的缺血、缺氧,医学上也将其归属为冠心病的范畴。

(二)冠心病的病因

引发冠心病的病因有多种,其中以冠状动脉粥样硬化最为常见,约占冠心病的90%左右。其他还有一些因素也能引发冠心病,如冠状动脉栓塞、夹层动脉瘤、冠状动脉炎、代谢性疾病、梅毒性主动脉炎累及冠状动脉开口、外伤以及先天性冠状动脉畸形等。

(三)运动预防冠心病的机理

运动能有效地增加能量消耗,消除脂肪,以达到减肥的目的,而肥胖是冠心病的重要诱发因素。长期的适当的运动,可明显改变人体脂蛋白的代谢,使血中高密度脂蛋白增高,降低血中低密度脂蛋白和胆固醇的浓度,加速血中乳糜微粒的清除,从而起到预防冠心病的作用。运动也能降低血小板的粘附性和聚集性，从而减少血小板在冠状动脉内形成血栓。另外，运动还可以扩张冠状动脉口径，促进冠状动脉侧支循环的形成。

(四) 预防冠心病运动应坚持的原则

1. 因人而异的原则

因人而异的原则是指参加健身运动的人选择运动项目、方法和安排运动负荷时，应根据自己的年龄、性别、职业、健康状况、爱好及生活条件等因素来确定具体的计划。

2. 持之以恒的原则

持之以恒是指参加健身运动的人，应长期坚持、不间断地进行健身锻炼。

3. 循序渐进的原则

循序渐进是指参加健身运动的人，对锻炼的要求、内容、方法和运动负荷都要根据每个人的实际情况，由易到难，由小到大，逐步提高。

4. 适宜的运动负荷原则

参加健身运动的人，要根据自己的实际情况，如年龄、性别、健康状况，合理的确定自己的运动负荷的强度。

三、运动对神经衰弱的预防

(一) 神经衰弱的概念

不少人因自己感觉睡眠障碍、头昏、易激动、注意力不集中、疲劳、多汗、食欲不振等症状去医院检查，却查不出任何阳性体征，也就是说人体各个脏器没有病变。这种主诉与客观检查不相符的现象，医学上称之为功能性疾病。上述表现，临床上归为神经衰弱。

(二) 神经衰弱的发病原因

神经衰弱是一种常见病、多发病，它是超负荷的体力或脑力劳动引起大脑皮质兴奋和抑制功能紊乱，而产生的神经衰弱综合症。常见表现有：兴奋性高，睡眠障碍（入睡困难，中间易醒、早醒、睡眠不实，昼夜不眠），头昏，头疼，烦躁，易激动，注意力不集中，记忆力减退，精神疲劳，多汗，四肢发冷或发热，食欲不振，腹胀等。随着社会的进步和生活节奏的加快，过于紧张的工作和学习，成为了诱发神经衰弱的主要原因。另外，当精神受到某种刺激时也可能出现神经衰弱。

(三) 运动防止神经衰弱的机理

适宜的运动有助于调整和改善大脑的功能状态，使神经过程的灵活性加强，即兴奋和抑制两个过程转化速度加快，当睡眠时可以很快入睡，醒来时可以很快兴奋。适宜的运动使人心情愉快，感觉轻松，消除疑惑，进而增加恢复健康的信心；适宜的运动还能提高心血管系统、呼吸系统及消化系统的功能，防止和减少神经衰弱症状。

(四) 运动防治神经衰弱的方法

1. 按摩

对烦躁、易激动为主要症状者，选用柔和、缓慢的按摩手法，时间在 15 分钟左右。患者俯卧，于背部轻擦、揉 5 分钟；患者仰卧或坐着，用双手拇指指腹来回擦前额和眉弓部约 5 分钟；用拇指指端从印堂穴开始，沿着头正中线向头顶头后按压，反复 3~5 遍，约 5 分钟。另外，头痛者可加按百会穴、太阳穴，偏头痛者按揉阳凌泉、合谷穴，头晕者按揉印堂穴，遗精、阳痿者按揉肾俞穴、足三里穴等。

对精神不振为主要症状者，宜在白天按摩，选较重的手法，以振奋精神，提高情绪。

患者俯卧，于背部快擦、重揉约5分钟；患者坐位，用拇指按揉攒竹穴、太阳穴、风池穴、足三里穴等，约5分钟；重揉、拍打双肩5分钟。

2. 体育锻炼

对烦躁易激动的患者，宜选用形式单一、平静柔和的运动项目，如散步、太极拳、气功等。对精神不振为主要症状的患者，宜采用形式多样、内容生动的运动项目，如球类运动、游泳等。

3. 冷热交替浴

患者在淋浴时，反复采用冷、热水交替淋浴，使机体神经调节和控制功能得到锻炼。

（五）注意事项

①要给患者创造一个良好、宽松的环境，消除诱因，合理安排学习和生活制度，保持乐观态度，以增强战胜疾病的信心。②运动量不能过大。

四、运动对癌症的预防

（一）癌症的概念

肿瘤是机体在各种致瘤因素作用下，局部组织的细胞异常增生而形成的新生物，这种新生物常表现为局部肿块。肿瘤分为良性和恶性两大类。良性肿瘤生长缓慢，对机体影响小，易于治疗，愈后好；恶性肿瘤生长迅速，对机体影响大，不易治疗，愈后差。根据恶性肿瘤的组织来源，把恶性肿瘤分为：从上皮组织发生的叫做癌，如肝癌、肺癌；从肌肉、脂肪、结缔组织、骨骼、血管等组织发生的叫做肉瘤；从神经组织发生的叫做胶质瘤、脑膜瘤等；另一些具有特殊的名字，如恶性淋巴瘤中的何杰金氏病、急性白血病等。人们常说的癌症，就是指这一大类疾病——恶性肿瘤。癌，还仅仅是其中的一部分。

（二）癌症发病原因

癌症是一种死亡率极高的疾病，其发病原因比较复杂，目前仍在深入研究之中，但大量研究结果表明，许多因素与癌症的发病有密切的关系。

（1）致癌的外部因素：包括化学致癌因素、物理致癌因素、生物致癌因素等；

（2）致癌的内部因素：包括免疫功能低下、内分泌紊乱、遗传因素及精神因素；

（3）饮食营养失调：包括过多摄入高脂类和腌腊制品；

（4）不良生活习惯：包括偏食、吸烟、嗜酒、不科学烹调等行为。

"癌"的发生源于一些单个细胞染色体基因的异变、失控。据研究报告表明，这类异变和失控中的单个细胞染色体基因45%与饮食、营养因素有关，35%与大量吸烟、酗酒有关，5%与长期接触致癌物质有关。某些药物或慢性病的刺激、电磁辐射的影响，以及长期的精神压抑等均在不同程度上诱发癌症。经常性地参加体育锻炼，随时保持良好的身体和积极开朗的精神状态，消除不良习惯，提高生活质量，至少有80%~90%癌症是可以预防的。

（三）运动防癌的机理

美国防癌协会经过多年的观察和研究，并对86 000名癌症死亡病例进行分析发现，癌症患者以职业划分，生前运动量小的死亡率高，运动量最多的死亡率最低，这有力地证实了体育运动是最有效的防癌方法之一。

运动防癌的机理主要反映在以下几个方面：

1. 增强机体的吸氧量

人体运动时，血液循环加快，其吸氧量增大，这样有助于通过细胞的气体交换和排汗，将一些致癌物质和代谢产物排出体内。

2. 运动可消耗体内多余的脂肪

研究结果表明，脂肪是形成前列腺素、雌激素的原料基地，而结肠癌、乳腺癌的形成与这些物质关系密切。

3. 运动可改善人体的免疫系统功能

研究表明，机体处于运动状态时，每小时分泌的干扰素量较之平时要增加 1 倍以上，干扰素的抗病毒和抗癌作用均已被现代医学研究所证实。

4. 运动能通利大便

常常参加运动的人很少发生便秘，这样可减少致癌毒物滞留在结肠内的时间，因而大大降低了致癌的可能性。

5. 运动可调节情绪

运动会给人带来身心愉快和欢畅，从而消除致癌的精神诱因。

（四）运动预防癌症的方法

1. 五禽运动

虎动：手足着地，身躯前纵后退各 3 次，接着上肢向前，下肢向下引腰，然后面部仰天，恢复起始动作，再如虎行般前进、后退各 7 次。

鹿动：手足着地，头向两侧后视，左三次，右二次，然后伸左脚三次，伸右脚二次。

熊动：仰卧，两手抱膝下，举头，左右侧分别着地各 7 次，然后蹲地，双手交替按地。

猿动：（单杠上进行）如猿攀物，双脚悬空，上下伸缩身体 7 次，然后以手钩住单杠，引体倒悬，头向下，左右转头各 7 次。

鸟动：一足立地，另一足翘起，扬眉鼓力，两臂张开，如欲飞状，两足交替各 7 次，然后坐下伸一脚，用手挽另一脚左右交替各 7 次，再伸缩两臂各 7 次。

2. 其他运动

如太极拳、健身操、球类等运动项目都能起到很好的防癌作用，每个人可根据自己的爱好来选择 1~2 项运动，长期坚持锻炼，能有效抑制和消除癌症。

（五）注意事项

①应在全面体检的基础上，选择适当的运动项目。②运动中一定要控制好运动量。③运动要循序渐进。④运动要长期坚持进行。⑤运动时心情要舒畅，以期达到更好效果。⑥注意运动卫生。

五、运动对肥胖的预防

（一）肥胖的概念

肥胖是指相对瘦体重而言，身体成分中脂肪含量过多。肥胖的种类很多，本文选择无明显内分泌代谢性疾病的单纯性肥胖为研究对象。脂肪组织主要由大量脂肪细胞组成，非肥胖成人体内脂肪细胞的总数大约为 $(25\sim30)\times10^9$ 个。肥胖由脂肪细胞数目增多或脂肪细胞体积增大或二者共同作用而引起，脂肪细胞数目更易导致肥胖且可塑性差，16 岁后体内脂肪细胞数目一般不会再增加，而依靠脂肪细胞体积增大来增加体脂含量。肥胖可引起人体的生理、心理、生化、病理、神经体液调节等的一系列负性变化，使人体的工作能力降低，甚至显著缩短寿命。大量流行病学研究表明：肥胖与冠心病、动脉粥样硬化、高血压、糖尿病及某些肿瘤（如乳腺癌、子宫内膜癌等）的发生有关，可以看出女性肥胖危害更大。

（二）肥胖的判定标准

1. 体重指数（BMI）

也称凯特莱（Kettler）指数。

体重指数（BMI）＝实际体重（Kg）/身高^2（m^2）

从免疫学角度通过各种数据确定人体

标准体重为 BMI＝22　　　偏瘦为 BMI＜20　　　正常体重为 20＜BMI＜24

偏胖为 24＜BMI＜26.5　　肥胖为 BMI＞26.5

标准体重（Kg）＝身高^2（m^2）×22

2. 肥胖度

肥胖度（％）＝［实际体重（Kg）/标准体重（Kg）－1］×100％，说明体重超过理想体重的百分比。一般所得值超出 20％就可视为肥胖。

3. 皮褶厚度法

皮褶厚度法是一种简单易行的测量方法，但测试人员应经过专业培训，否则会出现较大的测量误差。测量时取身体的右侧部位，女性常测部位有肱三头肌、髂前上嵴和大腿部位的皮褶厚度；男性常测部位有胸部、腹部和大腿部位的皮褶厚度。

（三）肥胖的病因

肥胖是一种有多因素作用引起的综合症。

1. 年龄、性别

成年人进入中年期很容易形成肥胖，"中年发福"几乎是普遍的现象。大多数女性尤其中年妇女脂肪含量相对较高，也容易形成肥胖，这主要由于与脂肪贮存直接相关的雌性激素分泌较多而引起的。这也是倚仗脂肪含量多保暖系统功能好，严寒的冬天女性可以穿裙子户外活动的重要原因。

2. 能量摄入量、摄食成分

"病从口入"，过度进食尤其是高糖、高脂膳食导致同化作用远大于异化作用且超出生长发育所需时，自然很容易造成体脂增加乃至形成肥胖。

3. 摄食时间

美国一医学家告诫人们"什么时候吃比吃什么更重要"。晚餐高热量膳食更易导致肥胖，因为晚上血液中的胰岛素浓度达到最高值，而其可以高效的将血脂转化为脂肪沉积于体内而导致肥胖。

4. BAT（棕色脂肪组织）产热功能

BAT 在功能上是一种产热器官，直接参与体内热量调节，将体内多余热量散发出体外维持能量代谢趋于平衡。目前的研究认为：肥胖的发生可能与 BAT 的功能低下有关，BAT 功能障碍，可引起热能代谢不平衡，使摄入体内的能量以热的形式散发减少，而在体内转变为脂肪。在部分肥胖病人中进食量并不多，活动量也不少，但其体重和体脂并不下降，其原因可能是 BAT 的产热功能发生损害，即不能进行正常的产热作用。部分肥胖者基础代谢率明显低下，很可能与 BAT 活性降低有关。24 小时能量消耗值低，可预示将来易患肥胖病。这似乎一定程度上验证了某些脂肪含量高的人主诉的"光喝开水也长胖"的可能性。

5. 体内生化反应酶活性

各种生命现象基本上是酶促过程，部分肥胖患者，降体重后脂肪组织蛋白酯酶活性仍保持高水平（蛋白酯酶活性高能有效促进脂肪氧化供能）。

6. 激素水平

雌性激素、胰岛素分泌增多很容易导致肥胖。运动尤其是长时间耐力运动中，血浆中胰岛素量总是处于很低状态。故女性易发胖，但喜欢运动者不易肥胖。

7. 经济状况、生活方式

经济宽裕，生活懒散，体力、脑力劳动不足尤其是伏案工作体力劳动不足的人群更容易出现肥胖。这也是肥胖这种现代"文明病"得以滋长的一个重要原因。

8. 心理因素

"心宽体胖"，可以预计总体上 B 型性格的人比 A 型性格的人体脂含量高，更易肥胖。

（四）运动预防肥胖的方法

最好坚持长时间低（或中）强度的有氧代谢耐力运动。因为这样的运动不仅可以有效的预防肥胖；而且还能有效的动员和利用脂肪氧化分解供能，真正达到减肥的目的：减去多余的脂肪，而不是肌肉和水分。

1. 运动项目

长跑、快走、游泳或水中走跑、健美操、舞蹈等可以同一部位（或动作）多次重复的运动项目结合力量耐力尤其是腰腹部力量耐力练习。

2. 运动持续时间、运动强度

每次锻炼持续 20~60 分钟。60％~80％最大心率（最大心率＝220－年龄）。当然应遵循循序渐进的原则，逐步接近上述最佳运动持续时间和运动强度，尤其是身心状况不佳又没有健身运动史的肥胖者。

3. 运动时间

晚餐前 2 小时进行运动效果最好，首先因为长时间耐力运动中及后续一段时间，血浆中胰岛素量总是处于很低状态，而胰岛素量处于很低状态能有效的抑制晚餐摄食所产生的血脂和血糖转化为脂肪贮存；其次可以提高晚上和夜间机体代谢水平加强摄入能量的消耗从而减少脂肪的形成，改变晚上和夜间机体代谢处于非常低下的水平而利于脂肪合成的状况。

4. 运动频度

每周安排 3~5 次锻炼课或隔日安排。根据运动医学工作者对跑步进行的观察发现，练习一次跑的身体变化可保持 2 天左右。这样不仅可以产生最大的预防肥胖和减肥的效应，而且可以避免或抑制身体疲劳和心理疲倦的过度积累。

5. 运动场所、运动方式

选择无安全隐患、空气流通、环境卫生、气氛融洽尤其是氧气充足的环境锻炼以便于轻松愉快的进行有氧代谢运动。如果有条件，最好结伴而行以获得锻炼的群体效应。

第四节 运动损伤的预防与处理

运动损伤是指在体育运动中所发生的各种损伤。其含义有两个方面，一是指在运动中发生的损伤，二是指运动性损伤即运动技术性伤病。运动损伤与一般损伤不同，有其自身的特点和规律。了解运动损伤发生的原因和发病的规律，认真做好预防工作，就能最大限度地减少或避免运动损伤，从而坚持长期体育锻炼，获得最佳锻炼效果。

一、运动损伤的原因

造成运动损伤的原因是多方面的，既与锻炼者的运动基础、体质水平有关，也与运动项目的特点、技术难度以及运动环境等因素有关。其主要原因有：

(1) 思想麻痹大意是所有运动损伤因素中最主要的因素。其中包括运动前不检查器械，预防措施不得力，好胜好奇，常在盲目和冒失行动中受伤。

(2) 运动前准备活动不充分，特别是缺乏针对性准备活动，使运动器官、内脏器官机能没有达到运动状态，易造成损伤。

(3) 运动情绪低下，或在畏难、恐惧、害羞、犹豫以及过分紧张时发生伤害事故。有时因缺乏运动经验、缺乏自我保护能力致伤，如摔倒时用肘部或直臂撑地，造成肘关节或尺、桡骨损伤（图 3-2-1，图 3-2-2）。

(4) 运动时内容组合不科学，方法不合理，纪律松散以及技术上的错误等，都可造成损伤。如投掷手榴弹或标枪时上臂外展，屈肘小于 90°，肘部低于肩部时，容易造成肌肉拉伤，甚至肱骨骨折（图 3-2-3，图 3-2-4）。

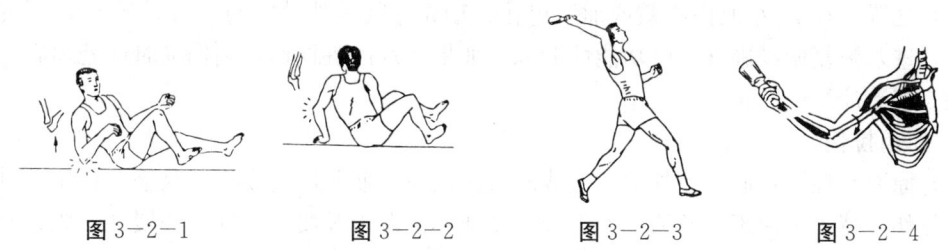

图 3-2-1　　　　　图 3-2-2　　　　　图 3-2-3　　　　　图 3-2-4

(5) 运动场地狭窄，地面不平坦，器械安置不当或不坚固，锻炼者拥挤或多种项目在一起活动，容易相互冲撞致伤。

(6) 空气污浊，噪音，光线暗淡，气温过高或过低，以及运动服装不符合要求等原因，都可直接或间接造成伤害事故。

二、运动损伤的预防

(1) 加强运动安全教育，克服麻痹思想，提高预防损伤意识。

(2) 认真做好准备活动，对可能发生运动损伤的环节和易损伤部位，要及时做好预防措施。

(3) 合理组织安排锻炼，合理安排运动量，防止局部运动器官负担过重。

（4）加强保护与帮助，特别要提高自我保护能力，如摔倒时，立即屈肘低头，团身滚动，切不可直臂或肘部撑地。由高处跳下时，要用前脚撑地，注意屈膝、弯腰，两臂自然张开，以利缓冲和保持身体平衡。

三、常见运动损伤的处置

（一）软组织损伤

这类损伤可分为开放性损伤和闭合性损伤两类。前者有擦伤、撕裂伤、刺伤等；后者有挫伤、肌肉拉伤、肌腱腱鞘炎等。

1. 擦伤

（1）原因与症状：因运动时皮肤受搓致伤。如跑步时摔倒，体操运动时身体擦磨器械受伤，擦伤后皮肤出血或组织液渗出。

（2）处置：小面积擦伤，可用红药水涂抹伤口即可；大面积擦伤，先用生理盐水洗净，后涂抹红药水，再用消毒布覆盖，最后用纱布包扎。

2. 撕裂伤

（1）原因与症状：在剧烈、紧张运动时，或受到突然强烈撞击，造成肌肉撕裂，其中包括开放伤和闭合伤两种。常见有眉际撕裂、跟腱撕裂等。开放伤顿时出血，周围肿胀；闭合伤触及时有凹陷感和剧烈疼痛。

（2）处置：轻度开放伤，用红药水涂伤口即可；裂口大时，则需止血和缝合伤口，必要时注射破伤风抗毒血清，以防破伤风；如肌腱断裂，则需手术缝合。

3. 挫伤

（1）原因与症状：因撞击器械或练习者之间相互碰撞而造成挫伤。单纯挫伤在损伤处出现红肿，皮下出血，并有疼痛；内脏器官损伤时，则出现头晕、脸色苍白、心慌气短、出虚汗、四肢发凉、烦躁不安，甚至休克。

（2）处置：在 24 小时内冷敷或加压包扎，抬高患肢或外敷中药。24 小时后，可按摩或理疗。进入恢复期可进行一些功能性锻炼。如果怀疑内脏损伤，则作临时性处理后，送医院检查和治疗。

4. 肌肉拉伤

（1）原因与症状：通常在外力直接或间接作用下，使肌肉过度主动收缩或被拉长时引起肌肉拉伤。特别是由于准备活动不充分，动作不协调以及肌肉弹性、伸展性、肌力差者更易拉伤。损伤后伤处肿胀、压痛、肌肉痉挛，触诊时可摸到硬块。严重的肌肉拉伤是肌肉撕裂。

（2）处置：轻者可即刻冷敷，局部加压包扎，抬高患肢。24 小时后可施行按摩或理疗。如果肌肉已大部分或完全断裂者，在加压包扎急救后，立即送医院手术治疗。

（二）关节、韧带扭伤

1. 肩关节扭伤

（1）原因与症状：一般因肩关节用力过猛以及反复劳损所致，也有的因技术错误，违反解剖学原理而造成损伤。如投掷、排球扣球和大力发球时常出现这类损伤。其症状有压痛、疼痛，急性期有肿胀，慢性期三角肌可能出现萎缩，肩关节活动受限。

（2）处置：单纯韧带扭伤，可采用冷敷，加压包扎。24 小时后可采用理疗、按摩和针灸治疗。出现韧带断裂时，应立即送医院缝合和固定处理。当肩关节肿胀和疼痛减轻后，可适当施行功能性锻炼，但不宜过早活动，以防转入慢性。

2. 髌骨劳损

（1）原因与症状：髌骨具有保护股骨关节面、维护关节外形和传递股四头肌力量的作用，是维护膝关节正常功能的主要结构。髌骨劳损是膝关节长期负担过重或反复损伤累积而成的，但也可能一次直接外力撞击致伤，如篮球滑步急停，跳高和跳远时踏跳不合理或摔倒受击，都可导致这种损伤。

（2）处置：采用中药外敷、针灸、按摩等。平时加强膝关节肌群力量练习，如采用高位静力半蹲，每次保持 3~5 分钟即可。伤情好转时，可逐渐增加时间，每日进行 1~2 次。

3. 踝关节扭伤

（1）原因与症状：运动中跳起落地时失去平衡，使踝关节过度内翻或外翻致伤，在准备活动不充分、场地不平坦的情况下，更易造成这类损伤。主要症状为伤处疼痛、肿胀，韧带损伤处有明显压痛、皮下淤血。

（2）处置：受伤后，应立即冷敷，用绷带固定包扎，并抬高伤肢。24 小时后，根据伤情采取综合治疗，如外敷伤药、理疗、按摩等，必要时作封闭疗法。待伤情好转后，施行功能性练习。对严重者，可用石膏固定。

4. 急性腰伤

（1）原因与症状：运动时，身体重心不稳定或肌肉收缩不协调，引起腰部扭伤。多数则是因腰部受力过重，或脊柱运动时超过了正常生理范围。例如：挺身式跳远中，展体过度；举重上挺时，过分挺胸；跳水时，下肢后摆过大，都有可能造成腰部扭伤。损伤后，当场疼痛；有时听到瞬间"格格"响声；有时出现腰部肌肉痉挛和运动受限。

（2）处置：腰部急性扭伤后，让患者平卧，一般不应立即扶动。如果剧烈疼痛，则用担架抬送医院诊治。处理后，应卧硬板床或腰垫一枕头，使肌肉韧带处于放松状态。也可针灸、外敷伤药或按摩。

（三）关节脱位

（1）原因与症状：因受外力作用，使关节面失去正常的连接位（或称错位）。严重的关节脱位，伴有关节囊撕裂，例如摔倒时，用手撑地，引起肘关节脱位。关节脱位后，常出现畸形，与健肢对比不对称，因软组织损伤而出现炎症反应，局部疼痛，压痛和关节肿胀，并失去正常活动功能，甚至发生肌肉痉挛等现象。

（2）处置：用长度和宽度相称的夹板固定伤肢。如果没有夹板，可将伤肢固定在自己的躯干或健肢上，防止震动，随后及时送医院治疗。必须指出，如果没有把握做整复处理时，切不可随意做整复手术，以免再度伤害。

（四）脑震荡

（1）原因与病状：脑震荡是指头部受外力打击后，使大脑管理平衡的膜半规管、椭圆囊、球囊等感受器机能失调，直到引起意识和机能的一时性障碍。在体育锻炼时，两人头部相撞，或撞击硬物，或从高处跌下时头部撞地，都可造成脑震荡。致伤时，神志昏迷，脉搏徐缓，肌肉松弛，瞳孔稍大但能对称，神经反射减弱或消失；清醒后，患者常有头痛、头晕、恶心呕吐感；平时情绪烦躁，注意力不易集中，耳鸣，心悸，多汗，失眠，记忆力减退等。脑震荡后，膜半规管、椭圆囊、球囊机能失调，如图 3-2-5。

（2）处置：立即让患者平卧，头部冷敷。若有昏迷，即指压人中穴、内关穴、合谷穴。若呼吸发生障碍，立即进行人工呼吸。上述处理后，出现反复昏迷或耳、鼻、口出血，两瞳孔放大，又不对称时，表明病情严重，应立即护送医院治疗。在运送途中，要让患者平卧，头部固定，避免颠簸。脑震荡一般都可自愈，无须住院治疗，但要注意休息和必要的药物治疗，保持情绪安定，减少脑力劳动。在恢复过程中，可定期做脑震荡平衡试验，以检查病况进展。其方法是闭目、单腿站立、两臂平举。如果能保持平衡，表明脑震荡已基本治愈。这时，可适当参加体育锻炼，但要避免滚翻和旋转性动作。

图 3-2-5

（五）骨折

(1) 原因与症状：运动中，身体某部位受到直接或间接的暴力撞击时，造成骨折。例如在踢足球时，小腿被踢，造成胫骨骨折；摔倒时手臂直接撑地引起尺骨或桡骨骨折；跌倒时可造成髌骨骨折等。骨折是比较严重的损伤，但发病率很低。骨折分不完全性骨折和完全性骨折以及闭合性骨折和开放性骨折。常见的骨折有肱骨骨折、前臂骨骨折、手骨骨折、大腿骨骨折、小腿骨骨折、肋骨骨折、脊柱骨折等。骨折发生后，患处立即出现肿胀，皮下淤血，有剧烈疼痛（活动时加剧），肢体失去正常功能，肌肉产生痉挛，有时骨折部位发生变形，移动时可听到骨摩擦声。严重骨折时，伴有出血、神经损伤、发烧、口渴，直至休克等全身性症状。

(2) 处置：骨折若伴有休克时，应先处理休克症状，即点按人中穴，并进行口对口人工呼吸或心脏胸外按摩；若伴有伤口出血，应同时实施止血和包扎。骨折后暂勿移动患肢，应用夹板或其他代用品固定伤肢，及时护送医院检查和治疗。

四、急救

（一）急救的意义

急救是指对运动中突然发生的严重损伤进行紧急、初步和临时性处理，以减轻患者痛苦，预防并发症，为转送医院进一步治疗创造条件。这对保护患者生命安全，具有十分重要的意义。

运动损伤的急救，是一种极其重要的工作。如果处理不当，轻者加重损伤，导致感染，增加患者痛苦；重者致残，甚至危及生命。因此，必须及时、准确、合理、有效地急救。

（二）急救原则

1. 抓住主要矛盾急救

现场急救比较复杂，如果同时出现多种损伤时，必须抓住主要矛盾进行急救。如发现休克，应先施行抗休克——针刺人中穴、内关穴，并及时进行人工呼吸。如伴有出血时，应同时施行止血，然后再作其他损伤的处理。

2. 分工明确、判断正确

急救人员必须分工明确，并具有高度的责任感和救死扶伤的崇高品德。要临危不惧，判断正确，有条不紊地抢救；要有熟练、正确的抢救技术和丰富的临场经验。

3. 快抢、快救、快转运

急救时必须分秒必争，当机立断，切勿犹豫，延误时机。待抢救有效后，尽快转运医院，作进一步治疗。运送途中，应保持患者平衡、安静，消除紧张情绪，必要时继续进行人工呼吸。

（三）急救方法

1. 止血法

（1）冷敷法：冷敷可以使血管收缩，减少局部充血，降低组织温度，抑制神经感觉，从而有止血、止痛和减轻局部肿胀的作用。冷敷止血法，常用于急性闭合性软组织损伤。最简便的方法是，用冷水冲洗或用冷毛巾敷于伤处，有条件的使用氯乙烷喷射。

（2）抬高伤肢法：抬高伤肢，可使伤处血压降低，血流量减少，以达到减少出血的作用。即使采用加压包扎后，仍应注意抬高伤肢。

（3）压迫法：可分为指压法、止血带法、包扎法等。

①指压法：包括直接指压法和间接指压法两种。

直接指压法是指用指腹直接压迫出血部位。但由于手指直接触及伤口，容易引起感染，所以最好敷上消毒纱布后进行指压。

间接指压法是指用指腹压迫在出血动脉近心端搏动的血管处，如能压迫在相应的骨头上更好，以阻断血流，达到止血的目的。

②颌外动脉压迫止血法：进行时，在下颌角前1.5厘米处摸到动脉搏动，并将其压迫在下颌骨上。此法常用于一侧面部出血的止血（图3-2-6）。

③肱动脉压迫止血法：进行时，将伤臂外展，用大拇指将上臂中部的肱动脉压迫在肱骨上。此法适用于前臂和手部出血的止血（图3-2-7）。

④股动脉压迫止血法：将伤员仰卧，大腿外旋，在腹股沟中点下方摸到搏动后，用双手拇指将股动脉压迫在耻骨或股骨上端。此法适用于大腿或小腿出血的止血（图3-2-8）。

⑤胫前或胫后动脉压迫止血法：进行时，在踝关节背侧，于胫骨远端将胫前动脉压向胫骨，或在内踝后方将胫后动脉压向胫骨。此法适用于足部出血的止血（图3-2-9）。

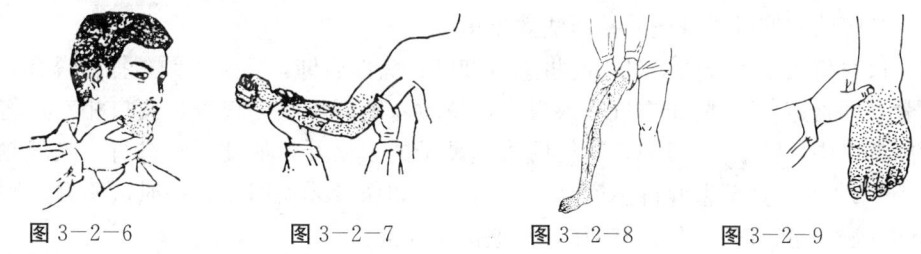

图3-2-6　　　　图3-2-7　　　　图3-2-8　　　　图3-2-9

⑥止血带法：常用的止血带有皮管、皮带、布条、毛巾等。进行时，先将患肢抬高，然后在患处上方缚扎止血。缚扎时最好加垫，以防缚扎太紧，造成肢体组织坏死。

⑦包扎法：主要有绷卷包扎法，如环形包扎法、螺旋形包扎法、反折螺旋形包扎法、"8"字形包扎法（图3-2-10、图3-2-11、图3-2-12、图3-2-13），另外还有三角巾包扎法等。

图3-2-10　　　　图3-2-11　　　　图3-2-12　　　图3-2-13

2. 搬运法

伤员经过现场急救处理后,应迅速和安全地送到宿舍休息或医院治疗。其搬运方法很多,归纳起来有以下几种:

(1) 扶持法:急救者让伤员的一臂搭扶在自己的颈肩上,并拉握其手部,另一手扶挽住伤员的腰部(图3-2-14)。此法适用于神志清醒、伤势较轻、自己基本能步行的伤员。

(2) 抱托法:急救者一手抱托住伤员的背部,另一手托住其大腿及膝窝处,将伤员抱起,伤员的一臂搭扶在急救者肩上(图3-2-15)。此法适用于神志清醒但身体虚弱的伤员。

(3) 椅托法:两名急救者相对,用同侧的手相互握住对方的双臂,另一手相互搭在对方的肩上,像一把椅子,让伤员坐在"椅架"上,伤员的两臂分别搭在急救者的肩上(图3-2-16)。

图3-2-14

图3-2-15

图3-2-16

图3-2-17

(4) 3人托抱法:3人站在同一方向,将伤员托抱起来,并协调地行走(图3-2-17)。此法适用于体力严重衰弱和神志不清的伤员。

(5) 担架法:可用特制担架或门板、大凳子等代用品。

(6) 车辆运送法:运送途中防止震动和颠簸。

3. 人工呼吸法

人工呼吸有举臂压胸法、仰卧心脏胸外挤压法、俯卧压背法、口对口呼吸法等。其中以口对口呼吸法和仰卧心脏胸外挤压法效果最好。

(1) 口对口人工呼吸法:进行时将患者仰卧,头部后仰,托起下颌,捏住鼻孔,压住环状软骨(即食道管),防止空气吹入胃中,急救者随即深吸一口气,两口相对,将大口气吹入患者口中(图3-2-18),吹气后将捏鼻子的手松开,如此反复进行。吹气频率每分钟约16~18次,直至患者自主恢复呼吸为止。如伤者牙关叩紧,一时撬不开,则采用口对鼻吹气法。进行时,将其口闭住,其他操作同上。

(2) 心脏胸外挤压法:将患者仰卧,急救者两手上下重叠,用掌根置于患者的胸骨下半段处,借助于体重和肩臂力量,均匀而有节律地向下施加压力,将胸壁下压3~4厘米为度,然后迅速地将手松开,胸壁自然弹回。如此反复进行,以每分钟60~80次的节律进行,直到心脏恢复跳动为止。

(四) 溺水及其急救

1. 原因与症状

在游泳时,因肌肉痉挛或技术上的原因导致溺水。溺水时水经过口鼻进入肺内,造成呼吸道阻塞,或者因吸水的刺激,引起喉部肌肉痉挛,使气体不能进出,导致窒息和昏迷。如果时间稍长,则因缺氧而危及生命。

窒息后,脸色苍白而肿胀,眼睛充血,口鼻充满泡沫,四肢冰冷,神志昏迷,胃腹吸满水而鼓起,甚至呼吸、心跳停止。

2. 急救步骤

立即将溺水者救上岸后,清除口腔中的分泌物和其他异物,并迅速进行倒水,但不要过分强调倒水而延误了宝贵的抢救时间(图3-2-19)。立即进行人工呼吸。若心跳已停止,应同时施行心脏胸外挤压法。人工呼吸和心脏胸外挤压以1:4的频率进行,急救者之间应密切配合,进行积极而耐心的抢救,直至自主恢复呼吸为止。

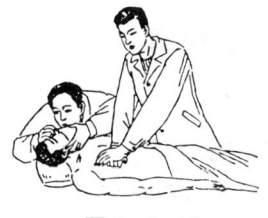
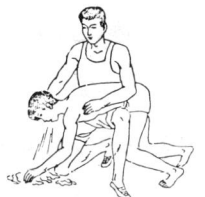

图3-2-18　　　　　图3-2-19

醒后,立即送医院,作进一步检查和治疗。在运送途中,必要时继续进行人工呼吸。

对溺水者,常常需要对真死和假死进行判断。其真死一般具有以下4个特征:

其一,呼吸停止。既看不见又摸不到呼吸运动,即使将细毛或发丝放在鼻腔前,也不见飘动。

其二,心跳停止,脉搏消失。将耳朵贴在患者胸壁外或用听诊器也听不到心音。

其三,瞳孔对光反射消失。亮光不能使瞳孔缩小,在黑暗处瞳孔也不见扩大。

其四,角膜反射消失。用手指或细毛触及角膜,不出现眨眼反应。

若溺水者只出现其中1~2个征象时,则并非为真死,称为假死;若4个征象都存在,且用手指从两侧挤压眼球时,瞳孔变成椭圆形,则可判断为真死。必须记住,急救者切不可轻易判断为真死,在尚未完全出现真死征象之前,要刻不容缓地坚持抢救。

附:常见运动创伤及其发病因素(图3-2-20)

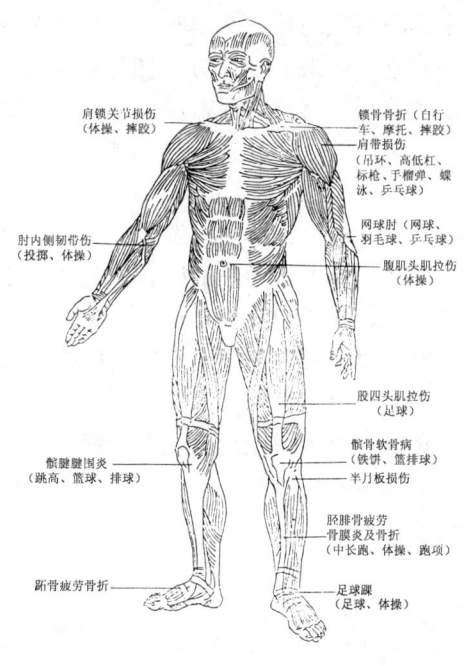

图3-2-20

第三章 健康评价

第一节 体质健康测量

体质健康测量是将健康概念及其与健康有关的事物或现象进行量化的过程，即依据一定的标准，根据被测对象的性质或特征，用健康指标来衡量。根据各项健康指标，可客观、全面地反映和评价被测个体的身体健康状况。身体健康测量的指标因侧重点不同而有多种指标。根据我国大学生具体情况，我们对体格指标、功能指标和体力指标以及 2002 年 7 月国家颁布的《学生体质健康标准（试行方案）》给予介绍，同学们可以运用这些指标和每一年的测试结果来评价自己的体质健康状况，便于有的放矢地调整自己的锻炼计划，更有效地增强体质，增进健康。

一、体格指标

体格是人体形态发育的特征。体格的内容很多，但是最能反映体格，也是最常用的三项指标是身高、体重和胸围。

（一）身高

身高是指人体站立时，从站立面到头顶点的垂直距离。它主要反应骨骼发育状况，是人体纵向发育水平的重要标志。影响身高的主要因素为先天遗传和后天的营养状况。我国男性 18 岁、女性 16 岁时身体的纵向发育已趋于稳定。

测量方法：测量身高可采用身高坐高计。测量时，被测者赤足，以立正姿势站立，背靠立柱，躯干自然挺直，头颈直立，两眼平视前方，使耳屏上缘与眼眶下缘呈一水平线。测量者占在侧方，轻轻下滑活动测板，直至板面密接头顶为止。以厘米为单位记录，精确到小数点后一位。

（二）体重

体重是指人体裸体的重量。它是反映人体横向发育的一个重要指标，在一定程度上能反映人体骨骼、肌肉、皮下脂肪、内脏器官增长的综合状况和身体发育的充实度。一般来讲，体重与横断面积的发育成正比，与肌肉量成正比。因此，人类形态学又把体重作为一个综合反映人体围度、宽度、厚度以及发育状况的整体指标，它也是衡量身体健康和体力强弱的重要标志。

测量方法：用杠杆秤。测量时，男生只穿短裤，女生穿短裤、背心。被测者赤足站在秤台中央，身体保持平衡，不与其他物体接触。以千克为单位，精确到小数点后一位，即 0.1 千克。

成人标准体重公式是：

男性标准体重（千克）＝身高（厘米）－105

女性标准体重（千克）＝身高（厘米）－100

此标准±10％均属正常范围。小于 10％～20％为轻度营养不良，小于 20％～40％为中度营养不良,小于40%为严重营养不良;大于10%~20%为超重,大于20%为肥胖。

(三) 胸围

胸围是指人体宽度和厚度最有代表性的测量值。它反映胸廓的大小及胸部、背部肌肉的发育情况。由于胸腔里有心脏、肺等重要器官,胸围的测量对于内脏器官的机能状况有较大意义。胸腔容积增大,胸部和背部肌肉力量增强,有利于呼吸和循环机能的改善,并使人体能够保持正常的形态。因此胸围也是反映人体生长发育水平的一个重要指标。

测量方法:使用每米误差不超过0.2厘米的带尺。测量时,被测者自然站立,两脚分开与肩同宽,双肩放松,上肢自然下垂。测量者将带尺围绕胸廓一周,将带尺上缘经背部肩胛骨下角下缘至胸前。男生和未发育女生,带尺下缘经乳头上缘;已发育的女生,带尺经乳头上方第四肋骨处。测量平静状态下的胸围。

二、功能指标

生理功能是人的整体及其组成的各系统、器官所表现出的生命活动。生理功能的好坏直接关系到人的身体健康。安静时脉搏、血压和肺活量是最能反映心血管系统和呼吸系统机能能力的指标。

(一) 脉搏

脉搏是指心脏节律性地收缩、舒张,是由大动脉的压力变化而引起四肢血管扩张和收缩的一种搏动现象,故也称心率,它主要反映心脏和动脉的机能状态。安静脉搏是相对安静状态下的脉搏频率,即单位时间内动脉管壁搏动的次数,它可以检查心脏生长发育的程度。

测量方法:用食指、中指和无名指的指端,摸住腕部动脉处,连续测3个10秒。如果其中两次相同,并与另一次相差不超过一次时,即认为是安静状态时的脉搏,然后换算成1分钟的脉搏数。

一般人安静时脉搏为每分钟70次左右(每分钟60~80次),我国18~25岁青年的脉搏,男性平均为每分钟75.2次,女性为每分钟77.5次。经常参加体育锻炼,对心血管系统有良好的作用,可使脉搏低于每分钟60次。

测量脉搏还是运动训练时进行医务监督经常使用的一种有效反映心血管功能状况的手段。

(二) 血压

血压是指血液在血管内流动时对血管壁产生的侧压力,一般是指动脉血压。人体的动脉血压,推动血液流向全身各器官,保证人体各器官的血和氧供应。血压过低,会使全身各器官和组织缺血、缺氧,造成功能性障碍;血压过高,会加重心脏负担,增加微循环血量,造成高血压,诱发心脏病和心血管疾病。因此,保持动脉血压的相对稳定,对于正常人的生命活动是十分重要的。故血压是检查、评价心血管机能水平的一项重要指标。

测量方法:一般用水银血压计测量。测量血压时,先将止血带围于受测者上臂,充气加压使血液暂时停止流动,然后慢慢减压,使用听诊器听心跳声。第一次听到跳动声时的压力为最高血压(收缩压),继续减压到完全听不到跳动声的瞬间(消音点)为最低血压(舒张压)。记录为收缩压/舒张压毫米汞柱。

依照1978年世界卫生组织(WHO)高血压专家委员会确定的标准:

正常血压:收缩压≤18.7千帕(140毫米汞柱),舒张压≤12.0千帕(90毫米汞柱)

高血压：收缩压≥21.3千帕（160毫米汞柱），舒张压≥12.7千帕（95毫米汞柱）

（三）肺活量

肺活量是指在不计时情况下，一次最大吸气后再尽最大力量所呼出的气体量。它代表了一个人呼吸的最大通气量，是反映人体呼吸机能的指标。一般情况下，体重和胸围大的人，肺活量也大，肺活量越大，表示呼吸机能越好。

我国成人肺活量正常值范围为：男性3 500~4 500毫升，女性为2 500~3 500毫升。

测量方法：测量肺活量时，多使用回转式肺活量计。受试者应取站立姿势，然后深吸气，经憋气后尽力深呼气，直到不能呼气为止。待回转筒停稳后，按指示器读数。

三、体力指标

体力是指人体活动时所释放出的能量。体力是人体赖以生存和活动的一种能力，它既表现在机体运动方面，又表现在机体对外环境刺激的抵抗能力方面。因此，通过测量体力可以较准确地反映人体的健康状况。根据我国大学生实际情况，选用50米跑、立定跳远、引体向上（男）或仰卧起坐（女）、铅球或实心球掷远、1 000米（男）或800米（女）这五项指标，来进行体力测试比较科学。

附：国家学生体质健康标准（2014年修订）

一、说明

1.《国家学生体质健康标准》（以下简称《标准》）是国家学校教育工作的基础性指导文件和教育质量基本标准，是评价学生综合素质、评估学校工作和衡量各地教育发展的重要依据，是《国家体育锻炼标准》在学校的具体实施，适用于全日制普通小学、初中、普通高中、中等职业学校、普通高等学校的学生。

2. 本标准的修订坚持健康第一，落实《国家中长期教育改革和发展规划纲要（2010—2020年）》《国务院办公厅转发教育部等部门关于进一步加强学校体育工作若干意见的通知》（国办发〔2012〕53号）和《教育部关于印发〈学生体质健康监测评价办法〉等三个文件的通知》（教体艺〔2014〕3号）有关要求，着重提高《标准》应用的信度、效度和区分度，着重强化其教育激励、反馈调整和引导锻炼的功能，着重提高其教育监测和绩效评价的支撑能力。

3. 本标准从身体形态、身体机能和身体素质等方面综合评定学生的体质健康水平，是促进学生体质健康发展、激励学生积极进行身体锻炼的教育手段，是国家学生发展核心素养体系和学业质量标准的重要组成部分，是学生体质健康的个体评价标准。

4. 本标准将适用对象划分为以下组别：小学、初中、高中按每个年级为一组，其中小学为6组、初中为3组、高中为3组。大学一、二年级为一组，三、四年级为一组。

5. 小学、初中、高中、大学各组别的测试指标均为必测指标。其中，身体形态类中的身高、体重，身体机能类中的肺活量，以及身体素质类中的50米跑、坐位体前屈为各年级学生共性指标。

6. 本标准的学年总分由标准分与附加分之和构成，满分为120分。标准分由各单项指标得分与权重乘积之和组成,满分为100分。附加分根据实测成绩确定,即对成绩超过100分的加分指标进行加分,满分为20分;小学的加分指标为1分钟跳绳,加分幅度为20分;初中、高中和大学的加分指标为男生引体向上和1000米跑,女生1分钟仰卧起坐和800米跑,各指标加分幅度均为10分。

7. 根据学生学年总分评定等级:90.0分及以上为优秀,80.0~89.9分为良好,60.0~79.9分为及格,59.9分及以下为不及格。

8. 每个学生每学年评定一次,记入《〈国家学生体质健康标准〉登记卡》(附表1~6)。特殊学制的学校,在填写登记卡时可以按规定和需求相应地增减栏目。学生毕业时的成绩和等级,按毕业当年学年总分的50%与其他学年总分平均得分的50%之和进行评定。

9. 学生测试成绩评定达到良好及以上者,方可参加评优与评奖;成绩达到优秀者,方可获体育奖学分。测试成绩评定不及格者,在本学年度准予补测一次,补测仍不及格,则学年成绩评定为不及格。普通高中、中等职业学校和普通高等学校学生毕业时,《标准》测试的成绩达不到50分者按结业或肄业处理。

10. 学生因病或残疾可向学校提交暂缓或免予执行《标准》的申请,经医疗单位证明,体育教学部门核准,可暂缓或免予执行《标准》,并填写《免予执行<国家学生体质健康标准>申请表》(附表7),存入学生档案。确实丧失运动能力、被免予执行《标准》的残疾学生,仍可参加评优与评奖,毕业时《标准》成绩需注明免测。

11. 各学校每学年开展覆盖本校各年级学生的《标准》测试工作,《标准》测试数据经当地教育行政部门按要求审核后,通过"中国学生体质健康网"上传至"国家学生体质健康标准数据管理系统"。测试和数据上传时间由教育行政部门确定。

12. 本标准由教育部负责解释。

二、单项指标与权重

测试对象	单项指标	权重(%)
初中、高中、大学各年级	50米跑	20
	坐位体前屈	10
	立定跳远	10
	引体向上(男)/1分钟仰卧起坐(女)	10
	1000米跑(男)/800米跑(女)	20

注:体重指数(BMI)=体重(千克)/身高^2(米^2)。

大学男、女生体重指数(BMI)单项评分表(单位:千克/米^2)

等级	单项得分	男	女
正常	100	17.9~23.9	17.2~23.9
低体重	80	≤17.8	≤17.1
超重		24.0~27.9	24.0~27.9
肥胖	60	≥28.0	≥28.0

大学男、女生肺活量单项评分表（单位：毫升）

等级		男		女	
		大一大二	大三大四	大一大二	大三大四
优秀	100	5040	5140	3400	3450
	95	4920	5020	3350	3400
	90	4800	4900	3300	3350
良好	85	4550	4650	3150	3200
	80	4300	4400	3000	3050
及格	78	4180	4280	2900	2950
	76	4060	4160	2800	2850
	74	3940	4040	2700	2750
	72	3820	3920	2600	2650
	70	3700	3800	2500	2550
	68	3580	3680	2400	2450
	66	3460	3560	2300	2350
	64	3340	3440	2200	2250
	62	3220	3320	2100	2150
	60	3100	3200	2000	2050
不及格	50	2940	3030	1960	2010
	40	2780	2860	1920	1970
	30	2620	2690	1880	1930
	20	2460	2520	1840	1890
	10	2300	2350	1800	1850

大学男、女生 50 米单项评分表(单位:秒)

等级		男		女	
		大一大二	大三大四	大一大二	大三大四
优秀	100	6.7	6.6	7.5	7.4
	95	6.8	6.7	7.6	7.5
	90	6.9	6.8	7.7	7.6
良好	85	7.0	6.9	8.0	7.9
	80	7.1	7.0	8.3	8.2
及格	78	7.2	7.2	8.5	8.4
	76	7.5	7.4	8.7	8.6
	74	7.7	7.6	8.9	8.8
	72	7.9	7.8	9.1	9.0
	70	8.1	8.0	9.3	9.2
	68	8.3	8.2	9.5	9.4
	66	8.5	8.4	9.7	9.6
	64	8.7	8.6	9.9	9.8
	62	8.9	8.8	10.1	10.0
	60	8.1	9.0	10.3	10.2
不及格	50	9.3	9.2	10.5	10.4
	40	9.5	9.4	10.7	10.6
	30	9.7	9.6	10.9	10.8
	20	9.9	9.8	11.1	11.0
	10	10.1	10.0	11.3	11.2

大学男、女坐位体前屈单项评分表（单位：厘米）

等级		男		女	
		大一大二	大三大四	大一大二	大三大四
优秀	100	24.9	25.1	25.8	26.3
	95	23.1	23.3	24.0	24.4
	90	21.3	21.5	22.2	22.4
良好	85	19.5	19.9	20.6	21.0
	80	17.7	18.2	19.0	19.5
及格	78	16.3	16.8	17.7	18.2
	76	14.9	15.4	16.4	16.9
	74	13.5	14.0	15.1	15.6
	72	12.1	12.6	13.8	14.3
	70	10.7	11.2	12.5	13.0
	68	9.3	9.8	11.2	11.7
	66	7.9	8.4	9.9	10.4
	64	6.5	7.0	8.6	9.1
	62	5.1	5.6	7.3	7.8
	60	3.7	4.2	6.0	6.5
不及格	50	2.7	3.2	5.2	5.7
	40	1.7	2.2	4.4	4.9
	30	0.7	1.2	3.6	4.1
	20	−0.3	0.2	2.8	3.3
	10	−1.3	−0.8	2.0	2.5

大学男、女生立定跳远单项评分表（单位：厘米）

等级		男		女	
		大一大二	大三大四	大一大二	大三大四
优秀	100	273	275	207	208
	95	268	270	201	202
	90	263	265	195	196
良好	85	256	258	188	189
	80	248	250	181	182
及格	78	244	246	178	179
	76	240	242	175	176
	74	236	238	172	173
	72	232	234	169	170
	70	228	230	166	167
	68	224	226	163	164
	66	220	222	160	161
	64	216	218	157	158
	62	212	214	154	155
	60	208	210	151	152
不及格	50	203	205	146	147
	40	198	200	141	142
	30	193	195	136	137
	20	188	190	131	132
	10	183	185	126	127

大学男生一分钟仰卧起坐、引体向上，女生一分钟仰卧起坐单项评分表（单位：次）

等级		男		女	
		大一大二	大三大四	大一大二	大三大四
优秀	100	19	20	56	57
	95	18	19	54	55
	90	17	18	52	53
良好	85	16	17	49	50
	80	15	16	46	47
及格	78			44	45
	76	14	15	42	43
	74			40	41
	72	13	14	38	39
	70			36	37
	68	12	13	34	35
	66			32	33
	64	11	12	30	31
	62			28	29
	60	10	11	26	27
不及格	50	9	10	24	25
	40	8	9	22	23
	30	7	8	20	21
	20	6	7	18	19
	10	5	6	16	17

注：小学三年级～六年级：一分钟仰卧起坐；初中、高中、大学：引体向上。

大学男、女生耐力跑单项评分表（单位：分·秒）

等级		男		女	
		大一大二	大三大四	大一大二	大三大四
优秀	100	3′17″	3′15″	3′18″	3′16″
	95	3′22″	3′20″	3′24″	3′22″
	90	3′27″	3′25″	3′30″	3′28″
良好	85	3′34″	3′32″	3′37″	3′35″
	80	3′42″	3′32″	3′44″	3′42″
及格	78	3′47″	3′45″	3′49″	3′47″
	76	3′52″	3′50″	3′54″	3′52″
	74	3′57″	3′55″	3′59″	3′57″
	72	4′02″	4′00″	4′04″	4′02″
	70	4′07″	4′05″	4′09″	4′07″
	68	4′12″	4′10″	4′14″	4′12″
	66	4′17″	4′15″	4′29″	4′17″
	64	4′22″	4′20″	4′24″	4′22″
	62	4′27″	4′25″	4′29″	4′27″
	60	4′32″	4′30″	4′34″	4′32″
不及格	50	4′52″	4′50″	4′44″	4′42″
	40	5′12″	5′10″	4′54″	4′52″
	30	5′32″	5′30″	5′04″	5′02″
	20	5′52″	5′50″	5′14″	5′12″
	10	6′12″	6′10″	5′24″	5′22″

男生1000米中跑，女生800米跑。

三、加分指标评分表

男生引体向上评分表（单位：次）

加分	大一大二	大三大四
10	10	10
9	9	9
8	8	8
7	7	7
6	6	6
5	5	5
4	4	4
3	3	3
2	2	2

续表

加分	大一大二	大三大四
1	1	1

女生一分钟仰卧起坐评分表（单位：次）

加分	大一大二	大三大四
10	13	13
9	12	12
8	11	11
7	10	10
6	9	9
5	8	8
4	7	7
3	6	6
2	4	4
1	2	2

注：引体向上、一分钟仰卧起坐均为高优指标，学生成绩超过单项评分100分后，以超过的次数所对应的分数进行加分。

男生1000米跑评分表（单位：分·秒）

加分	大一大二	大三大四
10	−35″	−35″
9	−32″	−32″
8	−29″	−29″
7	−26″	−26″
6	−23″	−23″
5	−20″	−20″
4	−16″	−16″
3	−12″	−12″
2	−8″	−8″
1	−4″	−4″

女生800米跑评分表（单位：分·秒）

加分	大一大二	大三大四
10	−50″	−50″
9	−45″	−45″
8	−40″	−40″
7	−35″	−35″
6	−30″	−30″

续表

加分	大一大二	大三大四
5	−25″	−25″
4	−20″	−20″
3	−15″	−15″
2	−10″	−10″
1	−5″	−5″

注：1000米跑、800米跑均为低优指标，学生成绩低于单项评分100分后，以减少的秒数所对应的分数进行加分。

附表：
1. 免予执行《国家学生体质健康标准》申请表（样表）
2. 《国家学生体质健康标准》登记卡（大学样表）

附表1

免予执行《国家学生体质健康标准》申请表（样表）

姓　名		性　别		学　号	
班级/院（系）		民　族		出生日期	
原因					申请人： 　　年　月　日
体育教师签字			家长签字		
学校体育部门意见					学校签章： 　　年　月　日

注：中等职业学校及普通高等学校的学生，"家长签字"由学生本人签字。

附表 2

《国家学生体质健康标准》登记卡（大学样表）

学　校＿＿＿＿＿＿＿＿

姓　名		性　别		学　号	
院（系）		民　族		出生日期	

单项指标	大一			大二			大三			大四			毕业成绩	
	成绩	得分	等级	成绩	得分	等级	成绩	得分	等级	成绩	得分	等级	得分	等级
体重指数（BMI）（千克/米^2）														
肺活量（毫升）														
50 米跑（秒）														
坐位体前屈（厘米）														
立定跳远（厘米）														
引体向上（男）/1 分钟仰卧起坐（女）（次）														
1000 米跑（男）/800 米跑（女）（分·秒）														
标准分														
加分指标	成绩	附加分		成绩	附加分		成绩	附加分		成绩	附加分			
引体向上（男）/1 分钟仰卧起坐（女）（次）														
1000 米跑（男）/800 米跑（女）（分·秒）														
学年总分														
等级评定														
体育教师签字														
辅导员签字														

注：高等职业学校、高等专科学校参照本样表执行。

学校签章：　　　　　　　年　月　日

第二节 心理健康测量

心理健康测量是为了弄清自己或他人心理的健康状况而采取的一系列检查措施。这种检查需依照一定的标准和规范来进行,其结果是通过一定的赋值方式产生的,具有确定性的特征。因此,就其实质而言,心理健康测量是采用某种被认为能反映人的心理健康状况的标准化尺度,对人的心理行为表现进行划分,以推断其心理结构特征在健康尺度上所处位置的方法。

一、心理健康测量的内容和方法

人的心理健康是由智力、人格、心理适应能力和良好的人际关系所组成。智力的正常发展是心理健康的基础,良好的人格、良好的心理适应能力和良好的人际关系是心理健康的必要条件,它们的完美结合即构成心理健康的理想模型。由此,世界各国的心理学家们研究制定出了许多不同种类的心理健康测量标准化评判指标和方法,其评判指标和方法一般都采用测验、问卷、量表等形式。这些测验、问卷、量表能从不同角度、不同层面测查出人的心理健康状况。但由于心理健康测量的内容和方法繁多,在此不可能作全面详细论述,只能就与大学生心理健康关系较为密切的几种测试内容和方法作简单的介绍,同时向大家推荐一种简便、实用和有价值的心理健康综合测量表。

二、几种常用的心理健康测量表简介

(一)气质测量表

气质是个体心理活动稳定的动力特征。所谓心理活动的动力特征主要是指心理过程的速度和稳定性,如知觉的速度,思维的灵活性,注意集中时间的长短;心理过程的强度,如情绪的强弱,意志努力的程度,以及心理活动的指向性等方面的特点。

心理学把人的气质分为四种类型:胆汁质、多血质、粘液质、抑郁质。不同的气质类型影响人的行为方式。了解气质可以加深对自我心理特征的认识,扬长避短,优化人格;也可以帮助咨询人员客观地了解来询者的心理特点,以寻求更为适当的指导方法。

气质测量表是由陈会昌编制的,共由60个问题构成。根据测验得分可以初步判定一个人的气质类型。这种气质自测量表由于简便易行而被广泛应用。

(二)卡特尔16种人格特质测量表(简称16PF)

16PF是美国心理学教授卡特尔在综合采用观摩法、实验法和多因素分析法,并在确定了人格结构的16种特质的基础上,编制的理论构想型测验量表。该测量表自20世纪50年代推出以来,已被世界上许多国家所采用,在我国也被广泛应用于心理健康诊断、人才选拔等领域。

卡特尔所确定的16种人格特质的名称和符号是:

A 乐群性　　B 聪慧性　　C 稳定性　　E 持强性　　F 兴奋性　　G 有恒性
H 敢为性　　I 敏感性　　L 怀疑性　　M 幻想性　　N 世故性　　O 忧虑性
Q1 试验性　Q2 独立性　Q3 自律性　Q4 紧张性

上述人格特质因素是各自独立的,每一种因素与其他因素的相关度极小。由于这些因

素的不同组合,就构成了一个人不同于其他人的独特人性,将16个分量表的得分放在一起,可以得到关于受测者个性的剖析图。同时,通过对测试结果的分析,可以评价出受测者在不同职业上的发展潜力。故可作为就业咨询的参考因素之一,还可以作为精神心理诊断的一种参考。

16PF共由187个测验项目组成,包括16种人格特质因素。每一测试题备有3个可能的答案,使受测者折中地选择。

(三) 艾森克情绪稳定性诊断量表

情绪的稳定性及其适应性,是衡量一个人心理是否健康的重要因素之一。英国著名的心理学家艾森克运用因素分析的方法对情绪稳定性进行了因素析取,并在此基础上编制了一个包含7个方面的情绪稳定性诊断量表,具有较高的效度和信度。它适用于大学生情绪稳定性的诊断。

此量表由210道测试题目组成,其中包含着7个分量表(每30题为一个分量表),分别从自卑感、抑郁性、焦虑、强迫性、依赖性、疑病症和自罪感7个方面评价一个人的心理健康状态。

根据被测试者在7个分量表上的得分可做出情绪稳定剖析图,由此剖析图可以反映出被测试者的情绪稳定程度,从而为心理咨询提供依据。

(四) 人际关系综合诊断量表

大学生在人际关系上所存在的一些心理健康问题主要表现为自我中心、多疑、害羞、孤僻、自卑、嫉妒、社交恐怖症等。一些研究表明,人际关系不和谐的大学生,其个人的成才及其未来的成就会因此而受到严重的影响。及时地诊断并采取必要的措施予以治疗,是消除大学生人际关系方面心理障碍的较好途径。由我国著名心理学家郑日昌等编制的人际关系综合诊断量表简便、实用,且具有较高的效度和信度,在我国大学心理健康测量中被广泛使用。

人际关系综合诊断量表由28个测试题目组成。其测量结果分为4个等级。总分在0~8分之间,说明与人相处时的困扰较少,人际关系和谐;总分在9~14分之间,说明与人相处存在一定程度的困扰,与朋友关系不牢固,时好时坏,呈起伏波动的状态;总分在15~28分之间,说明与人相处时的行为困扰较严重;总分超过30分,则表明你的人际关系的行为困扰程度很严重,而在心理上出现较为明显的障碍。

(五) 心理适应能力测量问卷

心理适应能力是指一个人在心理上进行自我调节和自我平衡,以适应社会生活和社会环境的能力。人在生活、学习和工作中常常要面对环境变迁、理想与现实、目标受挫之类的事,这需要人主动调整自己,使自己的心理保持平衡。心理适应能力的高低,从某种意义上说,它代表着一个人的成熟程度,同时也是决定一个人的心理健康水平的因素之一。了解自己心理是否保持健康,可对自己的心理适应能力进行必要的自我检测,并据此采取适当的调节对策。自我检测可采用由我国一些心理学专业工作者编制的心理适应能力方面的自测问卷,具有一定的效度和信度。

心理适应能力自测问卷共由若干道题组成。其测查结果分为:心理适应能力很强、心理适应能力良好、心理适应能力一般、心理适应能力较差和心理适应能力很差5个等级。如果测查结果显示心理适应能力较差,不必忧心忡忡,因为一个人的心理适应能力是随着年龄的增长、知识经验的丰富而不断增强的。

三、正确和合理使用心理健康测量表

心理健康测量表的作用是依照某种标准和规范来检查自己或他人的心理健康状况。由于人的心理健康是一个较复杂的状况,加上现今的有关心理健康的测量表尚在发展中,并未达到"尽善尽美"的程度。因此,评定者在使用测量表时要慎重。过于依赖量表评定,如发现评定结果与自己的实际情况不相符或不能解决自己的难题时,既不必完全否定评定量表,也不能对自己失去信心。同时应注意到编制量表的社会文化经济背景对量表使用效用的影响。目前我国大多使用的是引进国外编制的量表。因此,在使用时,应充分估计文化差异所致的误差。

此外,在使用量表测试时,有条件的可在心理教师、医生的指导下进行。

第四篇

　　在我国和世界的体育文化宝库中,有许多历史悠久、源远流长、为广大青少年喜闻乐见的竞技运动项目。长期以来,它既是体育教学的重要手段,又是校园文化生活的主要内容。其教育性、健身性和娱乐性都很强,十分有利于同学们在观赏、参与和潜移默化的教育过程中逐步形成体育意识,提高基本活动能力,养成自觉参加锻炼身体的习惯,并受益终身。

第一章　健身与健美

第一节　健美操

健美操是一项融体操、舞蹈、音乐为一体，从而达到健美和健心目的的一项新兴体育项目。它是一种有目的、有意识、有组织的社会文化活动，随着全民健身活动高潮的兴起，近年来在我国高校得以广泛开展。

一、健美操的分类与特点

（一）健美操的分类

1. 大众性健美操

大众性健美操，也称健身健美操。其目的是增强体质，增进健康，全面发展和提高身体的工作能力。由于动作简单易学，活泼流畅，节奏感强，并按一定顺序来锻炼身体的各个部位，有实效且有针对性。因此，适合各种年龄和不同层次的人锻炼。同时，大众健美操也是竞技健美操的基础。

2. 竞技性健美操

竞技性健美操是以争取优胜成绩为主要目的的一类健美操，它有特定的竞赛规则，并按照规定的项目和规则要求组织运动员进行训练和比赛。它虽然同大众性健美操一样都有增强体质、美化形体、陶冶情操的功效，但由于动作难度、运动强度和密度较大，技术复杂，且有规定时间和特定动作的要求，因而具有全面性、准确性和艺术性的特点。竞技性健美操主要适合青年男女练习。竞技健美操只进行自编动作的比赛，比赛分为团体赛和个人赛，比赛项目有男子单人、女子单人、混合双人、三人操四项。

（二）健美操的特点

健美操动作美观大方，朝气蓬勃，刚劲有力，准确到位。因此可有效地训练身体各个部位的正确姿态，使人体匀称、和谐地发展。轮廓线条清晰而优美，有利于培养健美的体态和风度，塑造健美的形体。健美操是以健身为基础，融健身和健美于一体。既注重外在美的锻炼，又强调内在美的培养。

二、健美操基本动作内容与练习方法

健美操基本动作练习是按照人体生理解剖结构分部位进行练习的，因此可以有重点地、系统地改善和发展身体的各个部位。掌握基本动作就可以为尽快地掌握复杂动作和成套动作打好基础。

（一）头颈动作

1. 屈（前屈、后屈和侧屈）

屈是指头颈关节角度的弯曲。要求：动作幅度要大，使颈的各部分肌肉充分伸展。

2. 转（向左、右转）

转是指头颈部绕身体垂直轴的转动。要求：头要正、不要前倾和后倒。

3. 平移（向前、后、左、右平移）

平移是指头部相对于肩横轴所作的前后和左右水平移动。要求：头保持正直，尽量大幅度完成动作。

4. 绕及绕环（左、右绕和绕环）

绕及绕环是指以头颈部为中心轴的圆形动作以及弧形动作。要求：绕或绕环时头部运动幅度要大，上体保持正直。

（二）肩部动作

1. 提肩和沉肩

提肩是指肩部做向上的运动，沉肩是指肩部由上向下的动作。动作有单肩做的提肩和沉肩，双肩做的提肩和沉肩，两肩同时、依次做的提肩和沉肩。

2. 收肩和展肩

收肩是指两肩同时向内收，稍含胸；展肩是指两肩同时向外展，挺胸。动作有两肩同时或依次收展等。

3. 绕和绕环

肩绕和绕环都是指以肩关节为轴做小于360°或大于360°的弧形或圆周运动。动作有单肩向前绕和绕环，单肩向后绕和绕环，双肩同时向前或向后绕和绕环。

（三）上肢动作

1. 手型（图4-1-1）

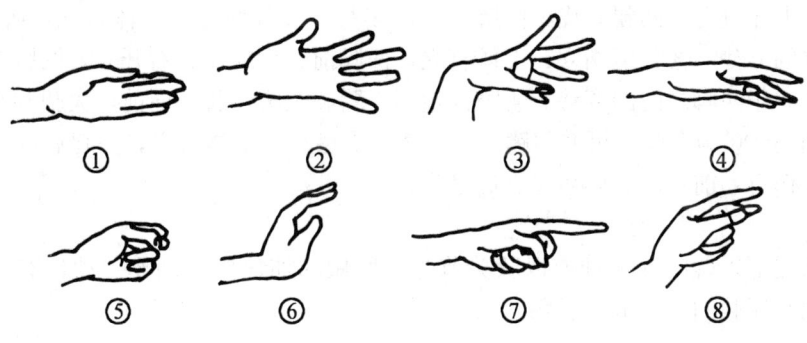

图4-1-1

①五指并拢式：五指伸直，相互并拢。②五指分开式：五指用力伸直，充分张开。③西班牙舞手式：手指用力，小指、无名指、中指至掌指关节处依次屈，拇指稍内扣。④芭蕾手式：五指微屈，后三指并拢，稍内收，拇指内扣。⑤拳式：握拳，拇指在外。⑥推掌式：手指用力上翘，五指自然弯曲。⑦一指式：握拳，食指伸直或拇指伸直。⑧响指：拇指与中指摩擦与食指打响，无名指，小指屈握。

2. 臂屈伸

臂屈伸是指臂部的肌肉群收缩，使关节产生屈和伸的活动过程。动作主要有：手指、手腕的屈伸，肘关节的屈伸，单臂或双臂进行的向上、下、左、右、前、后及中间方位的屈伸。

3. 臂摆动

臂摆动是指以肩或肘关节为轴,向身体各方向做钟摆式运动。动作有:向前、向后或左右地摆臂。

4. 振臂

振臂是指以肩为轴做臂的快速运动至最大幅度。动作有:前、后、上、下振臂。

5. 绕及绕环

绕及绕环是指以肩、肘、腕为轴,向各方向做圆周运动。范围在180°~360°之间围绕,360°以上为绕环。动作有:单臂绕环和双臂绕环,可同时或依次向同方向和不同方向绕环。

(四) 躯干动作

1. 胸部动作

含胸:指两肩内合,胸廓内收的动作。展胸:指挺胸肩向后合,肩胛骨内收的动作。

2. 腰部练习

①屈:指上体沿矢状轴和水平轴的运动。动作有:体前后屈,左右侧屈。②转:指上体沿垂直轴的扭转。动作有:腰的左、右转。③腰部动作:指骨盆做向前、侧、后的运动。④顶髋:指髋关节做急速的移动动作。动作有:髋的前、后、左、右顶。⑤摆髋:是指髋部做钟摆式的移动动作。动作有:髋的左、右侧摆,前后摆。⑥髋绕和绕环:是指髋关节做弧形或圆形运动。动作有:向左、右的绕和绕环。

(五) 下肢动作

1. 腿的基本位置

①站立:上体直立,两腿并拢,两脚平行的姿势。②提踵立:上体直立,脚跟提起,用前脚掌站立的姿势。③分腿站立:上体直立,两脚前、后或左、右开立,两脚与肩同宽或大于肩,重心于两脚之间的姿势。④蹲:包括半蹲和全蹲。脚尖向前,大腿和小腿约成90°为半蹲,小于90°为全蹲。可并腿蹲或分腿蹲。⑤弓步:上体直立,一腿屈膝,一腿伸直的姿势。动作有:前弓步、侧弓步、后弓步。

2. 踢腿

踢腿是指腿部以髋臼窝为轴或以膝关节为轴所做的加速摆的动作。动作有:直腿的前、侧、后踢和屈膝的前、侧、后踢。

3. 屈伸

屈伸是指膝关节由直至屈再由屈至直的动作。动作有:两腿同时或依次原地或移动屈伸。

4. 绕和绕环

绕和绕环是指膝关节沿垂直轴的环绕运动。动作有:向内、向外的绕和绕环。

5. 腿的内旋和外旋

腿的内旋、外旋是指以髋或膝关节为轴做腿的向内和向外的旋转动作。动作有:两腿同时或依次的内旋和外旋。

6. 压腿

压腿是指腿下压使腿部的肌腱充分伸展的动作。动作有:前、后、侧压腿。

7. 控腿

控腿是指腿停在某一部位的动作。动作有:前、后、侧控腿。

（六）基本步伐、跑跳及转体、波浪练习

1. 基本步伐练习

动作有：软步、并步、踮步、足尖步、弹簧步、十字步、登山步、交叉步、滚动步等。

2. 跑步练习

动作有：原地跑步、弧形跑步、跑跳步、十字步等。

3. 跳步练习

动作有：并步跳、分腿跳、转体跳、挺身跳、交换腿跳、击腿跳、踢腿跳、翻身跳、蹲跳等。

4. 转体练习

动作有：平转和单脚转。

5. 波浪练习

动作有：手臂波浪、躯干波浪、全身波浪，同时可分别向前、后、侧三个方向做。

（七）基本动作组合示例

准备姿势：原地立正。音乐：22~24拍/10秒。

①1~8拍两脚原地踏步，两臂体侧自然摆动。②1拍两脚原地并拢弯曲，两手体前击掌一次；2拍两脚原地并拢伸直，两手放于体侧；3~8拍依次同1~2拍。③1~4拍左脚开始向前踏步4次，两手体侧自然摆动；5~6拍左脚在右脚前交叉点地，同时两手体前击掌一次；7~8拍同5~6拍，换右脚做。④1~4拍左脚开始向后踏步4次，两手体侧自然摆动；5~8拍同③5~8拍。⑤1~4拍原地踏步向左侧转体90°，两手体侧自然摆动；5~8拍左脚向前成左弓步，两手握拳经体侧至平举，拳心相对。⑥1~4拍原地踏步向右侧转体90°，两手体侧自然摆动；5~8拍左脚向后成右弓步，两手体前交叉至侧平举，掌心向前，五指分开。⑦1~8拍同⑤反方向做。⑧1~8拍同⑥反方向做。⑨1~8拍同①。⑩1~8拍原地开合跳4次，两手侧平举。⑪1~8拍同①。⑫1~8拍同⑩。⑬1~2拍左脚开始向左转45°左前吸腿跳，同时右手握拳屈肘于体前，左手握拳直臂斜上举；3~4拍同1~2拍，换右脚做；5~6拍左脚前踢腿跳，右手体前、左手体侧平举；7~8拍换右脚做。⑭同⑬反方向做。⑮1拍右脚向右斜前方上一步，同时右手并掌同右脚方向斜下举；2拍左脚在右脚后点地，同时右手屈肘向上，左手放于体侧；3拍同1拍换左脚做，方向相反；4拍同2拍换右脚做，方向相反；5~8拍左脚开始向后踏步4次，两手并掌从胸前平举至体前侧。⑯1~8拍同⑮。⑰1拍右脚向右侧一步两手体前冲拳，拳心向下；2拍左脚在右脚后交叉一步，两手握拳至腰间，拳心向上；3拍同1拍；4拍左脚并右脚，两手握拳至腰间，拳心向上；5~6拍右脚弓步跳一次，冲左拳至体前，右拳握腰间；7~8拍同5~6拍，换左脚做。⑱1~8拍同⑰方向相反。⑲1~8拍原地后踢腿跑，两手体前击掌。⑳1~2拍左脚向前弹踢腿一次，右手体前、左手体侧平举；3~4拍换右脚做；5~8拍同1~4拍。㉑同⑲。㉒同⑳。㉓同①。㉔同①1~6拍原地踏步，7~8拍并步立正。

三、竞技健美操竞赛规则

（一）竞赛项目

女子单人、男子单人、混合双人（一男一女）、三人操（性别任选）、集体六人。

（二）竞赛种类

个人赛、团体赛。

（三）比赛场地

单人、双人、三人项目为 7 米×7 米，集体六人项目为 10 米×10 米。

（四）竞赛时间

成套动作的时间为 1 分 45 秒，有加减 5 秒的宽容度。少于 1 分 35 秒或多于 1 分 55 秒将取消比赛资格。

（五）难度动作

成套动作必须包括下列难度动作各一个：

①动力性力量。②静力性力量。③跳跃（爆发力）。④踢腿（动力性力量）。⑤平衡。⑥柔韧。

动作的难度任选，但最多不得超过 16 个难度动作，并只计算 12 个最高难度动作分值。难度动作被分为从 A 至 G 七个水平，G 为最高难度。

（六）评分方法

裁判员从下列几个方面给予评分：

①艺术分：从 10 分起评，对每个艺术错误给予减分。②裁判长减分。③完成分：从 10 分起评，按照减分的方法评分，对每个完成错误给予减分。④难度分：从 0 分起评，按照加分的方法评分。

（七）着装要求

（1）外表：总的感觉应当是整洁大方，头发必须梳系于头后，鞋带必须系好，不允许使用悬垂饰物（如皮带、飘带和花边），也不允许使用道具（拐杖、皮筋、重物等）。

（2）女运动员着一件（套）紧身衣和肉色连裤袜。紧身衣可前或后开口，但上下必须在同一处合拢（上部与躯干处不得仅用绳子或带子连接），不得露肚脐，紧身衣在大腿根部的开口不得超过腰部以上，外面的接缝处必须盖过髂骨脊，禁用带子。

男运动员必须着一件套连衣裤或背心、短裤及合体的内衣，背心的前后不得有开口，任何时候都必须穿着保护下体的短裤；必须穿整洁的健美操鞋。

第三节　健美运动

健美运动是一项通过徒手和各种器械，运用专门的动作方式和方法进行锻炼，以发达肌肉、增长体力、改善形体和陶冶情操为目的的运动项目。它是举重运动的一个分支，也是一个独立的竞赛项目。

一、健美体型的标准

体型是指人类身体结构的类型，它受先天遗传因素的影响并在此基础上得到发展。人体的身体形态，自儿童时期随年龄增长而发展，直到 18～19 岁以后，大多数指标基本趋于稳定状态；20～21 岁以后，身高增长已很缓慢；23～24 岁以后身高基本定型，但身体和胸围仍能有所增长。

人体的骨架形成以后，塑造健美的体型，主要是靠发展身体各部位的肌肉，消除多余脂肪，调节各部分围度，使其符合适当的比例来达到的。一个人符合了标准体型的条件还不能说达到了健美体型的标准，标准体型不等于健美体型。健美体型的主要组成部分是人体各部分之间在长度和围度上的理想比例，以及全身各部分的比例是否均匀、协调、均衡、和谐，整个身体和主要肌肉群是否具有优美的曲线。衡量健美体型的标准主要有以下四个方面：

1. 身高、体重

我国成年人的身高男性应在170～180厘米，女性在160～170厘米为好，青少年发育期加强体育锻炼可促使骨骼生长。身高固定后，应使自己的体重符合标准。不超过标准体重±1～3千克，都算标准范围内。标准体重（千克）的计算公式详见第三篇第三章健康评价（第120页）。

2. 人体比例

一般来说成年男子肩宽约等于两个头长，肩方胸厚是男子雄健的特征。臀宽约一个半头长。成年女子肩宽小于两个头长，肩宜溜圆，肩宽度仍大于臀宽。不论男女，两臂下垂时，肘关节刚好在腰的最细之处。上身与下身比例以髂骨上缘为上下身分割点。"黄金分割律"运用到人体测量时，主要体现在上下身比例关系上，如身高1.618米，下身1米，上身0.618米，为标准比例。

3. 体脂

一般男子体脂约占体重的15%～18%，女子为26%～28%。从事运动和健美的人则少得多，男子7%～15%，女子13%～25%。测皮脂最简单的方法是：用手捏起皮肤，用圆规或卡尺测出双折皮肤的厚度，即可推算出体脂的比例。测量点：上臂背侧中部，背部肩胛下缘，大腿上端内侧。最佳标准见表4-1-1。

表4-1-1　体脂最佳标准

	上臂（mm）	背部（mm）	大腿（mm）
男	9	11	12
女	10	12	15

4. 身体的曲线

即身体各部的围度指数。成人健美体型标准围度比例见表4-1-2。

表4-1-2　体型标准围度

部　位	男	女
肩　宽	胸围×0.5	胸围×0.5
胸　围	身高×0.55	身高×0.5
腰　围	胸围－20	胸围－20
臀　围	胸围×0.8	胸围
大腿围	身高×0.3	腰围－15
小腿围	胸围×0.37	大腿围－15
颈　围	小腿围	小腿围－2
上臂围	身高×0.16	身高×0.15

二、健美体型的塑造

健美体型的塑造，主要是靠发展身体的各部肌肉，消除多余的脂肪，调节各部分肌肉的围度，使之符合适当的比例。健美运动是发达肌肉、健美体型的一种快速有效的手段。健美运动除发展肌肉、增长力量之外，还包括人体造型艺术和姿态的健美塑身，动作的协调美、节奏美，机体的控制能力和减肥方法等，以达到发展身躯，强健体魄，改变肌肉质量，矫正身体畸形，塑造和美化形体的目的。

1. 全身的肌肉训练方法及动作说明

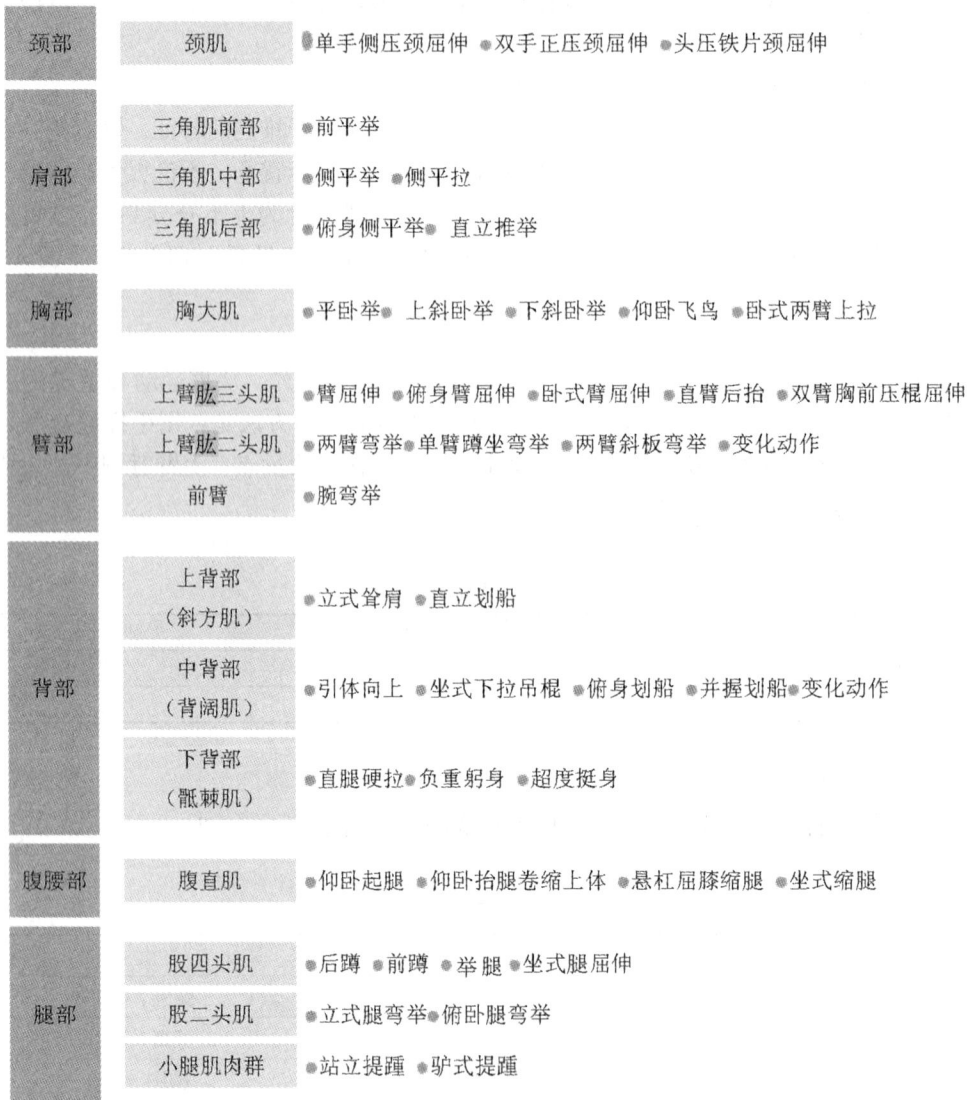

(1) 单手侧压颈屈伸。按在头右侧的手用力把头向左侧推压，而颈部则用力顶住，不让轻易压倒，但逐渐被压倒。然后，颈部用力把头向上向右抬起，而右手则用力压住头部，不让其轻易抬起，但逐渐完全竖直。如此反复多次，直到颈部感到酸胀。练完一侧，换练另一侧。

(2) 双手正压颈屈伸。双手用力压头部，使其向前下屈，颈部则用力顶住，不让轻易下压，但逐渐被压到颈部触及锁骨柄。然后，颈部用力把头向上抬起，而两手则用力压住头部，不让其轻易抬起，但逐渐抬到原位。

(3) 头压铁片颈屈伸。颈部用力把头抬到可能的最高点。颈部放松，让头部徐徐下垂到原位置。

（4）前平举。直臂持铃向上举起，至稍高于肩。静止一秒钟，再直臂徐徐放下，还原至腿前。如用哑铃，可左右手各一次，连续交替做。

（5）侧平举。收缩三角肌，直臂向侧上方举起，直到略高于肩，静止一秒钟，再让两臂徐徐放下到下垂位置。

（6）单臂侧平拉。收缩三角肌，一手将拉力器或胶皮条向侧上方拉到与肩齐高。另一手用力插按腰间以保持平衡。上拉到最高点后，静止一秒钟，然后，在三角肌继续用力控制下，让拉簧或胶皮条徐徐松缩到开始位置。重复练习，当一肩已无力上拉后，换练另一肩。

（7）俯身侧平举。收缩三角肌后部，直臂从两侧平举起哑铃，直到与地面平行。静止一秒钟，再让两臂徐徐放下。

（8）直立推举。两臂向上直推至完全伸直，静止一秒钟，让杠铃慢慢下落到胸上。

（9）平卧举。将杠铃垂直上举至两臂完全伸直，胸肌彻底收缩，静止一秒钟，慢慢下落。

（10）上斜卧举。把杠铃斜上举至两臂完全伸直，静止一秒钟，慢慢下落徐徐至原位。

（11）下斜卧举。把杠铃斜下举至两臂完全伸直，静止一秒钟，慢慢下落徐徐至原位。

（12）仰卧飞鸟。两手向两侧分开下落，两肘微屈，直到不能更低时止。静止一秒钟，让胸大肌完全伸展，然后将两臂从两侧向上，回复到开始位置。

（13）卧式两臂上拉。两臂保持平伸，将哑铃或杠铃向上向后拉，并下落到可能的最低点。静止一秒钟，让胸大肌尽量拉伸。然后，收缩胸大肌，把两臂拉向上，拉向前，直至下落到腿侧开始位置。

（14）臂屈伸。两上臂贴近两耳，保持竖直，不摇动。收缩肱三头肌，逐渐伸展肘关节，把前臂向上挺伸，直到臂部完全伸直，肱三头肌彻底收紧。静止一秒钟，再屈肘，让前臂徐徐下垂到开始位置，使肱三头肌尽量伸展。

（15）俯身臂屈伸。上体和上臂保持不动，收缩肱三头肌，把前臂向后上方挺伸，直到臂部完全伸直，同时彻底收缩肱三头肌。静止一秒钟，再屈肘，让前臂徐徐下垂到开始位置。

（16）卧式臂屈伸。保持上臂不摆动，收缩肱三头肌，把前臂向上挺伸，直到臂部完全伸直。静止一秒钟，彻底收缩肱三头肌，然后屈肘有控制地让前臂徐徐下垂到开始位置，充分伸展肱三头肌。

（17）直臂后抬。保持两臂伸直，将杠铃尽量向后上方抬起。最后，向上屈转手腕，并尽力收缩肱三头肌，静止一秒钟，下降杠铃到原位。放松肱三头肌。

（18）双臂胸前压棍屈伸。保持上臂不动，收缩肱三头肌和前臂的肌肉，将弯把用力下压到臂部完全伸直。静止一秒钟，尽力收缩肱三头肌，屈肘，让弯把徐徐回到原位。

（19）两臂弯举。上臂尽量保持不摆动，屈肘，弯起前臂到可能的最高点，同时收缩肱二头肌，静止一秒钟。松展肘关节，让前臂徐徐下落到两臂完全伸直。

（20）单臂蹲坐弯举。收缩握铃一臂的肱二头肌将前臂向上弯起，到可能的最高点时，彻底收缩肱二头肌一秒钟，然后伸展肘关节，让哑铃徐徐下落到开始位置。练完一侧，换练另一侧。

（21）两臂斜板弯举。收缩肱二头肌，将前臂向上弯起，直到可能的最高点时，彻底收缩肱二头肌一秒钟，然后慢慢松展肘关节，让杠铃徐徐回落到板上。

（22）腕弯举。前臂平贴大腿，只把手腕尽力向上、向内屈转（收缩屈指肌），直到不能再屈转时,静止一秒钟。放松前臂肌肉,让手腕向前回落。

(23) 立式耸肩。先让肩部尽量下倾,两臂完全不使劲,然后耸起两肩(主要是收缩斜方肌),静止一秒钟,松下肩,重复再做。

(24) 直立划船。把杠铃徐徐向上拉起,直到横杠几乎触及颔部。静止一秒钟,让杠铃徐徐下垂到两臂完全伸直,重复再做。

(25) 引体向上。用背阔肌的收缩力量将身体往上拉起,直到单杠触及或接近胸部。静止一秒钟,使背阔肌彻底收缩。然后逐渐放松背阔肌,让身体徐徐下降,直到回复完全下垂,重复再做。

(26) 坐式下拉吊棍。收缩背阔肌,将吊棍尽力往下拉,直到触及颈后肩背部或是触及前胸。然后慢慢放松背阔肌,让吊棍缩回到两臂伸直拉住的高度。

(27) 俯身划船。收缩背阔肌,将上臂上拉,把杠铃尽量拉高,静止一秒钟,让杠铃徐徐下降到两臂完全伸直下垂。

(28) 并握划船。收缩背阔肌,屈肘将杠铃的重端拉起到接近胸骨。静止一秒钟,极力收紧背阔肌。让杠铃重端徐徐下降,放松背阔肌。

(29) 直腿硬拉。收缩下背部肌肉,直臂握杠铃,把上体向上向后挺起,两肩尽量后移。最后,尽力收缩骶棘肌,静止一秒钟,再慢慢屈体向前,直到杠铃片几乎触及地面。如欲加大后背部的屈伸幅度来加大锻炼效果,可两脚放在垫木上,杠铃放在地上。

(30) 负重躬身。直臂握杠铃,慢慢向前屈体躬身,直到上体与地面平行,静止一秒钟,身体向上挺起,直到回复全身直立。

(31) 超度挺身。上体尽量向上挺,到最高点时,静止一秒钟,然后慢慢回复。

2. 注意事项

(1) 初学者一般每周练习 3 次,经过一学期后,可增加练习次数达到每周 4 次。

(2) 发展肌肉最有效的练习次数是 8~12 次,最少不低于 6 次,最高不多于 15 次。练习时应连续做完每组规定的次数。一段时间后,完成最高次数,随后再增加这一动作的分量。如此反复,不断提高。

(3) 初学者每次练习可安排 4~6 个动作。

(4) 每次锻炼的时间 1~1.5 小时为宜。每组动作之间休息 30~60 秒,不宜过长,以免降低肌肉的兴奋性。

(5) 安排动作时,可由上肢过渡到下肢,也可由下肢过渡到上肢,每次锻炼要全面,否则容易导致身体某部位畸形发展。

(6) 防止受伤。

(7) 每次锻炼后要及时放松。锻炼前、后应进行伸展性练习。

(8) 注意饮食,锻炼期间要补充高蛋白的食品。

(9) 注意休息,生活要有规律,不酗酒、吸烟。

第二章　球类运动

球类运动是用各种各样的球进行身体锻炼或开展竞赛活动的总称。常见的竞技性项目有足球、篮球、排球、网球、手球、棒垒球、乒乓球、羽毛球、水球、冰球、高尔夫球、橄榄球、曲棍球等。门球、台球、地掷球、保龄球、壁球、板球、毽球等属于娱乐性球类项目。

第一节　足球运动

足球运动是以脚为主支配球的，两队相互对抗、激烈竞赛的一种球类运动项目。足球运动是世界上开展得最为广泛、影响最大的体育运动项目之一，被誉为"世界第一运动"。足球运动的历史悠久，据史书记载，公元前475年战国时期我国就有称为"蹴鞠"或"踢鞠"的以脚为主支配球的足球游戏，到了唐代还在女子中盛行。现代足球运动始于英国，1863年在英国成立了第一个足球运动组织——英格兰足球协会，从那时起正式称此项运动为足球运动。

一、足球运动的基本技术和练习方法

足球运动的技术，是指运动员在进行足球活动和比赛中，有目的、有意识地运用脚和规则允许的身体的各个部位去合理地支配球的动作方法的总称。

足球基本技术包括：踢球、控球、头球、抢截球、守门员技术等五大类。

（一）踢球

1. 踢球基本技术

（1）脚内侧踢球（脚弓）。

脚内侧踢球的特点是：脚接触球的面积大，易控制出球方向，传球较准确。因此，它适用于近距离传球配合和射门。

踢定位球时，直线助跑，支撑脚踏在球的侧方离球10~15厘米处，膝关节微屈，脚尖指向出球方向，踢球腿为大腿带动小腿，加快小腿的摆速由后向前摆动，在摆动时膝关节外转90°，脚掌与地面平行，脚腕用力绷紧，用脚内侧部位击球的后中部（图4-2-1）。

（2）脚背内侧踢球。

脚背内侧踢球适用于中、远距离传球和射门。比赛中常用脚背内侧踢定位球，传过顶球或转身踢球。

踢定位球时，斜线助跑，助跑方向与出球方向约成45°角，支撑脚以脚掌外沿积极着地，踏在球的侧后方20~25厘米处，膝关节微屈，脚尖指向出球方向，身体稍向支撑脚一侧倾斜。在支撑脚着地的同时踢球腿以髋关节为轴，大腿带动小腿由后向前摆。当身体转向出球方向，膝盖摆至接近球的内侧上方的刹那，小腿做爆发式前摆，脚尖稍外转，脚

图 4-2-1

背屈跖，脚趾扣紧，脚尖指向斜下方，以脚背内侧踢球的后中部（要求出高球时，击球后下部），踢球腿继续前摆，两臂外展以维持身体平衡（图 4-2-1）。

（3）正脚背（脚背正面）踢球。

正脚背踢球适用于中长距离传球和射门。比赛中经常用脚背正面踢定位球、空中球、反弹球、倒勾球。

踢定位球时，直线助跑，最后一步稍大，支撑脚全掌积极着地，踏在球的侧方 10~15 厘米处，脚尖正对出球方向，膝关节微屈，踢球腿屈膝后摆，在支撑脚着地的同时，以大腿带动小腿，加快小腿的摆速由后向前摆，脚背绷直，脚趾扣紧，以脚背正面击球的后中部（图 4-2-1）。

（4）脚背外侧踢球。

脚背外侧踢球的特点是：这种踢法难度大，但运用范围广，变化多，突然性强，适用于中远距离的传球和射门。

踢定位球（平直球）时，基本与脚背正面踢球相同，只是在踢球的瞬间，摆动腿的膝关节和脚尖内转，脚面绷直，脚趾扣紧，以脚外侧部位踢球的后中部（图 4-2-1）。

2. 踢球练习方法

（1）踢定位球练习。

①熟悉动作要领和方法，做各种踢球的模仿练习。②一人用脚底踩在球的前上部，另一人做跨一步助跑踢球练习（或踢实心球），练习触球的部位和支撑脚的选位。③踢空中吊球。④对墙踢定位球，距离由近到远，力量由小到大。

（2）两人对面进行各种方法和移动的踢球练习。

①原地踢静止的定位球。②向前跨一步和助跑踢定位球。③原地踢由正面来的地滚球。④向前跨一步和迎球助跑踢地滚球。⑤向左右移动踢正面来的地滚球。⑥原地踢自抛的空中球和反弹球。⑦原地和助跑踢对面抛来的空中球。⑧向左右移动踢对面抛来的空中球。⑨两人一球，相距 25 米用脚背内侧踢过顶球。

（3）跑动中踢球练习。

①迎面跑动传球。②迎面接传球向前跑动再传球。③迎面跑动碰墙式传球。④斜传直跑或直传斜跑接传球。⑤横直传球，交叉跑动。⑥交叉跑动接传球。⑦三人一组传球。⑧三人一组跑动传球。⑨五角形跑动传球。⑩各种踢球射门。

（二）控球

1. 接球

运动员有目的地用身体合理部位，把运行中的球接控在所需要的控制范围内，以便更好地传球、运球过人和射门。

（1）接球基本技术。

接球的方法很多，可根据来球的高度及落点采用不同的部位接球。接地滚球和空中球时要做好缓冲来球力量的动作或改变球的方向，接反弹球时掌握好球的落点及脚触球的时间和角度。

接球方法主要有脚底、脚内侧、脚背外侧、脚背正面、大腿、胸部接球等。①脚底接球：由于脚底接触球的面积大，易将球接稳，一般用于接正面地滚球和反弹球。②脚内侧接球：比较容易掌握，脚接触球的面积大，易接稳，用途广，并且便于改变球的方向和与下一动作的结合，可以用来接地滚球、反弹球和空中球。③脚背外侧接球：脚背外侧接球常与假动作结合起来做，具有隐蔽性，用于接地滚球、反弹球和空中球。④胸部接球：由于胸面积大，有弹性，位置高，用于接高球。

（2）接球练习方法。

接地滚球：①各种接球的模仿练习，主要体会动作要领和方法。②接迎面地滚球，两人面对面站立，一人踢（抛）地滚球，另一人主动迎上接球。③对墙踢球，迎上去接反弹回来的球。④接两侧的地滚球。⑤三人一组成纵向站立，甲乙传球，丙迎上向两侧或身后接球，再传向另一方。

接反弹球：①自己向上抛或踢球，用脚内侧或脚外侧接反弹球。②自己向墙上抛或踢球，然后迎上去接反弹球。③两人对面抛高球练习接反弹球。④两人对面互踢定位球练习接反弹球。

接空中球：①自抛自颠接空中球。②互抛接空中球。③两人对面互踢定位球练习接空中球。

2. 带球

指运动员在跑动中用脚的推、拨、扣，使球保持在自己控制范围内的连续触球动作。

（1）带球基本技术。

带球时，身体自然放松，上体稍前倾，两臂自然摆动，步幅适中。带球脚提起，膝关节微屈。脚背正面带球要脚尖下指，脚背外侧带球要脚内转。在迈步前伸着地前，用脚推拨球。扩大视野，同时兼顾球和场上情况。

①脚背正面：是快速推拨球前进的一种带球方法。②脚背外侧：触球面积大，是有利于快速奔跑和改变带球方向的一种带球方法（图4-2-2）。

图4-2-2

（2）带球练习方法。

原地带球：①两脚脚内侧左右拨球。②脚底向左右拖拉球。③单脚支持，另一脚底踩在球的上部，双脚交替连续做向后拖球的模仿练习。④连续做脚背内侧扣球、脚背外侧拨球练习。上述练习也可在行进间进行。

行进间带球：①慢跑中用各种脚法进行直线运球。②沿中圈做顺、逆时针两脚不同部位的带球练习。③绕"8"字带球。④用各种不同的脚法做扣、拨、拉的动作，做曲线变速变方向带球。⑤右脚脚背内侧扣球接左脚脚背外侧拨球，然后反之连续动作做带球练习。⑥快速直线带球做急停急转。⑦多人在中圈内变向自由带球。⑧带球绕杆。

带球过人：①"捅"球过人。②左脚向左跨一步、右脚向右拨球过人。③右脚脚背内侧向内带球、突然改用外脚背向右拨球过人。④拉球后推球过人。⑤变速带球过人。⑥利用上体左右虚晃和腿的左右跨步动作扣、拨球过人。⑦各种带球均可结合射门进行。

3. 护球

持球队员不能转身时，则利用身体把球与对手隔开。常用的护球方法有背身护球和侧身护球。

护球练习方法：①两脚交替做向后拉球或向前推球练习。②侧身跑用脚底连续拖球。③一对一护球和抢球练习。

（三）头球

1. 头球基本技术

各种头球都是由蹬地，摆体，颈部紧张，用甩头或头正面击球等动作所组成。头触球的部位和触球的时间是头球的重要环节。头球时要养成目迎目送的习惯。

头球的方法分为前额正面和侧面顶球等。可以原地和跳起顶球，还可以鱼跃顶球。

（1）前额正面顶球。

①原地顶球（图4-2-3）。②跳起顶球（图4-2-3）。

（2）前额侧面顶球。

①原地顶球（图4-2-3）。②跳起顶球（图4-2-4）。③鱼跃顶球（图4-2-4）。

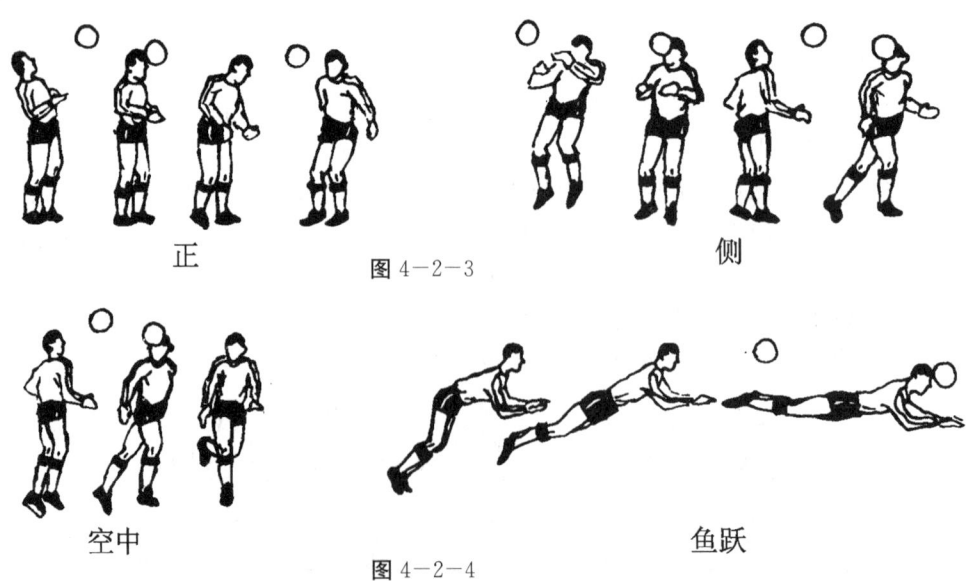

正　　　　　图4-2-3　　　　　侧

空中　　　　　图4-2-4　　　　　鱼跃

2. 头球练习方法

①根据动作要领做各种顶球的模仿练习。②一人双手持球至适当高度，另一人用各种

部位顶球，体会顶球时接触球的正确部位。③顶吊球，以提高触球部位和击球点的准确性，以及练习跳起后的各种顶球动作。④自抛自顶和连续顶球的练习。⑤两人面对面地结合掷界外球动作的掷顶练习。⑥三人一组，二人抛球，另一人左右移动做顶球练习。⑦两人连续对顶练习。⑧头球射门。抛球顶射、传中顶射。练习时应先原地后移动，先正面后侧面。

（四）抢截球

1. 抢截球基本技术

（1）抢球。

用规则允许的条件和动作，把对方控制的或将要控制的球夺过来，踢出去或破坏掉。

①正面抢球：面向对手两脚前后开立，两膝微屈，身体重心下降并放在两脚间。当对手运球触球后即将着地或刚着地时，抢球者快速移动重心，支撑脚用力后蹬，抢球脚以脚内侧对着球并屈膝向球跨出，从正面抢堵球。同时上体稍前倾，身体重心移至抢球脚上，支撑脚随即前跨、维持身体平衡。如双方的脚同时触球时，则要顺势向上提拉，使球从对方脚背滚过，身体要迅速跟上，把球控制住（图4-2-5）。

图 4-2-5

②侧面抢球：在与对方带球队员并肩跑动时，身体重心稍下降，同对方接触一侧的臂紧贴身体。当对方的外侧脚着地时，用肩以下、肘以上的部位，以适当的力量去冲撞对手相应的部位，使其失去平衡而离开球，并迅速将球控制在自己的脚下（图4-2-6）。

（2）截球。

选择恰当的位置和时间，从对方背后突然插上，果断快速地利用踢、顶、铲和接球等动作把对方队员之间传出的地滚球和空中球抢截下来或破坏掉。

（3）堵。

堵是在没有把握抢截球的情况下运用的一种手段。在比赛中应采用"照相"的方法先判断传球角度，然后边判断边堵上去，看准机会再出脚抢球。两脚前后开立，两膝稍弯曲，身体重心下降，重心平均落在两脚上，面向对手，两眼注视对手的下肢动作，随着球的变化，迅速调整防守重心。

（4）铲球。

铲球是倒地抢球的一种技术。一般在对手接球前或带球过程中来不及用其他方法抢球时采用。当控球者拨出球的一刹那，或对方在接球时，左脚用力蹬地成跨步，以抢球脚（右脚）的外侧沿地面向前侧滑出，用脚掌将球蹬出，用脚背或脚尖踢或捅出，然后小腿外侧、大腿外侧和臀部依次着地（图4-2-7）。

图 4-2-6　　　　　　　　　图 4-2-7

2. 抢截球练习方法

①做正面抢球的模仿练习，一人脚内侧放一球，另一人做抢球练习。②二人对面站立，相距 4~6 米，中间放一球，同时做向前助跑抢球练习。③一人向前带球，另一人做正面抢球练习。④无球队员的侧面冲撞。两人并肩在走动和慢跑中做合理冲撞练习。⑤冲撞抢球。两人平行站立，一人先将球向前踢出，然后两人同时上去做冲撞抢球练习。⑥带球侧面冲撞抢球。一人带球前进，另一人在侧面做冲撞抢球练习。⑦一对一攻防练习。一人持球突破，另一人做正面堵球练习。防守者可先消极后主动。⑧一对一攻防练习。一人持球做背身护球，另一人在后面堵抢练习。⑨二对一攻防练习。正面、侧面抢球，以触球为准，相互交换练习。⑩抢截球练习。三人一组，抛球或踢球人与接球人对面站立。当抛球或踢球后，防守人从接球人侧后方快速向前，把球截掉。根据球的不同高度，可用身体各个部位截球。⑪固定球的铲球练习。一人站在固定球的后面作踢球状，一人从侧面做铲球动作。先慢后快，然后加助跑铲球练习。⑫两人一组，一人直线带球，另一人从侧面做铲球练习。⑬在一定范围内一对二、一对三和二对三的传抢练习。

（五）守门

1. 位置选择

守门员为了守住球门，首先要选择正确合理的位置。位置的选择应在对方射门地点和两球门柱所形成的角平分线上。

2. 准备姿势和移动

守门员为了更好地堵截和接住对方的传球和射门，必须根据对方射门前球和人的位置变化而相应调整自己的位置。向左、右调整位置的移动，一般采用侧滑步和交叉步两种步法。①侧滑步：主要是针对两侧射来的低平球时所采用。②交叉步：主要是在接两侧高球或扑接球时，为了便于蹬地跃起所采用（图 4-2-8）。

图 4-2-8

练习方法：①从一端门柱向另一端门柱往返做滑步和交叉步移动练习。②守门员按教练员的手势做左右前后的移动练习。③守门员按教练员的手势做左右滑步或交叉步起跳练习。

3. 接球

接球是守门员最主要的技术，包括地滚、平直、高空球的接法（图 4-2-9）。

练习方法：①接同伴抛或踢来的地滚、平直和高空球。②守门员接自己对墙掷出或踢

图 4-2-9

出的各种反弹回来的球。③守门员在移动中接教练员抛或踢向球门侧面的，或接教练员抛向守门员前面不到位的平球或高球。④守门员和教练员相距 5~6 米，教练员连续快速地抛或踢球给守门员，守门员接球后，立即出球并做好下一次接球的准备。⑤在沙坑或垫子上做扑固定球的练习。⑥站立扑接两侧来的地滚、平直和高球。⑦守门员扑接各种不同方向传射来的球。

4. 发球

守门员获得球后迅速将球发出，使本队由守转攻。发球技术分手抛球和脚踢球两种。

(1) 手抛球。

在现代足球比赛中，利用手抛球发动进攻，是使用最多也是最有效的方法。手抛球能更及时、准确地将球发至占据有利位置的同伴脚下，因此更有利于进攻。

练习方法：①守门员单手持球于肩部后上方，挥臂将球抛出。②守门员单手持球于一侧腰部以下，挥臂将球沿地面滚出。

(2) 踢球。

踢球是守门员把获得的球和球门球直接传给远离自己的同伴的技术动作。踢球分手抛踢球和踢定位球两种。

练习方法：①守门员助跑几步，同时将球向体前轻抛做踢凌空球练习。②守门员助跑几步，同时将球向体前轻抛，待球落地反弹起来时，做踢反弹球练习。③守门员练习脚背内侧踢定位球。

二、足球战术与比赛阵型

足球战术是指在比赛攻守过程中，为了战胜对手，根据主客观的实际所采取的个人行动和集体配合的总称。足球战术可分为进攻和防守战术两大系统，其中又分别包含着个人战术和由二人或二人以上协同配合形成的集体战术。实践证明：正确地组织战术和运用战术是夺取比赛胜利的重要因素。比赛阵型是指队员在场上的攻守力量搭配、职责分工及位置排列，它有助于各种战术目的和方法的实现。目前普遍采用的阵型有"4，4，2"；"4，3，3"；"3，5，2"；"5，3，2"；"1，3，3，3"。

(一) 足球进攻战术

1. 个人进攻战术

个人进攻战术是指队员在比赛中为战胜对手，完成全队进攻战术任务而采取的行动。个人战术重点介绍摆脱与跑位。

①摆脱：摆脱的方法可以采用突然起动、冲刺跑、急停、突然变向、突然变速和假动

作等。②跑位：跑位可以起到接应、策动、牵制、突破等作用。

2. 局部进攻战术

局部进攻战术是指在局部区域2个或3个队员，通过传带球跑位配合，突破1个或2个防守队员的方法。比赛中经常采用的局部进攻配合有传切配合、二过一战术配合、交叉掩护配合等。

①传切配合：是指控球队员直接将球传给空切的同伴。②二过一战术配合：是指在局部地区两个进攻队员通过两次传递球和跑位突破一个防守队员的配合。③交叉掩护配合：是指队员运球逼近防守队员时，无球接应队员快速交叉跑动接同伴的球，甩掉防守队员的紧逼。

3. 全队进攻战术

全队进攻战术是指进攻的面比较广，投入的人数比较多的进攻配合。重点介绍边、中路进攻。

①边路进攻：在半场两侧地区发展的进攻称之为边路进攻。②中路进攻：在场地中间地带发展的进攻称之为中路进攻。中路进攻主要通过中锋、内切的边锋或插上的前卫，运用个人突破、"二过一"配合等方法，达到射门得分的目的。

（二）足球防守战术

1. 个人防守战术

选位与盯人：后场防守时应选位于对手与本方球门中心构成的直线上，还应使自己能够清楚地观察到场上情况和球的移动方向，使之控于自己的视野之内。盯人有紧逼盯人和松动盯人两种。一般情况下，离球近或对于有可能接球的队员以及对球门有威胁的队员要紧逼盯人；离球远的一侧采取松动盯人。

2. 局部防守战术

保护与补位是局部集体防守的基础。保护是补位的前提，没有保护也不可能有效地补位。队员间适当的斜线站位是保护选位的基本要求，也是后卫线防守站位的基本原则。后卫的斜线站位，相互间的纵深距离不能太大。补位是防守队员补同伴在防守中出现的漏洞，是防守队员间相互协助的一种方法。常见的补位有两种方法。

①补空当：边后卫插上进攻退守不及时，由其他同伴暂时补他的位置，以防对方利用空当打快速反击。②相互补位：即交换防守，一般是在临近队员之间进行。

3. 全队防守战术

全队防守战术，包括盯人防守、区域防守和混合防守。混合防守是当今比赛普遍采用的一种防守战术，它集中了盯人防守和区域防守两者的优点，在防守中能够根据场上情况进行逼抢、盯人和补位，延缓对方进攻。快速回防到位，保持防守层次，相互保护，及时补位保护门前重地是防守的关键。

（三）定位球战术

定位球战术包括中圈开球、掷界外球、球门球、角球、任意球、点球等攻守战术。通过比赛数据统计：30%~40%的进球属定位球得分，尤其是角球和罚球区附近的任意球。罚球区附近的任意球，多采用大力弧线球射门或传球配合取得射门机会；防守一方应快速回防，由2~6人组成人墙，盯住插上、包抄者，防止补射。定位球战术已被普遍重视，成为现代高水平球队的一种重要进攻得分手段。

三、足球竞赛的主要规则

现代足球规则源于1848年英国剑桥大学,在历史的长河中演变发展,日臻完善。现行规则共有17章。其主要精神是保护运动员的身体健康,公平合理、条件均等地进行比赛,对故意犯规和不道德行为应予惩罚,促进足球运动的发展。现将主要规则介绍如下:

(一)比赛场地和球

比赛场地必须是长方形,长度90~120米,宽度45~90米(国际比赛场地为长100~110米,宽64~75米);球门宽7.32米,高2.44米;球为圆形,其周长为68~71厘米,在比赛开始时球的重量为396~453克,充气后的压力为0.6~1.1千帕。

(二)队员人数和比赛时间

每队上场队员不得多于11名、少于7名,其中必须有一名为守门员。比赛分为两个45分钟相等的半场,每半场因故损失的时间应由裁判员酌情补足。

(三)比赛开始、进行和死球

开球前,双方队员均应在本方半场内,开球队的对方队员还须在中圈外。当裁判员鸣哨后,开球队员必须将放在场地中心的球踢入对方半场,待球被踢并向前滚动一周后方为比赛开始。

比赛开始至结束时均在"进行"中,包括球碰门柱、横木、角旗杆、场上的裁判员或巡边员弹在场内和场上队员犯规而裁判员未予判罚。

当球的整体在地面或空中全部越过边线或端线和比赛被裁判员鸣哨停止时均为死球。恢复比赛的方式为发球门球、角球、任意球,掷界外球、点球和重新开球。

(四)越位

1. 越位位置

凡进攻队员较球更近于对方球门线者,即为处于越位位置。但如果该队员在本方半场内,或至少对方队员两人较其更近于对方端线,或其平行对方倒数第二个防守队员或者平行于对方最后两名以上(含两名)防守队员,则该队员不算处于越位位置。

2. 越位判罚

队员处于越位位置,当同队队员踢或触及球的一瞬间,裁判员认为该队员正在干扰比赛或正企图从越位位置获得利益,则应判罚越位。但如果该队员仅仅处于越位位置或直接得球门球、角球、界外掷球则不应判罚。

(五)犯规与不正当行为

①下列犯规,将判罚直接任意球:踢或企图踢对方队员;绊摔或企图绊摔对方队员;跳向对方队员;冲撞对方队员;打或企图打对方队员;推对方队员;为了得到对球的控制而抢截对方队员时,于触球前冲撞对方队员;拉扯对方队员;向对方队员吐唾沫;故意手球(不包括守门员在本方罚球区内)。

如果队员在本方罚球区内违反了上述十种犯规中的任何一种,应被判罚点球。

②下列犯规,将判罚间接任意球:动作具有危险性;阻挡对方队员;守门员用手控制球时,在发出球之前行走四步以上;守门员在发出球之后未经其他队员触球,再次用手触球;守门员用手触及同队队员故意踢给他的球;守门员触及同队队员直接掷入的界外球;守门员用手控制球后在发出球前持球超过6秒。

③下列犯规,将被警告并出示黄牌:犯有非体育道德行为;以语言或行动表示异议;

持续违反规则；延误比赛重新开始；当以角球或任意球重新开始比赛时，防守队员不退出规定的距离；未得到裁判员许可进入或重新进入比赛场地；未得到裁判员许可故意离开比赛场地；用可判为任意球或点球的犯规，破坏对方向本方球门移动着的明显的进球得分机会；使用无礼的、侮辱的或辱骂性的语言及动作。

④下列犯规，将被罚令出场并出示红牌：严重犯规，暴力行为，向对方或其他任何人吐唾沫，用故意手球破坏对方的进球或明显的进球得分机会（不包括守门员在本方罚球区内）。

（六）掷界外球

在掷出球的一瞬间，掷球队员必须面向球场；两脚均应有一部分站立在边线上或边线外；单、双脚均不得全部离地；用双手将球从头后经头顶掷入场内；球未经其他队员踢或触及前，不得再次触球；不得将球直接掷入球门得分。

（七）比赛成平局后以互踢点球决胜的规定

裁判员将双方队员集中于中圈，选定球门，如由双方队长猜币，猜中一方先踢。两队轮流各踢 5 球决胜，如未分出胜负，则两队应相继各出一人再决胜，直至分出胜负为止。踢点球的队员必须是比赛结束时的场上队员。决胜过程中，场上队员均可与守门员互换位置；如守门员受伤，场下替补队员可以替补。

第二节　篮球运动

篮球运动起始于美国，1891 年由美国麻省春田青年学校教授奈·史密斯博士借鉴其他球类运动项目设计发明的。

1892 年，奈·史密斯制定了《青年会篮球规则》13 条，比赛时间规定为上、下半时各 15 分钟；对场地大小做了规定；上场比赛人数由每队 9 人、7 人，到 1893 年决定为 5 人。随着篮球运动在美国国内的推广与开展，场地、器材也不断改进，逐渐形成近似现代的篮板、篮圈和篮网。

一、篮球运动的基本技术和练习方法

篮球技术是篮球运动的基础，它分为进攻和防守两部分，包括移动、传接球、投篮、运球、持球突破、防守对手、抢篮板球等技术动作，其中基本辅助练习是熟练掌握篮球技术的重要环节。

（一）基本功的练习方法（简称熟悉球性与原地运球）

1. 拨球

两手相互传、接球练习。

方法：直立，两臂弯曲于胸前，两手持球于身前，用手指端将球从一手传向另一手，由胸前至头顶，再到胸前。两手之间要保持一定距离（图 4-2-10）。

2. 腰部绕环

方法：两脚并立、两手持球于腹前。两手交替使用球绕腰（图 4-2-11）。

图 4-2-10

3. 体前抬腿胯下拉球

方法：直立，球经体前抬腿使球经过胯下换手，再抬另一腿使经过胯下换手。连续交替练习（图 4-2-12）。

4. 球内、外绕 8 字练习

方法：两腿平行开立约比肩宽，两脚尖正对前方，两膝弯曲成 90°，两手持球于右腿胯下。练习时，使球经右腿外侧换手，再绕至左腿内侧胯下形成内"8"字，连续交替练习。从大腿外侧绕球称外"8"字（图 4-2-13）。

图 4-2-11

图 4-2-12

图 4-2-13

5. 原地单手抢板球练习

方法：两脚站立，身体充分伸展，将球举至肘伸直垂直部位，手腕背屈，五指自然分开触球。抓球时，屈指、屈腕、屈肘，用力将球拉至胸前，另一手快速扶球，连续左、右手交换练习（图 4-2-14）。

6. 平步体前换手运球

方法：两脚平步站立约比肩宽，两腿弯曲成 90°，两膝稍内扣，身体正直稍收腹。练习时，右手按压球弹起，左手触球；左手按压球弹起，右手触球。球反弹的角度大约在 90°左右（图 4-2-15），连续进行。

7. 平步体前不换手运球

方法：两脚平步站立稍比肩宽，两腿夹角 90°，两膝稍内扣，身体正直稍收腹。练习时，一手肘自然弯曲护肋，另一手按压球，同时接球再按压，反复进行（图 4-2-16）。球反弹的角度大约 90°左右。

图 4-2-14　　　　　　　　　　　　图 4-2-15

8. 平步转体换手运球

方法：两脚平行站立稍比肩宽，两膝微屈，身体正直。练习时，右手运球弹起，右手接球转体 90°把球拉至左侧按压，左手接反弹起来的球转体 90°再拉至右侧，连续进行（图 4-2-17）。

9. 体侧拉球

方法：以右手运球为例，左脚向前跨一大步，左手肘关节自然弯曲护肋，重心落在两脚之间。右手体侧前后拉球，运球角度大约 90°左右，连续进行（图 4-2-18）。左手运球与右手相反。

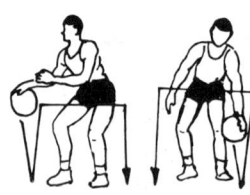

图 4-2-16　　　　　　图 4-2-17　　　　　　　图 4-2-18

10. 原地后转身拉球方法（以右手为例，后同）

左脚前脚掌为中枢脚，左手肘关节自然弯曲护肋。运球时，右手接地面反弹起来的球，右脚掌用力蹬地后转身 180°左右，同时右手接球后拉放球，连续进行（图 4-2-19）。左手运球后转身与右手方向相反。

图 4-2-19

（二）移动

1. 基本技术

①起动。②跑：加速跑、变向跑、侧身跑、后腿跑。③急停：跨步急停（图 4-2-20）、跳步急停（图 4-2-21）。④滑步：滑步分前滑步、侧滑步和后滑步。

2. 练习方法

①基本站立姿势（面向、背向、侧向），听或看信号起动跑的练习。②自抛或别人抛

图 4-2-20

图 4-2-21

球后,迅速起动快跑,把球接住。③成一路纵队,采用全场之字形急停急起。练习时,一队员急停变向后,第二名接上再做,依次进行。直线为跑动,折点为急停起动。④看手势做前、后、侧滑步练习,全场"之"字形滑步练习。

（三）传球和接球

传球基本技术包括：双手胸前传球、双手击地传球、双手头上传球、单手肩上传球、单手平推传球、背后传球等技术。

1. 双手胸前传球和接球

传球前成基本站立姿势,十指自然分开,双手握球两侧的后上部,屈肘置于胸前。①传球时,先做由下而后向前的弧线转动,当球转到胸前时,后脚蹬地,重心前移,同时向前伸臂,手腕翻转前屈,通过手腕手指拨球,将球传出（图 4-2-22）。②接球前注视来球,双臂自然前伸迎球,手指自然分开,手腕后仰。接球时,当手指触球瞬间随球屈肘后引,缓冲来球力量,两手握于胸前（图 4-2-23）。

图 4-2-22　　　　　　　　　图 4-2-23

练习方法：①原地两人双手胸前互传,两人一组一球,相距 4~5 米。②全场两人双手行进对传、接球。③全场三人双手行进对传、接球。

2. 单手肩上传球和接球

双手持球于胸前,成基本姿势站立。①传球时,左脚向传球方向迈出半步,转体使左肩对着传球方向,同时右臂引球至右肩上方,手腕微后屈托住球,上臂与地面近似平行,前臂与地面垂直,重心落在右脚上。出球时右脚蹬地,同时转体迅速向前挥臂,手腕前屈,手指拨球,将球传出（图 4-2-24）。②接球时,接球手臂向来球方向伸出,五指自然分开,掌心朝向来球,腕指放松。当手指触球时,手臂顺势将球后引置于身前或体侧,左手迅速扶球,准备衔接下一个动作（图 4-2-25）。

练习方法：①原地两人一球,距离 8~10 米单手肩上传、接球。②全场两人行进间单手肩上传、接球。

3. 单手平推传球

传球时,上体稍右转,右手腕后屈转至球的后方,同时左手离球,右臂迅速前伸屈腕,拨指将球传出。

图 4-2-24　　　　　　　　　　　　　　图 4-2-25

练习方法：原地两人一组一球，距离 3~4 米，单手胸前传接球。半场行进单手胸前传、接球练习。

（四）投篮

1. 基本技术

投篮包括：原地投篮、上篮、低手上篮、跳投、勾手投篮、扣篮、上反篮、拍篮等技术。

（1）原地投篮。

右脚在前，左脚稍后，两膝微屈，重心在两脚之间，右臂屈肘略内收，上臂与地面接近平行，五指自然分开，手腕后仰，举球右肩前上方，左手扶球的左侧，两眼注视瞄准点。投篮时，两脚蹬地，同时右臂向前上方伸出，手腕前屈，食、中指用力拨球，通过指端将球投出，身体随投球出手向前上方自然伸展（图 4-2-26）。

（2）跳投。

双手持球于胸前，两脚前后稍开立，两膝微屈，重心在两脚之间。起跳时，两腿迅速屈膝，两脚用力蹬地向上跳起，同时双手举球至右肩上方，右手持球，左手扶球的左侧。当身体升到最高点时，左手离球，右臂向前上方伸出，手腕前屈，食、中指用力拨球，通过指端将球投出。落地屈膝缓冲（图 4-2-27）。

图 4-2-26　　　　　　　　　　　　　　图 4-2-27

（3）上篮。

跑动中右脚跨出一大步的同时双手接球，接着左脚跨出一小步屈膝并用力蹬地跳起，同时举球至右肩上方。当身体接近最高点时，右臂向前上方伸出，手腕前屈，食、中指用力拨球，通过指端将球投出（图 4-2-28）。

（4）低手投篮。

跑动中右脚跨出一大步的同时双手接球，接着左脚跨出一小步屈膝并用力蹬地起跳，右腿提膝前上摆，同时双手向前上方举球。当身体接近最高点时，左手离球，右臂外旋，

图 4-2-28

掌心朝上托球并充分向前上方伸展，用手指上挑的动作，使球沿指端前旋投出（图 4-2-29）。

图 4-2-29

2. 投篮练习方法

①持球模仿投篮练习：成广播体操队形，体会原地或跳起投篮的手法和用力过程。②接球急停跳投练习：两人一组一球，相距 5 米左右。一人跳起做投篮练习，另一人接球急停后跳起模仿投篮练习，体会动作的衔接过程。③罚球投篮练习：持球站在罚球线后，原地或跳起投篮。进一步体会投篮手法，协调用力和投篮出手角度。④半场 1 分钟投篮练习：一人一球自投自抢，先 5 米远左右投篮，再把距离拉远投篮练习。⑤行进间运球投篮练习：把队员分成两组，都从半场运球上篮。⑥两人全场传接球投篮：三人直线传接球投篮，三人围绕跑动中传接球投篮练习。

（五）运球

1. 基本技术

运球包括：变速运球、低或有控制的运球、高或快速运球、变向运球、身后运球、胯下运球、转身运球等技术。

（1）高运球。

运球移动中，两腿保持微屈，上体稍前倾，目前视，以肘关节为轴，前臂随球自然伸屈，手腕手指柔和而有力地按拍球的后上部，球的落点控制在运球手臂同侧脚的外侧前方，球的反弹高度在胸腹之间，手脚协调配合，有节奏地向前运行（图 4-2-30）。

（2）体前变向换手运球。

从防守者右侧突破时，先向防守者左侧做运球假突破动作。当防守者重心左移瞬间，迅速按拍球经自己体前反弹至身体左侧前方，同时右脚向左前方跨出，上体左转侧肩，换左手按拍球的后上部，左脚前跨快速从防守者的右侧运球突破（图 4-2-31）。

（3）身后运球。

以右手运球从身后换左手时，右脚前跨，右手将球拉到右侧身后，迅速转腕按拍球的

图 4-2-30

图 4-2-31

右后方,使球从背后弹至左侧的前方,左脚同时向左前方跨步,换左手运球加速前进(图 4-2-32)。

图 4-2-32

(4)转身运球。

以右手运球为例,变向时,用左脚在前为轴,做后转身的同时,右手将球拉至身体的后侧,并按拍球落在身体的外侧方,然后换左手运球,加速前进(图 4-2-33)。

图 4-2-33

2. 运球练习方法:

①原地运球:听哨音或看手势,做各种运球练习,体会运球动作,增强手感,逐步提高控球能力。②直线运球:分两组或多组,成横队站于端线处。第一组持球行进间运球至另一端线,返回时换左手运球,然后将球交给下一组,轮流进行。③变向换手运球:身后运球转身,都采用每人一球,从端线的一边行进间"之"字形依次运到另一边。④对抗练习:两人一组一球,全场一打一运球,进攻者采用各种运球方法,从一端攻到另一端攻防交换。

(六)持球突破

1. 交叉步突破

以右脚做中枢脚为例。两脚左右开立,两膝微屈,重心降低,双手持球于胸腹前。突破时，左脚向左前方跨出，假做向左突破，当防守者重心向右偏移时，左脚内侧迅速蹬地，向防守左侧跨出一大步，同时将球从体前移到右侧，在右脚离地前，右手拍球至左脚右侧前方，然后右脚迅速蹬地向前跨出，运球快速超越防守（4-2-34）。

2. 持球突破练习方法

①原地模仿练习：集体跟随教师模仿交叉突破动作方法。②运用假动作：做不同的突破技术练习，提高运用动作的变化能力和动作的变换速度。③半场或全场一对一对抗比赛：两人一组一球，先由一方持球开始进攻，进攻时可以运用交叉步或突破投篮。如突破成功或投篮命中，进攻者继续进攻，反之则交换。

图 4-2-34

（七）防守

1. 基本技术

（1）防守有球队员。

站在对手与球篮之间适当的位置上。如对手善于投篮，防守时多采用两脚前后开立，前脚同侧手臂上方伸出；如对手善于持球突破，防守时多采用两脚左右开立，两臂向两侧伸出的平步防守姿势。另外，防守中应随时根据持球队员动作的变化，及时调整防守位置和变换动作。除上述防守外，还应抓住时机，上挑和打持球队员手中的球。

（2）防守无球队员。

站在对手与球篮之间偏向有球一侧的位置，对手移动时，积极运用滑步随其移动，始终与对手保持一定的距离，防止对手摆脱。

2. 防守对手练习方法

（1）防守无球队员。

一对一、三对三、五对五攻防练习，从一侧篮下至另一侧篮下进行攻防练习。要求攻方积极跑动并设法摆脱防守，接教师从中场传给的球组织进攻；守方则积极堵截，阻挠其接球进攻。数次后攻防交换练习。

（2）防守持球队员。

两人一组一球，从中圈开始。攻方持球，采用运球、传球、突破投篮等方式进攻；守方则积极堵截，阻挠和破坏其进攻。数次后攻防交换练习。

（八）挡人和抢篮板球

1. 基本技术

根据自己场上所处的位置，及时判断出球反弹方向，快速起动，抢占有利的位置。采用单脚或双脚起跳，或将球传出。

2. 抢篮板球练习方法

①原地起跳抢球练习：向上自己抛球，然后用双脚起跳，在最高点处将球抢下来。落地屈膝缓冲。体会起跳、空中抢球和落地动作。②两人一组一球，一人站在罚分线处，传球给篮下的队员。篮下队员接球后把球向篮板上抛出碰板。罚分线处的队员上步用双脚或单脚起跳抢从篮板上反弹起来的球，抢下后把球投进篮圈。数次后交换。③抢罚球篮板：双方按照比赛中罚球方法进行站位。确定甲方一人执行罚球，甲方的另外四人和乙方分别站在分位线后。当投球碰板或碰圈弹起瞬间，双方即冲抢篮板球。如投篮命中，则换由甲方的另一名队员罚球；如投篮不中，由抢得篮板球的队罚球。

二、篮球基本战术及示例

篮球战术是篮球比赛中队员运用攻守方法的总称，是队员个人技术的合理运用和队员之间相互协同配合的组织形式。战术的目的是为了更好地发挥本方队员的技术与特长，制约对方，力争掌握比赛的主动权，争取比赛的胜利。

（一）战术基础配合

1. 进攻战术基础配合

（1）传切配合。

是指利用传球和切入技术组成的简单配合。配合方法（图4-2-35）。

（2）突分配合。

是指进攻队员持球突破防守队员向篮下切入，遇到防守方另一队员补防时，将球传给因对方补防而漏防的同伴，或传给转移到指定的配合位置上的接应同伴的简单配合方法（图4-2-36）。

（3）掩护配合。

是指进攻队员以自己的身体采取合理的动作挡住同伴防守者的移动路线，使同伴借以摆脱防守的一种方法。根据被掩护者的不同方位而分为侧掩护、前掩护和后掩护（图4-2-37）。

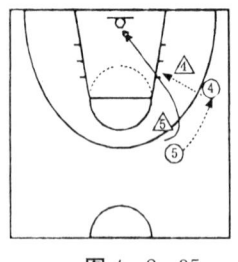
图4-2-35

图4-2-36

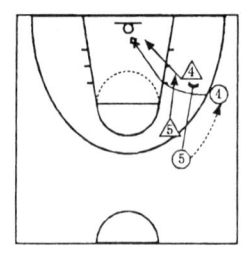
图4-2-37

（4）策应配合。

一般是指处于内线的队员背对或侧对球篮接球，由他作枢纽与外线队员的突切相配合而形成的一种里应外合的方法（图4-2-38）。

2. 防守战术基础配合

（1）挤过配合。

是在对方进行掩护配合时，防守者为了破坏对方的掩护，在掩护者临近一刹那，主动靠近自己的对手，并从两个进攻队员之间侧身挤过去，继续防住自己的对手（图4-2-39）。

（2）穿过配合。

对方进行掩护配合时，防守掩护的队员主动后撤一步，让同伴从自己和掩护队员之间穿过去，以便继续防守自己的对手（图4-2-40）。

（3）交换防守配合。

是为了破坏进攻队员掩护配合，防守队员及时交换所防对手的一种配合方法（图4-2-41）。

（4）"关门"配合。

"关门"配合是临近的两个防守队员协同防守突破的配合方法（图4-2-42）。

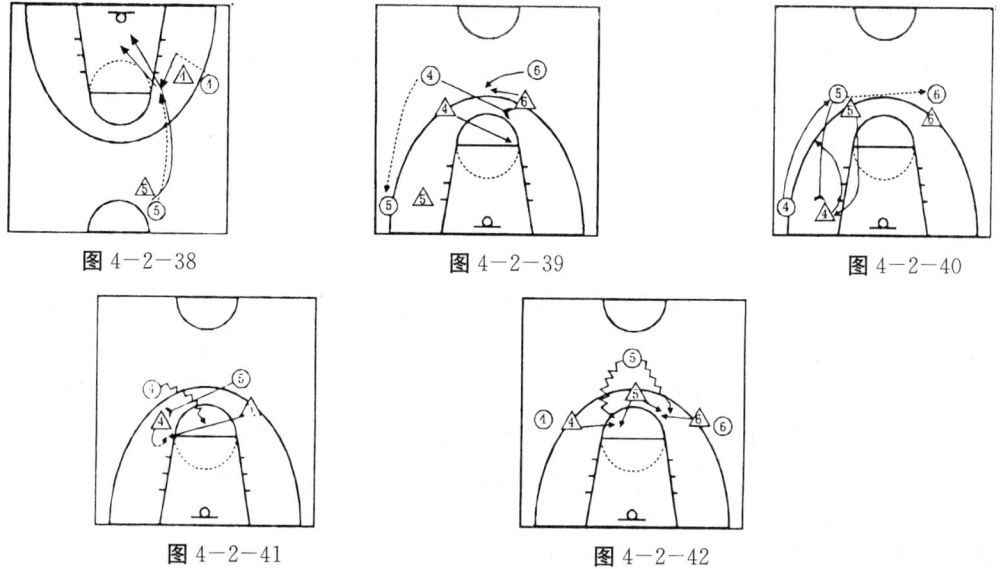

图 4-2-38　　　　　　　图 4-2-39　　　　　　　图 4-2-40

图 4-2-41　　　　　　　图 4-2-42

（二）全队战术配合

1. 全队进攻战术配合

(1) 进攻半场人盯人。

常采用内线、外线结合，积极穿插、换位，连续掩护等基本手段，制造中投或篮下投篮等各种机会。常采用的队形有："2-1-2"（单中锋进攻法）、"1-2-2"（双中锋进攻法）、"8"字掩护进攻法、移动进攻法等（图 4-2-43、图 4-2-44、图 4-2-45、图 4-2-46、图 4-2-47 所示）。

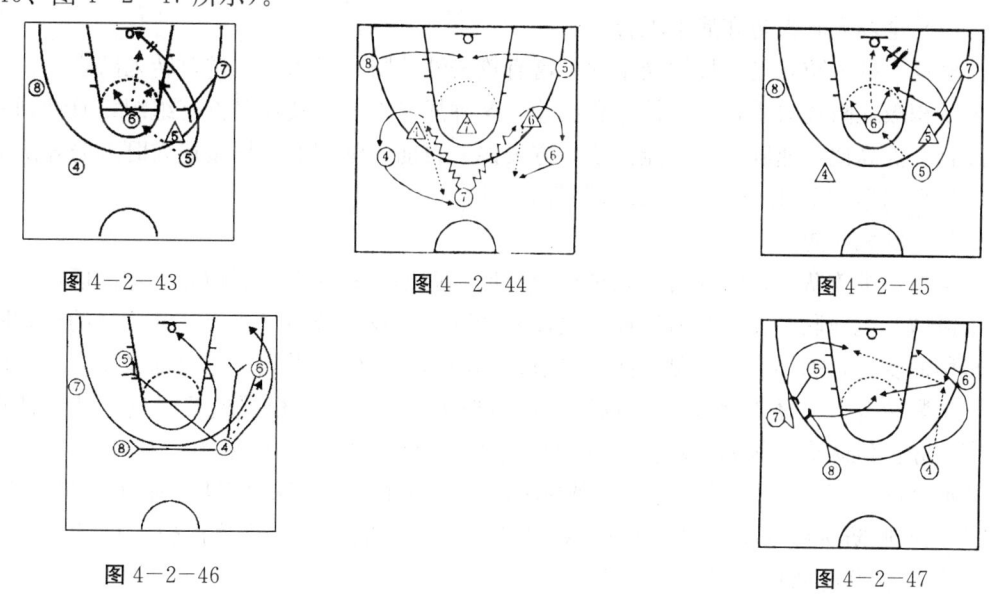

图 4-2-43　　　　　　　图 4-2-44　　　　　　　图 4-2-45

图 4-2-46　　　　　　　　　　　　　　　图 4-2-47

(2) 进攻区域联防。

进攻区域联防的方法有很多，可根据本队的具体情况和对方联防的形式确定阵式和配合方法。其目的在于攻击对方区域联防的薄弱环节。如 "1-3-1" 进攻队形布局是针对 "2-1-2" 和 "2-3" 区域联防而组成的，"2-1-2" 进攻队形布局是针对 "1-3-1" 区域联防组成的等。

这里仅介绍"1—3—1"队形进攻方法，因为它是一个最基本的且较为全面的进攻区域联防的方法（除对方采用"1—3—1"区域联防外）。它的特点是：队员可以分布在对方两个防区之间，使防守者负担过重，能取得较好的外围投篮位置，便于内外联系和左右配合，可以造成一个守区内二打一的局面，以及形成三角攻势，保持攻守平衡。现以两种进攻"2—1—2"区域联防的方法为例加以说明（图4—2—48、图4—2—49）。

2. 全队防守战术配合

（1）半场人盯人防守战术配合。

这种战术配合是进攻队进入防守队的后场后，防守队立即迎上积极盯住各自的对手，同时，进行集体协同防守。基本战术要求是："以人为主，人球兼顾"和"有球紧，无球松"；针对对手的具体情况（如个人特点和离球、离篮的远近），抢占有利位置，积极移动，进行抢、堵，控制对手的行动，破坏对方进攻配合。半场人盯人防守分松动和扩大两种形式。一般来说，对外围中投不太准而篮下攻击力量较强的对手，采用"松动"形式，反之采用"扩大"形式（图4—2—50）。

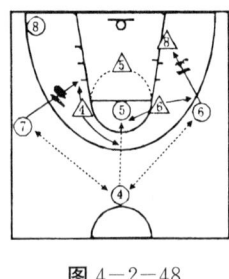
图4—2—48

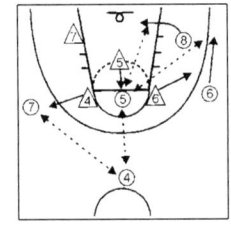
图4—2—49

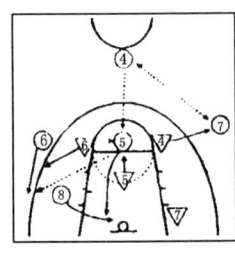
图4—2—50

（2）全场人盯人防守战术配合。

全场人盯人防守是一种积极主动、富有攻击性的防御战术。在进攻转入防守后，立即在全场积极地阻挠对手移动、接球和投篮。这种战术不但能破坏对方有组织、有计划的战术配合，提高比赛速度，而且能促使对方失误。目前，常用的全场紧逼人盯人防守队形有"1—2—1—1"，"2—1—2"，"2—2—1"等。

（3）区域联防。

是指当进攻队转入防守时，队员迅速退回到后场，每个人负责防守一定的区域，并把每个区域有机地联系在一起所组成的集体防守网。半场区域防守要求防守队员的行动随球的转移而变化，加强有球一侧的防守，兼顾远离球的一侧，做到"近离球者紧，远离球者松，松紧结合，人球兼顾"。区域联防有许多战术队形，但要根据比赛时进攻队的特点而制定防守占位队形。例如：对付内外线攻击力量较平均的队，可采用"2—1—2"区域联防队形（图4—2—51）；对付内线较强的队，且希望加强篮板球争夺与控制的，可采用"2—3"区域联防队形（图4—2—52）；对付外围投篮较准，而内线攻击较差的队，可采用"3—2"区域联防队形（图4—2—53）。

3. 快攻、防快攻

（1）快攻。

是以守转入攻时，趁对方立足未稳，以最快的速度、最短的时间推进到前场，造成以多打少，或人数相等以及人数少于对方的情况下，果断而合理地进行进攻的一种速决战的进攻战术。发动快攻的机会一般有：抢到后场篮板球时，掷后场界外球时，跳球得球时，

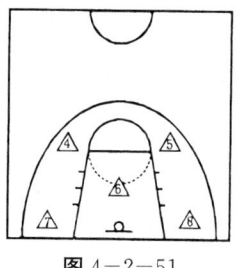
图 4-2-51

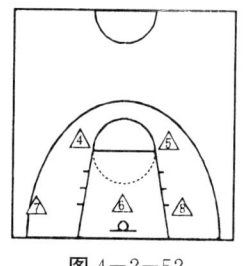
图 4-2-52

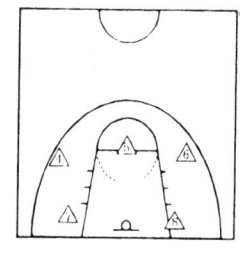
图 4-2-53

抢断球后。

快攻一般有长传快攻、短传快攻、运球突破快攻三种。

长传快攻：是队员在后场获球后，立即把球传给迅速摆脱对手进行偷袭的同伴的一种配合（图 4-2-54）。短传快攻：是指在防守中获球后，立即以快速的奔跑和短促的传球迫近对方篮下进行攻篮的一种配合。

快攻由发动接应、推进和结束三阶段组成。

接应阶段：是指由守转攻获球后，及时地组织第一传和接应第一传的配合（图 4-2-55）。

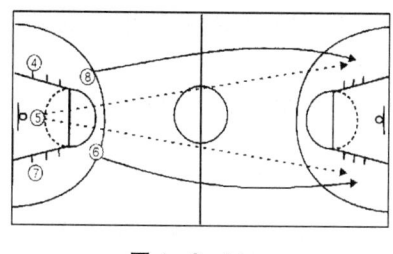
图 4-2-54

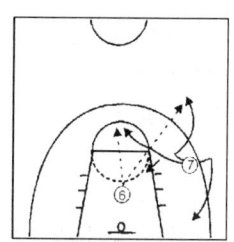
图 4-2-55

推进阶段：是指快攻发动后，结束配合之前在中场一带的配合方法。推进阶段有三种形式：运球推进，传球推进，传球和运球结合推进。以传球推进为例，如图 4-2-56 所示。

结束阶段：是指快攻推进到前场进行攻击时运用的配合方法。快攻能否取得成功，取决于此阶段的配合。常遇到的有二攻一和三攻二的形式（图 4-2-57、4-2-58）。

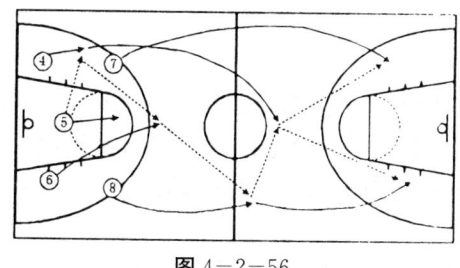
图 4-2-56

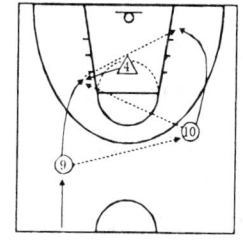
图 4-2-57

运球突破快攻：是指在防守中获球后，不便于传球的情况下，以快速运球推进至前场，创造或寻找配合机会，以提高快攻的速度和威力。

（2）防快攻。

防守快攻是防守战术中的重要组成部分。其主要防守要点为：封堵对方的一传和接应，这是防快攻的关键。在逐步退守中采取"堵中间、卡两边"的办法，控制对手快速推进，并切断先下底队员和接应队员的联系。退守中要积极移动，始终注意占据和调整有利于兼顾的防守位置，同伴之间要紧密配合，里外兼顾，左右照应，分工明确，严控篮下。

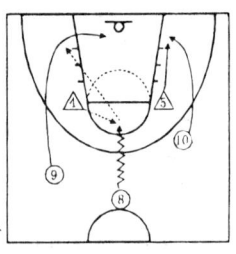

图 4-2-58

三、篮球竞赛的主要规则

（一）运动员、裁判员的人数

对于 2 节×20 分钟的比赛，可有超过 10 名合格参赛的球员；对于 4 节×12 分钟的比赛或竞赛中一个队超过了 3 场比赛时，可有超过 12 名合格参赛的球员。

FIBA 的主要比赛：FIBA 的区域性比赛和各国的联赛中可使用三人制裁判，在其他等级的比赛中将继续使用二人裁判制。

（二）比赛时间及暂停、替换和犯规次数

正式比赛时间分 4 节，每节 10 分钟，第一节和第二节、第三节和第四节之间的时间间隔分别为 2 分钟，中场休息 15 分钟。

教练员请求暂停后，如果场上发生了争球、犯规、对方投篮得分、违例或裁判员中止比赛，此时可以给予该教练员暂停时间。比赛中每队每半时（两节）内可以允许请求 3 次登记的暂停，决胜期允许一次暂停。队员犯规达 5 次（MBA 比赛为 6 次），必须退出比赛。一个队全队犯规累计达 4 次，再犯规均要处以两次罚球。

争球、犯规、暂停、对方违例、队员受伤、裁判终止比赛时，可以替换队员。一方换人，另一方也可以换人。

（三）违例

是指违反规则但未能造成犯规的行为。

1. 带球走

判断队员是否是带球走违例，应首先确定队员的中枢脚。确定中枢脚以后，在传球或投篮时，中枢脚可以抬起，但在球离手前不可回落地面，运球开始时，在球离手前中枢脚不可以抬起。

2. 干扰得分和对球干扰

在投篮时，当球超过最高点或碰板后球依然在球篮水平面以上时，任何对球的触及均算干扰得分。

3. 非法运球

当已获得控制球的队员将球掷、拍或滚在地面上，并在球触及另一队员之前再接触球为非法运球。在运球过程中，手控制球的时间稍长，只要掌心与球接触时始终向着地面，都是合法的。投篮"三不碰"后可再次进行运球。接球不稳，球落地拾起可以运球。

4. 拳击球与脚踢球

比赛中如出现用拳击球，故意踢球或用腿的任何部分挡球，均为违例。

5. 球回后场

只要具备下列缺一不可的三条，即构成球回后场的违例：队员在前场已控制了球，最后触球回后场的是该队队员，该队队员首先接触回到后场的球。

6. 球出界

当球触及界外的队员或任何人以及界线上、界线上方或界线外的地面或任何物体，篮板的支撑构架或背面篮板上方或篮板后方的任何物体，即为球出界。球出界前最后触及了球或被球触及的队员是使球出界的队员。

7. 3秒、5秒、8秒、24秒违例

控制球队的队员,在一次进攻中,不得在对方限制区停留3秒以上;掷界外球,罚球或在有紧逼防守情况下的持球队员,持球不得超过5秒钟;当一名队员在后场控制活球时,该队必须在8秒钟内使球进入前场;当一名队员在场上控制一个活球时,该队必须在24秒钟内完成投篮,否则均为违例。

判罚违例后,由对方在违例地点最近的边线掷界外球(不得超过正常一步)。

(四)犯规

1. 侵人犯规

侵人犯规是违反规定的行为,含有与对方队员的身体接触或违反体育道德的举止。

①与对方队员发生身体不合理接触,称侵人犯规。对非投篮队员一般侵人犯规,则判给对方在就近的界线外掷界外球。对投篮队员一般侵人犯规,球投中,再判给一次罚球;未投中则根据投篮队员的投篮地点判给两次或三次罚球。某队每节犯规,累积已达4次后再发生的对非投篮队员一般性质的侵人犯规则要执行两次罚球;对投篮队员的犯规,则按对投篮队员的犯规罚则处理。控制球队队员的一般性质的侵人犯规,由对方在就近的界线外掷界外球。

②违反体育道德的犯规:使用超出规则的精神和意图及不合理的动作进行比赛而造成的侵人犯规是违反体育道德的犯规。不论进攻还是防守队员的此类犯规,均要判给对方两次罚球加一次掷界外球。如果对投篮队员的此类犯规,如球投中篮筐,再判给一次罚球与一次掷界外球;如球未中篮筐,则判给两次或三次罚球和一次掷界外球。

③双方犯规:指两名对抗的队员几乎同时互相发生身体接触犯规的情况。其罚则是:由双方犯规发生时已经控制球的队在距违犯地点最近的界外掷界外球;如果双方犯规时两队都不控制球,则由有关队员在最近的圆圈内跳球。如发生双方犯规的同时球中篮,均由原防守队在端线掷界外球继续比赛;如球未中篮,则由双方犯规队员在就近的圆圈跳球继续比赛。

④取消比赛资格的犯规:该犯规的性质是极其严重与恶劣的行为,如动手打人,或不顾对对手的伤害而采取恶劣的绊人等粗野动作。其罚则为:除与违反体育道德的犯规罚则一样外,还要让其离开比赛场。

2. 技术犯规

凡是未发生身体接触而发生的不道德行为均要被罚为技术犯规。不论哪一方队员的技术犯规,均登记一次该队员的犯规,并由对方执行两次罚球。如果是对投篮队员技术犯规,球中篮筐,得分有效,同时再判给两次罚球。

对教练员、助理教练员、替补队员或随队人员的技术犯规,除登记教练员一次技术犯规外,再由对方执行两次罚球与一次掷界外球。

(五)场地设备

篮球场地是长28米,宽15米,由中线分成两个半场的长方形平面。球场上各线宽为5厘米,长边的界线叫边线,短边的界线叫端线。场中有限制区、罚球区和3分投篮区及中圈。

篮板的尺寸为:横宽为1.80米,竖高1.05米,下沿距地面2.90米。中心垂直落在场内距离中心点内沿1.20米的地方。

比赛球的充气标准：篮球充气后，从1.80米的高度落在比赛场地上，反弹高度应在1.20~1.40米之间（从球的顶部量起）。

第三节　排球运动

排球运动是1895年美国人威廉·莫根发明的。1917年传入欧洲后发展较快，尤其是前苏联和东欧各国，具有较高的水平。

排球运动在20世纪初传入我国，经过不断演变，由16人制到12人制、9人制，并于1951年形成现代的6人制排球。在排球技、战术发展过程中，我国创造了"平拉开"、"盖帽"、"空间差"等一系列新技术，女排连续获得五次世界冠军，为世界排球运动的发展做出了巨大贡献。

一、排球运动的基本技术及练习方法

（一）准备姿势和移动

准备姿势和移动是完成各项击球技术的基础，并对各项技术动作的运用起串连作用。

1. 准备姿势技术要领

半蹲准备姿势：两脚左右开立，一脚稍在前，两膝保持一定的弯曲程度，上体适当前倾，身体重心前移，两臂自然弯曲，置于胸腹之前，两眼注视来球方向（图4－2－59）。

2. 移动步法要领

（1）并步。

向前移动时，后脚蹬地，前脚向来球方向跨出一步，后脚迅速跟上做好击球前的准备姿势。

图4－2－59

（2）跨步。

向前跨步时，后脚用力蹬地，前脚向前跨出一大步，膝部弯曲，上体前倾，身体重心移至前腿上。

（3）交叉步。

向右侧交叉时，上体稍向右转，左脚从右脚前面向右交叉迈出一步，然后右脚再向右跨出一大步，同时身体转向来球方向，保持击球前的姿势。

3. 准备姿势和移动技术练习方法

（1）准备姿势练习。

练习者原地或在慢跑中听信号后立即做好半蹲准备姿势。

（2）基本步法练习。

练习者看手势分别做并步、跨步、交叉步等步法练习。

（3）左右移动练习。

练习者面对边线站在中线上，用交叉步左右移动，用手摸中线和进攻线，若干次为一组。

（4）前后移动练习。

练习者面对进攻线站在中线上，做向前移动双手摸进攻线，向后移动双手摸中线练

习，若干次为一组。

（二）发球

发球技术有：正面下手发球、侧面下手发球、正面上手发球、正面上手飘球、勾手飘球、勾手大力发球、跳发球。

1. 发球技术要领

（1）正面上手发球（右手击球为例）。

面对球网，两脚前后开立，左脚在前，左手托球于体前。左手将球平稳地抛于右肩前上方，高于击球点2~3个球，抛球的同时右臂抬起屈肘后引，手指自然分开，上体稍向右转。击球时，利用蹬地转体动作带动手臂快速挥动，在右肩前上方用全掌击球的后中下部，触球时手腕有向前推压动作，使球呈上旋飞行（图4-2-60）。

（2）上手飘球。

面对球网，两脚前后开立，左脚在前，左手持球于体前。当球升到最高点时，身体重心前移，前臂突然加速挥动，用掌根平面击球的后中下部，作用力通过球重心（图4-2-61）。击球时，手腕紧张，用力短促。

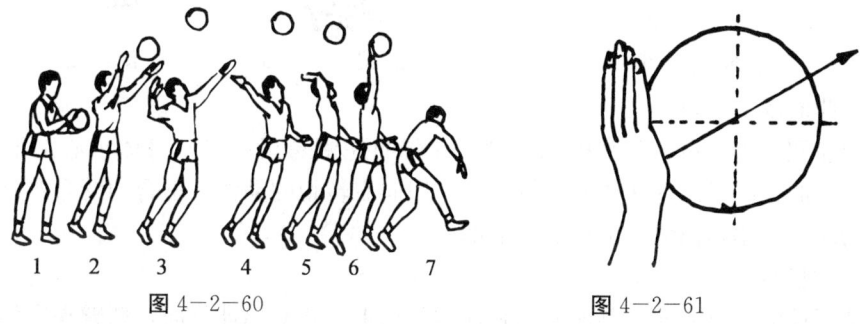

图4-2-60　　　　　　　　图4-2-61

（3）正面下手发球。

面对球网，两脚前后开立，左脚在前，两膝微屈，上体稍前倾，左手持球于腹前。左手将球抛起在身体右侧，离手约20厘米高，抛球的同时右臂伸直，以肩为轴向后摆。击球时，右脚蹬地，右臂由后向前摆，在腹前以"虎口"或掌根击球的后下部。

2. 发球技术练习方法

（1）抛球练习。

一人一球，练习发球技术的抛球，抛出球的高度、位置应稳定。

（2）挥臂练习。

练习者进行发球的挥臂练习，体会挥臂击球和协调用力的动作要领。

（3）近距离发球。

两人对面站，相距6~9米练习发球，也可以近距离隔网发球。

（4）端线外发球。

练习者站在端线后发球过网，体会发球时的全身协调动作和正确用力。

（5）提高成功率的发球。

练习者连续发10个球，统计发球的成功率。

（6）提高攻击性的发球。

练习者连续发10个球，要求发出的球具有一定的攻击性。

(三) 垫球

垫球技术有：正面双手垫球、侧面双手垫球、背垫球、单手垫球、挡球等。

1. 垫球技术要领

(1) 正面双手垫球（图 4－2－62）。

正面对准来球方向，成半蹲准备姿势。两手掌根紧靠，两手手指重叠后全掌互握，两拇指朝前，两臂自然伸直，手腕下压两臂外翻，手腕关节以上形成一个平面（图 4－2－63）。击球点在腹前一臂距离，用前臂腕关节以上 10 厘米左右，桡骨内侧平面触球（图 4－2－64）。垫击球时，手臂插入球下，蹬腿抬体，身体重心向前上方移动，同时含胸收肩，压腕、抬臂等动作密切配合，将球准确地垫在前臂上，身体和两臂要有自然的随球伴送动作。

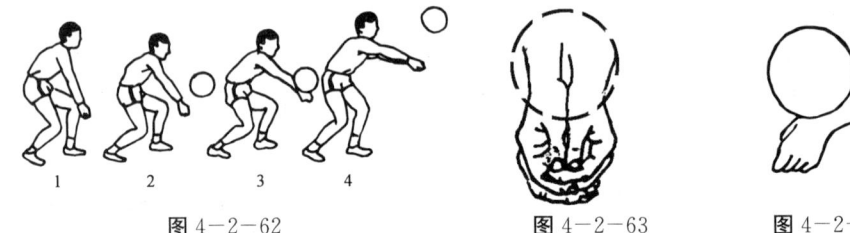

图 4－2－62　　　　　图 4－2－63　　　　　图 4－2－64

(2) 侧面双手垫球。

当球左侧飞来，右脚前掌内侧蹬地，左脚向左侧跨出一步，身体重心随即移至左脚上，左膝弯曲，同时两臂夹紧向左侧伸出，用向右转腰的动作，配合两臂自左侧向前截住球飞行的路线，用两前臂垫击球的后下部。

(3) 背垫球。

判断好球的飞行方向，迅速移动到球的落点上，背对出球方向，两臂夹紧伸直，垫击球点高于膝部。垫击球时抬头挺胸，展腹后仰，直臂向后上方摆动抬送。

2. 垫球技术练习方法

(1) 垫固定球。

两人一组，甲持球于腹前，乙将手臂插入球下做垫固定球练习。

(2) 自垫球。

一人一球做连续向上自垫，垫球高度可固定，也可高、低结合。

(3) 抛垫球。

两人相距 4～5 米，甲将球抛至乙的腹前，乙练习垫球。

(4) 移动垫球。

两人相距 4～5 米，甲将球抛至乙的两侧，乙练习移动垫球。

(5) 对垫球。

两人相距 4～5 米，做连续对垫，尽量采用正面垫球。

(6) 垫发球。

两人相距 9 米，甲发球，乙练习垫发球，一定次数后交换。

(7) 垫重球。

两人相距 4～5 米，甲抛球给乙，乙扣给甲垫球；乙将甲垫回的球接住，然后抛给甲扣，乙又将球垫回。如此交替练习垫重球。

（四）传球

传球技术有：正面上手传球、背传球、侧传球。

1. 传球技术动作要领

（1）正面双手传球（图4－2－65）。

正面对准来球方向，成半蹲准备姿势，两臂弯曲置于胸前。两手张开，手腕稍后仰，手指微屈成半球状，小指在前，两手拇指和食指构成一个三角形或桃形（图4－2－66）。传球时，利用蹬地、伸膝和伸臂的动作主动迎击，在脸前或额前上方一个球距离击球，以拇指、食指、中指负担球的压力，无名指和小指帮助控制球。

图4－2－65　　　　　　　　　　图4－2－66

（2）背传球。

背部正对传出球方向，抬头挺胸，手上举，手腕后仰，掌心向上，击球点保持在额前上方。击球时，利用向后上方蹬腿、展腹、伸肘的动作和手指、手腕的力量，将球向后上方传出。

2. 传球技术练习方法

（1）抛接球。

一人一球，将球向上抛起1米左右高度，用上手传球手型将下落的球接住，检查传球手型是否正确。

（2）传固定球。

甲持球于乙头前，乙双手成传球手型，用稍蹲姿势准备，然后用蹬地、伸膝、伸臂的协调动作传固定球。

（3）对墙传球。

一人一球，距墙1米，作近距离对墙传球练习。

（4）自传球。

一人一球作连续向上自传球，传球高度约30厘米，然后逐渐增加传球高度。

（5）抛传球。

两人相距4米站立，一人抛球，另一人练习传球，一定次数后两人交换练习。先原地传球后移动传球。

（6）对传球。

两人相距3~5米对传球，传球距离由近至远，次数由少到多。

（7）三角对传球。

三人成三角形站立，甲传球给乙，乙传球给丙，丙传球给甲，如此练习，转方向三角传球。

（8）背传球。

三人一组，甲、乙两人面对站，丙在两人中间面对甲，甲传球给丙，丙背传给乙，然后转身面对乙，把乙传来的球背传给甲。如此连续进行，一定次数后三人交换位置练习。

（五）扣球

扣球技术有：正面扣球、快球（近体快、半快、短平快、平拉开、背快球等）。

1. 正面扣球技术要领（右手扣球为例）

扣球助跑前采用稍蹲姿势，两臂自然下垂，站在离球网 3 米处观察来球。助跑时，左脚先向前迈出一步，接着右脚再迅速跨出一大步，左脚及时跟上，踏在右脚之前，准备起跳。在助跑跨出最后一步的同时，两臂绕体侧向上引。左脚在跟上踏地制动的过程中，两臂自后积极向前摆动，随着双腿蹬地向上起跳，两臂也配合起跳，有力向上摆动。起跳后，挺胸展腹，上体稍向右转，右臂向后上方抬起，身体成反弓形。挥臂时，以迅速转体、收腹动作为发力，依次带动肩、肘、腕各部关节成"鞭打"动作向前上方挥动。击球时，五指微张呈勺形，以全掌击球的后中上部，同时用力向下甩腕。落地时，以前脚掌先着地再过渡到全脚掌着地，同时顺势屈膝、收腹，以缓冲下落的力量（图 4－2－67）。

图 4－2－67

2. 扣球技术练习方法

（1）助跑起跳。

练习者听口令或看手势做助跑起跳，注意助跑的步幅与节奏。

（2）网前助跑起跳。

练习者从 4 号位进攻线后，向网前做助跑起跳。

（3）自抛对墙扣球。

一人一球，距墙 5 米，将球抛起后原地对墙扣球，抛一次扣一次。

（4）连续对墙扣球。

一人一球，距墙 6~7 米，将球抛起后把球扣向前下方的地板上。当球从墙上反弹回来后，再把球扣向前下方的地板上，连续进行。

（5）低网扣球。

练习者站在低网前 1 米处，把球向上抛起，原地把球击过网落到对方场内。要求尽量提高击球点。

（6）扣固定球。

一人站在网前高台上，单手持球于球网上沿作为固定球，练习者助跑起跳扣固定球。

（7）扣抛球。

一人在 3 号位抛球，扣球者在 4 号位进攻线后向前助跑起跳，扣从 3 号位抛来的一般高球。

(8) 扣传球。

二传队员在3号位传球，扣球者把球抛给二传队员，然后助跑起跳扣从3号位传来的一般高球。

(六) 拦网

1. 单人拦网技术要领

面对球网，两膝微屈，两脚平行开立与肩同宽，距网30～40厘米，两臂自然弯曲置于胸前，两眼注视对方的行动。根据拦网距离的需要，采用并步、交叉步等相应的移动步法移动到位，取好起跳点。起跳时，两膝弯曲用力蹬地，同时两臂在体侧前方划小弧用力上摆，带动身体垂直向上跳起。身体腾空后，两手从额前贴近并向球网上沿上方伸出，两臂伸直，两肩尽量上提。拦网时，两臂伸向对方上空，两手自然张开，屈指屈腕呈勺形。两手触球时要突然紧张，手腕用力下压，盖住球的前上方。拦网后身体自然下落，先以前脚掌着地，随之屈膝缓冲身体下落的力量（图4-2-68）。

图4-2-68

2. 拦网技术练习方法

(1) 徒手练习。

练习者站于网前做好准备姿势，原地或移动后向上跳起徒手拦网，体会拦网动作。

(2) 拦固定球。

球网对面2，3，4号位各一人站在高台上举球于网上沿，练习者从本方4号位起沿网移动，起跳拦固定球。

(3) 拦抛球。

两人隔网对站，甲将球抛于球网上沿，乙跳起把球拦回。

(4) 拦高台扣球。

一人站在网对面高台上扣球，练习者跳起将扣来的球拦回，扣球人尽量对准拦网者的手扣。

(5) 拦扣球。

甲方在对方区4号位扣球，乙方在本区2号位拦网。先固定扣球线路，然后不固定扣球线路，乙方判断甲方的扣球将球拦回。

二、排球基本战术

排球的基本战术是指在比赛的进攻和防守的过程中，根据排球运动的规律，以及比赛双方的具体情况和临场变化，灵活机动、有意识地发挥本队的特长，运用本队掌握的各种技术和组成各种进攻战术和防守战术的配合。

(一) 集体战术和个人战术

集体战术是指在比赛中，通过几个队员之间的集体配合，来突破对方的防守或克制对方的进攻。

个人战术是指在比赛中，靠个人技术动作的变化和灵活运用，达到上述攻防的目的，而发球只能利用个人战术。

(二) 阵容配合

要组成一个有效的进攻和防守的配合，必须发挥全队每个人的技术特长。能否发挥每个队员的特长，与场上 6 名队员的位置安排有很大有关系。阵容配备的组织形式一般有三种："四二"配备，"五一"配备，"三三"配备。

攻手　攻手　二传	攻手　攻手　二传	攻手　二传　攻手
二传　攻手　攻手	攻手　攻手　攻手	二传　攻手　二传
"四二"配备	"五一"配备	"三三"配备

(三) 接发球进攻的各种战术形式

1. 接发球站位

接发球的站位形式有三种：

(1) "中一二"进攻战术接发球（图 4-2-69①②）。

这是一种组织进攻的最基本的形式。站位根据对方发球的情况可以前移、后退、集中、分散。

(2) "边一二"进攻战术接发球（图 4-2-69③④⑤）。

接发球时把球垫给前排 2 号位的队员（二传）手里。

(3) 插上进攻战术接发球（图 4-2-69⑥⑦⑧）。

在对方发球后，一个后排队员不接发球，及时插到前排网边做二传，以组织前排三名队员进攻战术的配合。

2. 进攻技术

(1) "中一二"进攻战术形式。

它是由 3 号位队员作二传，把球传给 2 号位或 4 号位队员扣球的进攻形式。这种形式最容易组织，但战术变化较少。可组织 4 号位平拉开和短平快进攻。

(2) "边一二"进攻战术形式。

是由 2 号位队员作二传，将球传给 3 号位或 4 号位队员扣球的进攻形式。可组织"快球掩护拉开"、"前交叉"、"围绕"、"快球掩护夹塞"、"短平快掩护拉开"等战术变化。

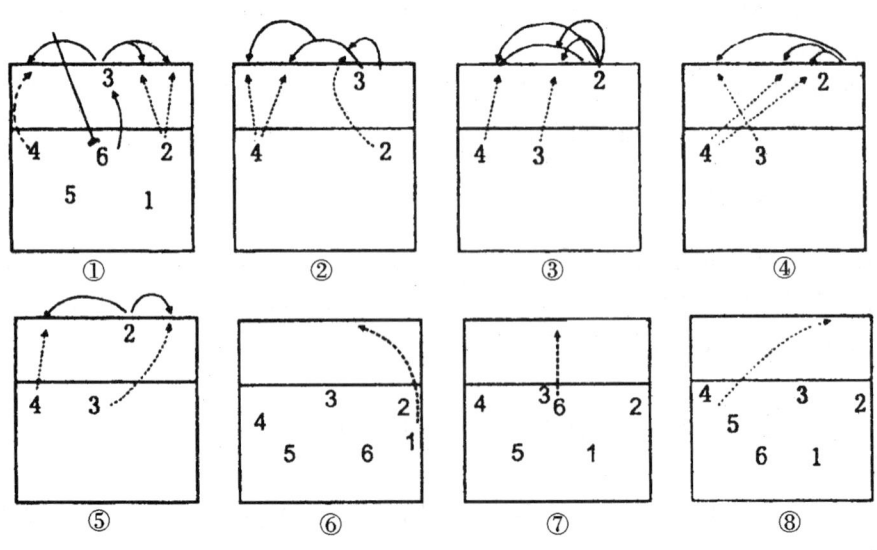

图 4-2-69

(3)"插上"进攻战术形式。

插上进攻战术形式的最大特点是能保持前排三人进攻。进攻时能充分利用网的全长，可以发挥每个队员的特点，可以组成以快球为核心的跑动配合，打出多种战术变化。如：前交叉、后交叉、夹塞、梯次、背溜、假交叉等等。这些战术，进攻的突然性较大，突破点多，使对方难于有效地组织双人拦网和防守（图4-2-69）。

三、排球竞赛的主要规则

（一）场地与设备

1. 比赛场地

包括比赛区和无障碍区。比赛区为长18米、宽9米的长方形，四周至少有3米宽的无障碍区，从地面量起至少有7米的无障碍空间。正式国际比赛场地边线外的无障碍区至少5米，端线外至少8米，比赛场地上空的无障碍空间至少12.5米高。所有的界线宽5厘米，界线颜色应是与地面和其他线不同的浅色。边线或端线包括在比赛场区面积之内。每个场区各画一条距离中心线3米的进攻线。

2. 球网

球网长9.5米、宽1米，成年男子网高2.43米，女子网高2.24米。标志杆长1.8米，直径10毫米，分别设置在标志带的外沿球网的不同侧，标志杆高出球网80厘米。

3. 比赛用球

球是圆形的，由柔软的皮革或合成革制成，颜色应为一色的浅色或彩色。内装橡皮胆。圆周为65～67厘米，重量为260～280克，气压0.30～0.325千克/厘米。

（二）比赛方法

五局三胜制，一方先胜三局就取得了比赛的胜利。采用每球得分制，前四局，先得25分并同时超出对方2分时为胜一局。如比分是24比24时，比赛双方继续进行至某一队领先2分为胜一局（如26：24、31：29）。比赛双方局数打到2比2平时，应采用第五局决胜局。决胜局的比分为15分，先得15分的队为胜队。当比分为14比14时，比赛继续进行至某队领先2分为胜队（如16：14、17：15）。决胜局中，任何一方先打到8分双方应交换场地，位置不变比赛继续进行，直至决出胜负。

（三）队员的场上位置和轮转

1. 队员的场上位置

在发球队员击球时，双方队员（发球队员除外）必须在本场区内各站两排，每排3名队员。前排位置为4（左），3（中），2（右）号位，后排位置为5（左），6（中），1（右）号位。在发球队员击球瞬间，双方队员场上的站位必须与填写的上场站位表相符。球发出后，队员可以在本场区和无障碍区的任何位置。

2. 轮转

接发球队获得发球权后，该队队员必须顺时针方向轮转一个位置（2号位队员转至1号位发球）。

（四）换人

每局每队最多可替换六人次。每局开始上场阵容的队员在同一局中可以退出比赛和再次上场各一次，而且只能回到原阵容的位置上。替补队员每局只能上场比赛一次，他（她）只能由被他（她）替换下场的队员来替换。

（五）比赛中的击球

每队最多击球三次（拦网除外），一名队员不得连续击球两次，但允许在第一次击球时，身体不同部位在同一击球动作中连续触球。身体任何部位都允许触球。击球的犯规有"四次击球"、"持球"、"连击"。

（六）发球

发球队员必须在第一裁判员鸣哨后的 8 秒钟内将球击出。发出的球落在对方场区内（包括球触击球网）视为好球。

（七）拦网

没有触及球的拦网行动称为拦网试图，触及球的拦网行动被认为完成拦网。只有前排队员允许完成拦网。拦网的触球不算作本球队的一次击球。

（八）触网

触网或触标志杆不是犯规，但队员击球时或干扰比赛的情况下触网除外。

（九）过中线

队员的一只（两只）脚或一只（两只）手越过中线触及对方场区的同时，身体其余部分还接触中线或置于中线上空是允许的，不判为犯规。

（十）持球

队员身体任何部位都允许触球。但球必须被击出，不得接住或抛出，违反则为持球。

（十一）连击

第一次接球无连击。除外一名队员连续击球两次或球连续触及身体。

四、沙滩排球简介

沙滩排球 20 世纪 40 年代起源于美国。当时，加利福尼亚北海湾的救生员在海滩上竖起两根木桩，拉一绳网打排球。后传入巴西、意大利、澳大利亚、法国等国家，70 年代逐渐在日本等亚洲国家开展。1976 年在加利福尼亚的帕里塞德斯海滩举行首次正式比赛。1979 年出现职业沙滩排球赛。1987 年在巴西举行首届世界沙滩排球锦标赛。1993 年国际奥委会第 101 次会议将沙滩排球赛列入为第二十六届奥运会正式比赛项目。沙滩排球赛从 1989 年在我国开展，1993 年举办首届全国沙滩排球赛。

（一）比赛场地

（1）场地：比赛场地长 18 米，宽 9 米；沙地由至少 30 厘米厚的细颗粒沙组成，且平坦，划一，没有石块、壳类等杂物。场地的界线宽度为 5~8 厘米，由坚固耐用的深蓝色绸带所构成。

（2）球网、标志带、标志杆：球网的设置和高度与室内排球比赛相同，球网上、下沿全长需用 5~8 厘米深蓝色的双层帆布带缝制而成。标志带应为彩色带（上面可印赞助商广告）。

（3）球。圆形：由柔软不服水的皮革材料制成，以适应室外雨天比赛条件。球内压 17.1~22.1 千帕，比赛用 5 号球，重 260~280 克（比室内排球重 10 克）。为了与海水和沙滩的颜色有区别，球的颜色为黄色、橙色或粉红色。

（4）其它：记分牌、裁判椅、太阳伞、桌椅、水管、毛巾等。

（二）比赛办法

（1）组别。国际正式沙滩排球比赛，一般采用 2 人制（美国称为双人排球）。近几年已出现了3人制、4人制,在我国由于沙滩排球赛起步较晚。加上队员体力、技术等方面的原因,也采用混合制编队方式,如2男1女、3男1女、2男2女等。比赛分为男子组、女子组、混合组。

(2) 局数与计分:每场比赛可采用一局制,胜一局即胜一场,一般用于参赛队较多的预赛阶段;也可采用三局两胜制,一般用于复赛和决赛阶段。一局制比赛先得15分并同时超过对方2分以上者为胜,当比赛分数为14比14时,要继续比赛至一队领先2分,但最高分限为17分。采用三局二胜制时,前两局以先得12分并领先对手2分以上的队为胜,当前两局1:1平时,第三局采用每球得分制,以先得12分并超过对方2分以上的队为胜,最高积分仍为17分为限。

(3) 队员:男穿短裤;女着泳装,可戴太阳镜,赤脚。每局比赛开始后即不准换人;如某队因任何原因,不能继续比赛了,则判该队弃权。

(4) 发球:没有发球区限制,队员可在端线后两条边线延长线内的任何位置发球。发球时本队队员不得掩护;须轮换发球,如遇发球顺序错误,便失去发球权,但不失分。

(5) 比赛过程:每队在本场区可击球3次,将球击回对方场区;一名队员不得连续击球两次;只有发球方可得分(决胜局除外),接发球方胜一球时,获发球权(决胜局则得分)。防扣球时,允许连击或用手指捞球。

(6) 限制线:没有3米限制线,可以在场内任何位置扣球;没有中线限制,一方队员在不妨碍对方队员比赛的前提下,允许穿过网下垂直面而进入对方场区。

五、软式排球简介

软式排球是继室内排球及沙滩排球之后的又一项新兴体育项目,20世纪80年代末起源于日本。目前,亚洲和欧美一些国家已开展软式排球运动,并已相应制定了竞赛规则和举办了国际比赛。

软式排球是每队由4~6人组成的,场上比赛为4人,两人固定秩序轮换。换人时,只要是死球状态,可以自由上下。两队被球网分开,室内外场地均可进行比赛。软式排球如同排球一样,主要是用手或手臂进行击球,身体其他部位也可击球。比赛由下手发球开始,每队可在三次击球中,将球击向对方区域,一个队员不得连续击球两次(拦网除外)成人组扣球只能从限制线后起跳扣球(2米线)。比赛采用三局两胜制。前两局只有发球队可以得分,每次换发球时发球队员必须交换,一个队赢得15分同时超过对方2分即取得这局胜利。当比分为16比16时,先获得17分即取得这局比赛的胜利。当1比1平局时,决胜局采用每球得分制,先得15分同时超过对方2分时才能取得胜利。

(一) 比赛场地

比赛场区为长13.4米、宽6.10米的长方形。其四周至少有2米宽的无障碍区,从地面向上至少有7米高的无障碍空间。

(二) 球网

球网的高度成人组为2.2米,家庭组和少年组均为2.10米。

(三) 球

球是圆形的,由柔软的材料制成。

第四节　网球运动

现代网球运动始于 1873 年的英国。网球是集竞赛和娱乐为一体的球类项目，也是奥运会的正式比赛项目。比赛有男、女单打和双打，混合双打及团体共七个项目。

一、网球运动的基本技术和练习方法

（一）握拍法

主要的握拍方法有四种：东方式、大陆式、西方式和双手握拍。

1. 东方式正手握拍法

亦称"握手式"。拍面与地面垂直，用握拍手的虎口对正拍柄右上侧棱，手掌根与拍柄右上斜面紧贴，拇指垫握住拍柄的左垂直面，食指稍离中指，食指下关节压住拍柄右垂直面，五指紧握拍柄。

2. 东方式反手握拍法

从正手握拍法把手向左转动 1/4，用手掌根压住拍柄的左上斜面，拇指伸直贴在拍柄的左垂直面上，食指下关节压住拍柄右上斜面。

3. 大陆式握拍法

正、反手握法相同，无需换拍。用手掌根抵住拍柄上部的小平面，拇指直伸围住拍柄，食指下关节紧贴拍柄右上斜面。

4. 西方式正手握拍法

用手掌根贴着拍柄右下斜面，拇指和食指都不前伸，拇指压在拍柄上部小平面，食指下关节握住拍柄的右下斜面。

5. 西方式反手握拍法

即正手握拍后，把球拍上下颠倒过来，用同一拍面击球。

6. 双手正（手）拍握拍法

右手是东方式正手握拍法，握在拍柄的后（上）方；左手是东方式反手握拍法，握在拍柄的前（下）方。

7. 双手反（手）拍握拍法

右手是东方式反手握拍法，握在拍柄的后（上）方；左手是东方式正手握拍法，握在拍柄的前（下）方。

8. 握拍的练习方法

①固定球拍，以持拍手的正确部位握拍，体会握拍感觉。②在转动球拍中，练习者自己发出信号于瞬间以正确手法握拍。

（二）击球前的准备姿势

面对球网，两脚分开与肩同宽，身体前倾，双膝微屈，重心落在前脚掌上，右手握拍，左手轻托拍颈，拍面垂直地面并指向对方，注意力集中准备迎击来球。

（三）基本步法

1. 移动方法

主要由跑步、滑步、交叉步、跨步、踮步等组成，其步法有"关闭式"（以前脚掌为

轴,另一脚向前 45°跨步,形成击球步法)和"开放式"(两脚平行站立,以右脚掌为轴,转胯转体形成击球步法)两种。击球移动应是向来球方向斜插跑动,做到接近来球时,已完成引拍动作。

2. 基本步法的练习方法

①徒手练习前、后、左、右移动脚步动作;②结合挥拍动作练习步法。

(四)底线正手击球

1. 底线正手击球基本技术(右手击球为例,后同)

当发现来球在正拍位时,就开始向后拉拍,转髋的同时转肩,带动球拍向后引,成弧形做后摆动作;或直接向后拉拍,肘关节弯曲并稍抬起(注意手臂不要伸直),左手同时向前伸出,以保持身体平衡。当脚下采用关闭式步法时,应在球拍做后摆动作的同时,右脚向右转,约与底线平行,左脚向右前方做 45°角迈出;开放式步法是在球拍后摆时,双脚基本与底线平行,但要做较多的转体动作来配合。两种步法击球前的重心都在右脚上,随着击球和动作的随挥(随势挥拍),重心移向左脚。击球时尽量在腰部高度迎前击球,借助转髋和腰的快速短促扭转,利用离心力大力摆动身体并立即挥拍击球。此时手腕固定、肘微屈,击球点在轴心脚的侧前方,击球的中部或中部偏上位置。击球后,球拍沿着球飞行的方向继续向上挥动,肘关节向前上方跟进前伸,球拍随势挥至左肩上方结束,击球后应尽快还原到预备姿势(图 4-2-70)。

图 4-2-70

2. 底线正手击球的练习方法

①徒手分解练习:准备动作是"1";转体向后引拍,向侧前方跨步是"2";腰部扭转,向前挥拍是"3";脚步跟上,动作还原是"4"。然后再进行连贯动作的挥拍,直到动力定型。②在原地挥拍练习的基础上,结合步法作挥拍练习,体会步法与手法的协同配合。③自供球按要领完成击球的完整动作。④由教练送多球,完成击球练习。⑤距网球墙约 7 米左右的距离,连续击球。⑥于底线和同伴对练斜线与直线的练习。

(五)底线反手击球

当来球在反拍时,左手轻托球拍的颈部,随着右脚向左侧前方约 45°角跨出,向左转肩转髋至右肩侧对球网,并向后引拍,握拍手肘关节弯曲并贴近身体,拍头略低于来球。击球时要向前迎球,击球点在右脚的侧前方(双手击球在左脚的侧前方,并力争打上升球)。抽击球的拍面要垂直于地面,肘关节稍屈并外展,手腕紧锁,并由下向上奋力挥出,击球的中部偏下。在将要击球时,身体重心由后脚移向前脚。击球后球拍应向上挥到肩或头部的高度,同时保持身体平衡并准备下一拍的击球。削球时引拍应向后上方,拍头约与头部同高。击球时拍面要微展开(后仰),球拍由后上向前下方做切削动作,击球的中部或中部偏下,随势挥拍动作应由下稍微向上或弧形挥动,到肩或头部的高度并面向球网。

双手击球应触球的中部或中部偏下,随势挥拍动作应在肩部结束(图 4-2-71)。

图 4-2-71

底线反手击球的练习方法与底线正手击球的练习方法相同。

(六)发球与接发球

1. 发球

发球有三种:平击发球、切削发球和上旋发球。采用大陆式或东方式反拍握拍法:侧身站立,左肩对着左网柱,面向右边网柱,两脚分开约同肩宽,左脚与端线约成45°角,右脚与端线平行,左手持球轻托球拍在腰部,抛球与后摆拉拍动作同步开始。当球拍向下向后引拍时,持球手同时下降至右腿处,并开始直臂,平稳地从左脚处向上抛球,球送至最高点再离开手指抛向空中。此时球拍从身后向头上方做大弧度摆动,身体做转体、屈膝、展肩,右肘向后外展约同肩高,拍头指向天空,左侧腰胯成弓形状。击球前握拍手的肘关节放松,使手臂产生一个完美的绕圈,手腕放松使球拍在体后下垂(不能人为地让拍子去做搔背动作)。当球下降至击球点时,迅速向上挥拍击球。击球时身体、手臂、球拍要充分向上伸展,持拍手腕向前拌甩并带动前臂做"旋内鞭打",球拍随挥至身体的左侧。击球后身体向场内倾斜,并自然跟进。"平击发球"的击球点应在身体的右眼前上方,以拍面中心平直对准球,击球的后中上部;"切削发球"的抛球应在右侧斜上方,球拍快速从右侧中上方至左下方挥动,击球的中部偏右侧;"上旋发球"的抛球应在头后偏左的位置,球拍快速从左向右上方挥动,从下向上擦击球的背面,并向右带出(图 4-2-72)。

图 4-2-72

2. 接发球

来球前,应两膝弯曲,两腿叉开。当对方抛球准备击球时,可重心升起两脚快速交替跳动,并判断来球迎前回击。接球回击时要做到换握拍及时,拉拍及动作幅度要小,接球回位要及时。对发球威胁大的回击动作一般介于底线正、反拍击球的动作和截击球动作之间,对发球质量差的来球用底线正、反拍动作回击。

3. 发球与接发球的练习方法

①明确正确的发球握拍法,即大陆式或东方式反拍握法,并进行握拍练习。②专门的

反复抛球练习。③完整发球的徒手模仿练习，多体会放松、准确、协调、完整、舒展的发球动作。④距网球墙约12米处对墙发球练习。⑤在场地上用多球完成发球的练习。⑥由易到难的练习，即先发不定点球，后发定点球，再设立目标以发球来"打靶"。⑦结合场地上的各种发球练习接发球。⑧按指定的点和线路进行接发球练习。

（七）截击球

在中场或近网处，凌空（除高压球外）击打对方来球称为截击球，又称拦网，分正拍和反拍截击球。握拍为大陆式或东方式反拍握拍法。

1. 正拍截击

来球前，左脚向右侧前方作45°角跨步，以转胯转肩来带动球拍后摆（不超过肩），肘关节微屈，手腕成45°角，拍面略开。球拍触球时手腕要固定，击球点在左脚尖的延长线上，以短促而有力的动作向前迎击来球，击球的中下部。

2. 反拍截击

来球前，右脚向左侧前方作45°角跨步，同时转肩转胯，左手托住拍颈帮助向后引（拉）拍，拍面略开在体前，后引动作不超过左肩，击球点位于右脚尖前面。击球时手腕紧固，肘关节微屈，利用前臂与手腕动作短促向前向下截击来球。

正、反拍截击来球时，来球高时拍面应垂直向前向下击球，来球低时拍面应打开些，击球的中下部向前搓顶过去。

3. 截击球的练习方法

①截击球技术模仿练习，掌握步法、转胯转肩、引拍和击球等动作要领。②距墙约3米固定手型的截击练习。③一人供球一人连续多球截击练习。④网前两人对抗练习。⑤网前截击无规律来球。

（八）高压球与挑高球

1. 高压球

其动作与发球动作相似，握拍也与发球握拍相同。当对方挑高球时，应立即侧身转体并用短促的踮步调整到位，球拍在体前上举并后引，非持拍手上举指向来球的方向和高度，击球点在右眼前上方。击球前重心在两脚前脚掌上，后腿弯曲。击打近网高压球时击球点可偏前以利于下扣动作的完成，击打远网后场高压球的击球点可稍后些，击球动作向前下方挥击，避免下网。

2. 挑高球

分为进攻性挑高球和防守性挑高球两种：进攻性挑高球在挥拍击球时，拍面垂直，拍头低于手腕，采用手腕与前臂的翻滚动作，使球拍从球的后下向前上挥拍并做弧线擦击，使球产生强烈旋转，击球点应在身体的侧前方，随挥动作应轻松地在身体左侧结束；防守性挑高球在挥拍击球时拍面朝上，触球的中下部，由后下方向前上方平缓挥拍击球，动作柔和并使球在球拍上停留时间长一些。

3. 高压球与挑高球的练习方法

①持拍做高压球和挑高球的模仿练习。②用多球进行高压球和挑高球的练习。③一人或两人专门练习底线挑高球，另两人专门练习高压球。

二、网球竞赛的主要规则

(一) 网球比赛的方法

网球比赛有单打和双打两种形式,正式比赛项目分为 7 项:男子团体、女子团体和男子单打、女子单打、男子双打、女子双打和男女混合双打。每场比赛男子一般采用五盘三胜制,女子采用三盘二胜制。戴维斯杯和"四大网球公开赛"的男子比赛均采用五盘三胜制。

网球比赛用一种特殊的记分方法记录每场比赛的胜负。记录的最小单位是分,然后是局,最后是盘。每一局采用 0,15,30,40,平分和 Game 的记分方法。比赛时先得 1 分呼报 15,再得 1 分呼报 30,得第 3 分呼报 40,第 4 分呼报 Game,即本局结束。如果比分为 40:40 时,叫平分,一方必须再连得 2 分才算胜此局。比赛双方谁先胜 6 局者为胜一盘。如果各胜 5 局,一方必须再连胜 2 局才能结束这一盘,这就是长盘制。为了控制比赛时间,近十几年普遍采用平局决胜制即当局数为 6:6 时,只再打一局来决胜负。在这一局中,谁先赢得 7 分者为胜。如果在此局打成 5:5 平分,一方仍须连得 2 分才算胜此局,即胜此盘。

网球比赛时,运动员各占半个场区,发球一方先在端线中点的右区发球,球发到对方另一侧的发球区为有效。每 1 分有两次发球机会,第一次发球出界或下网叫一次失误,第二次发球再失误叫双误,失 1 分。第 2 分换在左区发球,第 3 分再回到右区,如此轮换,直到本局结束。下一局改由对方发球。第一、三、五、七、九……单数局交换场地。每次发球为有效球后,双方来回击球,可在空中还击,也可落地一次后还击。

(二) 网球竞赛规则

网球比赛时必须按照以下基本规则的规定进行:

1. 发球前

发球员应站在端线后、中点和边线的假定延长线之间的区域里,用手将球向空中抛起,在球接触地面前用拍击球。

2. 发球时

发球员在整个动作中不能通过走或跑改变原站的位置;两脚只准站在规定的位置内,不得触及其他区域。发出的球应从网上越过,落在对角的对方发球区内或其周围的线上。

3. 发球员的位置

每局开始先从右区端线后发球,得或失 1 分后,应换到左区发球。

4. 发球失误

违反上述发球站位的规定,未击中球,发出的球落地前触及固定物(球网、中心带和网边白布除外),均为发球失误。发球员第一次发球失误后,应在原发球位置进行第二次发球。

5. 发球无效

发球触网后仍然落到对方发球区内,接球员未做好接球准备,为发球无效。均应重发球。

6. 交换发球

第一局比赛结束,接球员换为发球员,发球员成为接球员。以后每局终了,均依次交换,直至比赛结束。

7. 交换场地

双方应在每盘的第一、二、三等单数局结束后,以及每盘结束后双方局数之和为单数时或决胜局比分相加为 6 和 6 的倍数时,交换场地。

8. 失分

发生下列任何一种情况,均判为失分:①在球第二次着地前未能还击过网。②还击的球触及对方场区界线以外的地面、固定物或其他物件。③还击空中球失败。④故意用球拍触球超过一次。⑤运动员的身体、球拍在击球期间触及球网。⑥过网击球。⑦抛拍击球。

9. 压线球

落在线上的球都算界内球。

10. 双打发球次序

每盘第一局开始时,由发球方决定由何人首先发球,对方则同样在第二局开始时决定由何人首先发球;第三局由第一局发球方的另一球员发球;第四局由第二局发球方的另一球员发球。以后各局均按此顺序发球。

11. 双打接球次序

先接球的一方,应在第一局开始时,决定何人先接发球,并在这盘双数局继续先接发球。他的同伴应在每局轮流接发球。

12. 双打还击

接发球后,双方应轮流由其中任何一名队员还击。如运动员在其同伴击球后,再以球拍触球,则判对方得分。

(三)网球比赛场地

网球场有沙地、硬地(塑胶、水泥、沥青地等)和草地等,场地尺寸双打端线长 10.97 米、边线长 23.77 米,单打端线长 9.23 米、边线长 23.77 米。网球场四周应留有空地,端线外至少 6.40 米,边线外至少 3.66 米。

第五节 乒乓球运动

乒乓球运动 19 世纪末起源于英国,1926 年在英国伦敦举行第一届世界乒乓球锦标赛。乒乓球竞赛项目,分为团体赛和单项比赛两大类。团体赛有男子团体(斯韦思林杯)和女子团体(考比伦杯)两项。单项比赛有男子单打(勃莱德杯)、女子单打(盖斯特杯)、男子双打(伊朗杯)、女子双打(盖波普杯)和混合双打(赫杜赛克杯)5 项。

一、乒乓球的基本技术

(一)乒乓球运动的基本姿势与基本步法

1. 基本姿势(右手握拍为例,后同)

两膝微屈,持拍手臂自然弯曲,置于身体右侧,手腕放松持拍于腹前,做到"注视来球,上体微倾,屈膝提踵,重心居中"。

2. 基本步法

单步、换步、跳步、跨步、侧身步及交叉步法。

(二) 乒乓球的发球和接发球

1. 发球技术

乒乓球的比赛首先是从发球开始的，一个好的发球能控制对方，为自己创造好的进攻机会，反之则会被对方利用造成本方的被动。乒乓球的发球技术有许多种。这里只介绍平击发球和反手发下旋球。

(1) 平击发球。

发球时持球手向上将球轻抛起，同时持拍手向后引拍。球从高点下降低于球网时，持拍手以肘部为轴心，前臂向右前方横摆击球。向前挥拍时，拍面前倾，击球中上部。击球后第一落点在本方球台的中区。

(2) 反手发下旋球。

拍面稍后仰，引拍至身体左后上方。当球下降至低于球网时，前臂迅速向前下方用力推和摩擦球，拍面触球的中部。第一落点在本方球台端线附近。

练习方法：徒手模仿抛球及发球动作，在台前用多球进行发球练习，进行各种路线的发球练习，进行各种旋转性能的发球练习，练习用同一手法发不同旋转和落点的球。

2. 接球技术

首先必须根据对方发球的位置来决定自己的位置。要识别对方采用哪一类的发球，必须注意他在发球时挥臂动作和球拍移动方向，要根据对方发球时摆臂振幅大小和手腕用力的不同程度来判断来球落点的远近和强弱旋转，要根据来球的飞行弧线和速度来判断球的旋转性能。接发球的方法基本上是由点、拨、拉、搓、削、摆、短、撇、侧等技术组成的。接发球的教学和发球的教学通常是结合在一起进行的，教学时要以简单的固定旋转、落点开始，然后过渡到复杂的综合的多种发球和接发球。

(三) 推挡球

推挡球是乒乓球技术中的基本技术之一，其特点是站位近、动作小、球速快、变化多。

1. 快推

站位靠近球台，上臂适当后撤引拍。迎球挥拍，推球前手臂迅速迎前，在来球上升期触球。球拍触球一刹那，前臂稍外旋，食指压腕击球中上部，手臂稍向上辅助发力，击球随势挥拍，击球后迅速还原。

2. 加力推挡

站位离台 30~40 厘米于左半台，引拍前臂提起，上臂后收肘部靠近自身，迎球挥拍于球上升后期或高点击球。球拍触球时，伸髋，转腰加大手腕用力，并用中指顶住拍背向前用力，随势挥拍，击球后迅速还原。

3. 练习方法

徒手做推挡球的模仿动作，体会动作要点；对墙做推挡球练习；两人在台上做各种线路的推挡球练习；两人全力推挡。

(四) 攻球技术

攻球技术是乒乓球的一项重要技术，也是得分的重要手段，它包括正手攻球、反手攻球和侧身攻球三大类。我们重点介绍正手攻球。

1. 正手快拉

站位近台，手臂放松，上臂在身体右前方，前臂略下沉。拉球时，前臂迎击来球的最高点（下降前期），手腕同时向前、向上转动摩擦球，制造弧线。判断清楚来球的下旋程度，来球下旋强，球拍向上摩擦力量应大，弧线高一些，反之摩擦力量应小，弧线低。拉球后应立即放松还原。

2. 正手快攻

站位近台，前臂与地面略平，以前臂发力为主，拍面前倾，触球中上部以向前上方发力为主。前臂挥动要快，用力适当。快攻时，落点要多变，落点变化依赖手腕调节拍面方向，改变击球部位。球拍触球中右部，转动手腕可打出斜线；球拍触球中部，向前向下击球，可打出直线。球击出后，还原要迅速，放松准备下一板击球。

3. 练习方法

徒手练习：根据正反手攻球的技术，徒手模仿练习体会挥臂、腰部扭转和重心交换等动作要领。单个动作练习：一人发球一人攻球，打一拍球再重新发球。攻推挡练习：一人推挡，一人练习攻球。对攻练习：两人练习各种线路的对攻。发力攻练习：按以上练习方法，加大攻球力量。

（五）搓球

搓球是近台还击下旋的一种基本技术。

1. 快搓

站位近台，在上升前期击球，击球前拍面稍后仰，手臂迅速前伸迎球。根据来球的旋转程度调节拍面和用力方向，来球下旋强，拍触球底部，向前用力大些；来球下旋弱，拍面触球中下部，向下用力大些。搓完迅速还原，准备攻下一板球。

2. 练习方法

徒手做模仿搓球练习；自己抛球，弹起后将球搓过网；接发球时，将球搓回对方球台；对搓练习；正、反手快搓练习；搓球与抽球结合练习。

（六）弧圈球技术

弧圈球技术是一种有效的进攻手段，它可分为正手拉、侧身拉和反手拉三大部分。重点介绍正手拉加转弧圈球。

1. 正手拉加转弧圈球（前冲弧圈）

拉球准备动作是左脚在前右脚在后，身体向右扭转，右肩略低于左肩。拉加转球，手臂自然下垂，球拍后引幅度小（拉前冲弧圈时，手臂略高，球拍自后与腰同高）。拉加转球的击球时间在下降期，拍面稍前倾，摩擦球的中部偏上位置，发力方向以向上为主略带向前。击球时后脚掌内侧蹬地，以转腰带动肩、上臂、前臂和手腕发力将球击发（前冲弧圈球时间为高点下降前期，拍面前倾角度比加转球大，摩擦球中上部经向前发力略带上）。拉完后迅速还原，准备下一拍动作。

2. 练习方法

徒手做模仿拉弧圈球的动作；一人发下旋球，另一人练习拉弧圈球；一人推挡，一人练习连续拉弧圈；二人对搓，一人在搓中抢位拉弧圈球练习。

二、乒乓球竞赛的主要规则

（一）定义

回合：球处于比赛状态的一段时间。

重发球：不予判分的回合。

得分：判分的回合。

击球：用握在手中的球拍或执拍手、手腕以下部分触球。

拦击：对方击球后，球尚未触及本方台区，本方运动员即行击球。

阻挡：对方击球后，处于比赛状态的球，尚未触及本方台区，也未越过台面或其端线，即触及本方运动员或其穿带的物品。

端线：球台的"端线"包括在其两端的无限延长线。

（二）合法发球

（1）发球时，球应放在不执拍手的掌上，手掌张开和伸平。球应是静止的在端线之后和比赛台面的水平面之上。

（2）发球时必须几乎垂直地向上抛球，不得使球旋转，并使球离开手掌上升不少于16厘米。

（3）当球从抛起的最高点降落时，发球员击球使球首先触及本方台区，然后越过球网装置，再触及接球员的台区。在双打中，球应先后触及发球员和接发球员的右半区。

（三）合法还击

对方发球或击球后，本方运动员必须击球，使球直接越过或绕过球网装置，或触及球网装置，或触及球网装置后再触及对方台区。

（四）失分

回合中出现重发球以外的下列情况，应判失一分：未能合法发球，未能合法还击，拦击或阻挡，连续两次击球，球连续两次触及本方台区，运动员移动了比赛台面，不执拍手触及比赛台面；在双打中，除发球和接发球外，运动员未能按正确的次序击球。

（五）一局比赛

在一局比赛中先得11分的一方为胜方，但打到10平后，先多得2分的一方为胜方。

（六）比赛

比赛应采用三局二胜制或五局三胜制。比赛应连续进行，在局与局之间运动员有权要求不超过1分钟的休息时间。

第六节 羽 毛 球

现代羽毛球运动起源于英国，它是由印度"浦那游戏"逐步演变而成的，目前世界上最引人瞩目、最有影响的国际羽毛球赛是国际羽联主办的世界四大锦标赛，即汤姆斯杯赛、尤伯杯赛、世界羽毛球个人锦标赛和苏迪曼杯赛（世界羽毛球混合团体锦标赛）。

一、羽毛球的基本技术和练习方法

羽毛球技术是指运动员在比赛中所采用的动作方法的总称。羽毛球的基本技术包括手法和步法两大类；手法有握拍法、发球法和击球法；步法有基本步法和前后左右移动的综合步法。

（一）手法

1. 握拍法（正、反手握拍法）

正手握拍法：虎口对着拍柄窄面的小棱边，拇指和食指贴在拍柄的两个宽面上，食指和中指稍分开，中指、无名指和小指并拢握住拍柄，掌心不要紧贴，拍柄端与近腕部的小鱼际肌平拍面基本与地面垂直（图4-2-73）。正手发球、右场区各种击球及左场区头顶击球等，一般都采用这种握法（本章均以右手握拍者为例）。

图4-2-73　正手握拍法

2. 发球法

（1）正手发球。

站在靠近中线一侧，离前发球线约1米左右的位置上。身体左肩侧对球网，左脚在前，脚尖向网，右脚在后，脚尖稍向右侧，两脚距离与肩同宽，身体重心放在右脚上。准备发球时，右手握拍向右后侧举起，肘部微屈，左手拇指、食指和中指夹住球，举在腹部右前方，然后放开球，挥拍击球。击球时，身体重心由右脚移至左脚上。（图4-2-74）。

图4-2-74　正手发球

（2）反手发球。

发球站位可在前发球线后10～50厘米及中线附近，也可在前发球线后及边线附近。面向球网，两脚前后开立（右脚或左脚在前均可），上体稍前倾，身体重心在前脚上。右手臂屈肘，用反手握拍将球拍横举在腰间，拍面在身体左侧腰下。左手拇指与食指捏住球的二、三根羽毛，球托朝下，球体或球托在球拍前对准拍面。击球时，前臂带动手腕朝前横切推送，使球的飞行弧线略高于网顶，下落到对方前发球线附近（图4-2-75）。

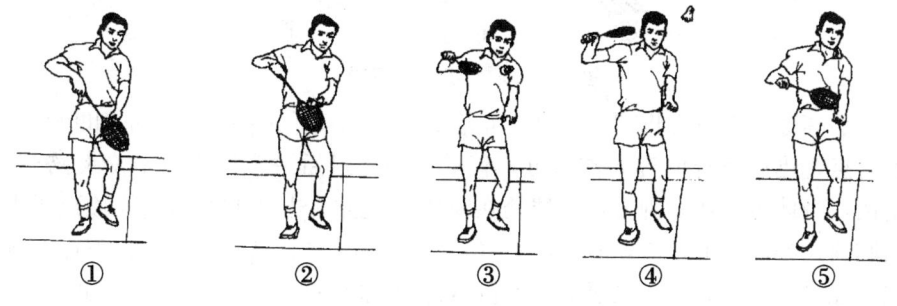

图4-2-75　反手发网前球

3. 接发球法

接发球的站位和姿势：

（1）单打站位：单打站位于离前发球线1.5米处。在右发球区要站在靠近中线的位置；

在左发球区则站在中间位置。主要是防备对方直接进攻反手部位。一般左脚在前，右脚在后，双膝微屈，收腹含胸，身体重心放在前脚上，后脚脚跟稍抬起。身体半侧向球网，球拍举起在身前，两眼注视对方（图4-2-76）。

图4-2-76 接发球姿势

（2）双打站位：由于双打发球区比单打发球区短0.76米，发高远球易被对方扣杀。所以双打发球多发网前球为主。接发球时要站在靠近前发球线的地方。双打接发球准备姿势和单打的接发球姿势基本相同，略有区别的是身体前倾较大，身体重心可以随意放在任何一脚，球拍举得高些，在来球到网上最高点时击球，争取主动。但要注意右场区对方发平快球突袭反手部位。

4. 击球法

羽毛球击球技术方法包括击高球、吊球、杀球、搓球、推球、勾球、扑球、抽球、挑球等，每一种技术又可分为正手和反手击球法。

高球：高球分为正手、反手和头顶三种手法。

（1）正手高球：首先要判断好来球的方向和落点，侧身后退，使球处在自己的右肩稍前上方的位置。左肩对网，左脚在前，右脚在后，重心在右脚上。左臂屈肘，左手自然高举，右手持拍，手臂自然弯曲，将球拍举在右肩上方，两眼注视来球。击球时，右上臂后引，随之肘关节上提明显高于肩部，将球拍后引至头部，自然伸腕（拳心朝上）。然后在后脚蹬地，转体收腹的协调用力下，以肩为轴，上臂带动前臂快速向前上方甩腕，在手臂伸直的最高点击球（图4-2-77）。正手高球也可起跳击球。

① ② ③ ④ ⑤

图4-2-77 正手击高球

（2）反手高球：当对方将球击到己方左后场区时用反手击高球。首先判断好对方来球的方向和落点，迅速将身体转向左后方，移动步伐，最后一步用右脚前交叉跨到左侧底线，背对网，身体重心在右脚上，使球处在身体右上方。击球前，迅速换成反手握拍法，持拍于右胸前，拍面朝上。击球时，以上臂带动前臂通过手腕的闪动，自下而上地甩臂，将球击出。在最后用力时，要注意拇指的侧压力与甩腕的配合，以及两腿蹬地转体的全身协调用力（图4-2-78）。

（二）步法

1. 技术要领

（1）上网步法：如果站位靠前，可用两步交叉步上网，若站位靠后场，则采用三步交

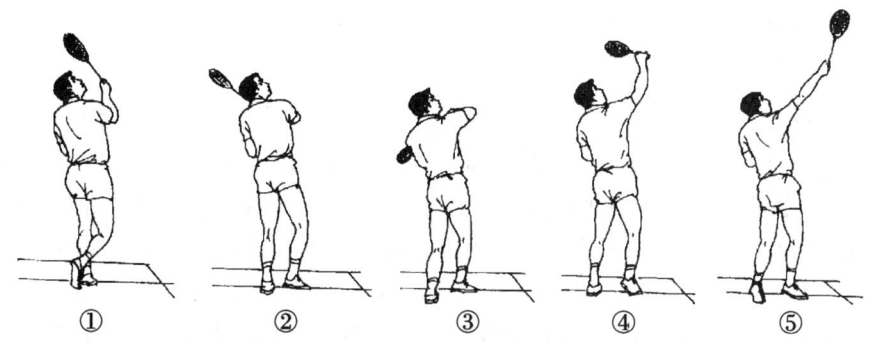

图 4-2-78　反手击球

叉跨步的移动方法。为了加速上网，还可采用蹬步上网。

（2）后退步法：后退步法一般都用侧身后退，以便于到位后挥拍击球。如果右脚稍前的站位，则先完成右脚后蹬——髋部右后转——成侧身站位，然后采用三步并步后退或交叉步后退。

（三）羽毛球基本技术的练习方法

1. 正手发高球和正手挑球技术的练习

正手向上颠球；用吊线球进行正手挑球；对墙发球；在场地上正式发球。

2. 后场上手击球（高、吊、杀）技术的练习

（1）按技术动作要领，持拍、引拍、挥拍、击球、还原练习。

（2）原地进行"起跳转体90°着地后即返回原地，再反复起跳并完成上手挥臂动作"的练习。

（3）多球式喂球或一对一陪练式喂球练习。

3. 网前高点搓、推技术练习

定点多球式喂球，搓球、推球练习；两人隔网对练搓球；多球上网定点（或不定点）搓、推球练习。

4. 接吊与接杀技术练习

正手接吊挑与反手接吊挑；正手接杀放网与反手接杀放网。

5. 步法的练习

单个基本步法练习：蹬步、并步、蹬步、交叉步、跨步的反复练习。

（四）羽毛球比赛的各种球路练习

（1）单项技术的重复练习：两人分边对打直线或对角线高球练习；两人各站一边，做一吊一挑练习。

（2）组合技术练习：吊上网搓、推练习；头顶杀上网搓、推练习。

（3）一点打两点或两点打一点练习：一人在指定位置原地起跳击高球到对方两底角，另一人在两底角移动击高球到指定位置；一点吊两点练习；两点吊一点练习。

（4）多球练习：多球发球练习；多球高、吊、杀一点或两点练习；多球搓、推、挑练习；多球综合练习；多球步法练习。

（5）球路练习：固定球路高吊上网练习；固定球路高杀上网练习；半固定路线高吊轮攻练习；不固定路线练习。

二、羽毛球竞赛的主要规则

（一）场地、器材

羽毛球场呈长方形，长度是13.40米，单打球场宽5.18米，双打球场宽6.10米。球场外面两条边线是双打场地边线，里面的两条边线是单打场地边线。双打边线与单打边线相距0.46米。靠近球网1.98米与网平行的两条线为前发球线，离端线0.76米与端线相平行的两条线为双打后发球线。前发球线中点与端线中点连起来的一条线叫中线，它把羽毛球场地分为左、右发球区。各条线宽度均为4厘米。整个场地的丈量应从线的外沿计算。场地上空12米或9米以内和四周4米或2米以内不应有障碍物（包括相邻的球场）。

球场中央网高1.524米，双打边线处网高1.55米。

（二）比赛方法及主要规则

羽毛球比赛分男子单打、女子单打、男子双打、女子双打、混合双打、男子团体和女子团体七个项目。

（三）羽毛球比赛最新规则

国际羽联对21分制做了最后修订，并宣布新规则将从2006年2月1日起正式实施。据介绍，新规则的最大变化是取消了发球得分制，另外将所有单项的每局获胜分统一定为21分。

具体规定如下：

发球员发球时脚不得踩线、移动或离开地面；击球的瞬间，球的任何部位不得高于腰部，球拍框应明显低于发球员手部，违者判发球违例。接球员应站在发球区内，在对方完成发球动作前，不得过早移动。一人不得连续击球两次，否则判"连击"违例。比赛中，身体、衣服或球拍不得触及球网或网柱；不得有阻挠或影响对方击球的动作和行动。球击落在场地线外即为球出界，球落地时，如球托或羽毛的任何部分压在线上，则属界内球。发球时，球不到前发球线或双打中过了双打后发球线，或发错区均判作"界外球"。发球时，球擦网顶落在合法发球区内为好球。

双打比赛中（A和B对C和D例），A和B赢了挑边并选择了发球。A发球C接发球。A为首先发球员，而C则为首先接发球员。①从右发球区A发球，C接发球。②A和B得分。A和B交换发球区。A从左发球再次发球。C和D在原发球区接发球。从左球区A发球，D接发球。③C和D得分，并获得发球权。两人均不改变各自原发球区。从左发球区D发球，A接发球。④A和B得分，并获得发球权。两人均不改变各自原发球区，从右发球区B发球，C接发球。⑤C和D得分，并获得发球权。两人均不改变各自原发球区。从右发球区C发球，B接发球。⑥C和D得分。C和D交换发球区。C从左发球区发球。A和B不改变其各自原发球区。从左发球区C发球，A接发球。⑦A和B得分，并获得发球权。两人均不改变各自原发球区。从左发球区A发球，C接发球。⑧A和B得分。A和B交换发球区。A从左发球区再次发球。C和D不改变其各自原发球区。

注意以上的意思为：发球员的顺序与单打中的顺序一样，即以分数的单数或双数来决定，只有发球换发球区。除此以外，运动员继续站在上一回合的各自发球区不变，以此保证发球员的交替。

第三章 武 术

武术，是以踢、打、摔、拿、击、刺等攻防格斗动作为素材，按照攻守进退、动静疾徐、刚柔虚实等矛盾的相互变化规律编成徒手和器械的各种技击运动和健身方法；是在上下5 000年的时间里，在纵横960万平方千米的土地上，由最具勤劳和智慧的中华民族孕育而成的。它是一种融中华民族竞技、健身、养生、防身、修身、处世为一体的体育运动，具有悠久的传统和广泛的群众基础。

第一节 初级长拳第三路

一、动作名称

（一）预备动作（图4-3-1~2）
预备势：
1. 虚步亮掌
2. 并步对拳

（二）第一段（图4-3-3~10）
1. 弓步冲拳
2. 弹腿冲拳
3. 马步冲拳
4. 弓步冲拳
5. 弹腿冲拳
6. 大跃步前穿
7. 弓步出掌
8. 马步架掌

（三）第二段（图4-3-11~18）
1. 虚步栽拳
2. 提膝穿掌
3. 仆步穿掌
4. 虚步击掌
5. 马步击掌
6. 叉步双摆掌
7. 弓步击掌
8. 转身踢脚马步盘肘

（四）第三段（图4-3-19~27）
1. 歇步抡砸拳
2. 仆步亮掌
3. 弓步劈掌
4. 换跳步弓步冲拳
5. 马步冲拳
6. 弓步下冲拳
7. 叉步亮掌侧踹腿
8. 虚步挑拳

（五）第四段（图4-3-28~35）
1. 弓步顶肘
2. 转身左拍脚
3. 右拍脚
4. 腾空飞脚
5. 歇步下冲拳
6. 仆步抡劈拳
7. 提膝挑掌
8. 提膝劈掌弓步冲拳

（六）结束动作（图4-3-36~38）
1. 虚步亮掌
2. 并步对拳
3. 还原

二、图解

图 4-3-1

图 4-3-2

图 4-3-3

图 4-3-4

图 4-3-5

图 4-3-6

图 4-3-7

图 4-3-8

图 4-3-9

图 4-3-10

图 4-3-11

图 4-3-12

图 4-3-13

图 4-3-14

图 4-3-15

图 4-3-16

图 4-3-17

图 4-3-18

图 4-3-19

第四篇 体育运动技能篇

图 4-3-20 　　图 4-3-21 　　图 4-3-22

图 4-3-23 　　图 4-3-24 　　图 4-3-25

图 4-3-26 　　图 4-3-27

图 4-3-28 　　图 4-3-29

图 4-3-30 　　图 4-3-31 　　图 4-3-32

图 4-3-33 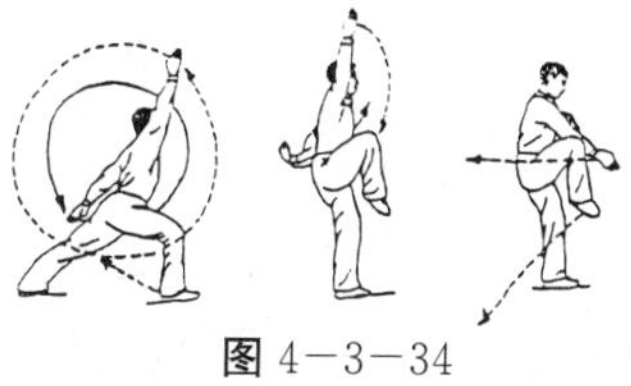　　图 4-3-34 　　图 4-3-35

图 4-3-36 　　图 4-3-37 　　图 4-3-38

第二节　初级剑术

一、动作名称

(一) 预备势（图 4-3-39～42）
1. 并步右侧指
2. 并步左前指
3. 弓步背剑
4. 虚步交剑

(二) 第一段（图 4-3-43～49）
1. 弓步直刺
2. 回身后劈
3. 弓步平抹
4. 弓步左撩
5. 提膝平斩
6. 回身下刺
7. 挂剑直刺
8. 虚步架剑

(三) 第二段（图 4-3-50～57）
1. 虚步平劈
2. 弓步下劈
3. 带剑前点
4. 提膝下截
5. 提膝直刺
6. 回身平崩
7. 歇步下劈

8. 提膝下点

(四) 第三段（图 4-3-58～65）
1. 并步直刺
2. 弓步上挑
3. 歇步下劈
4. 右截腕
5. 左截腕
6. 跃步上挑
7. 仆步下压
8. 提膝直刺

(五) 第四段（图 4-3-66～73）
1. 弓步平劈
2. 回身后撩
3. 歇步上崩
4. 弓步斜削
5. 进步左撩
6. 进步右撩
7. 坐盘反撩
8. 转身云剑

(六) 结束动作（图 4-3-74）
上步还原

二、图解

图 4-3-39

图 4-3-40

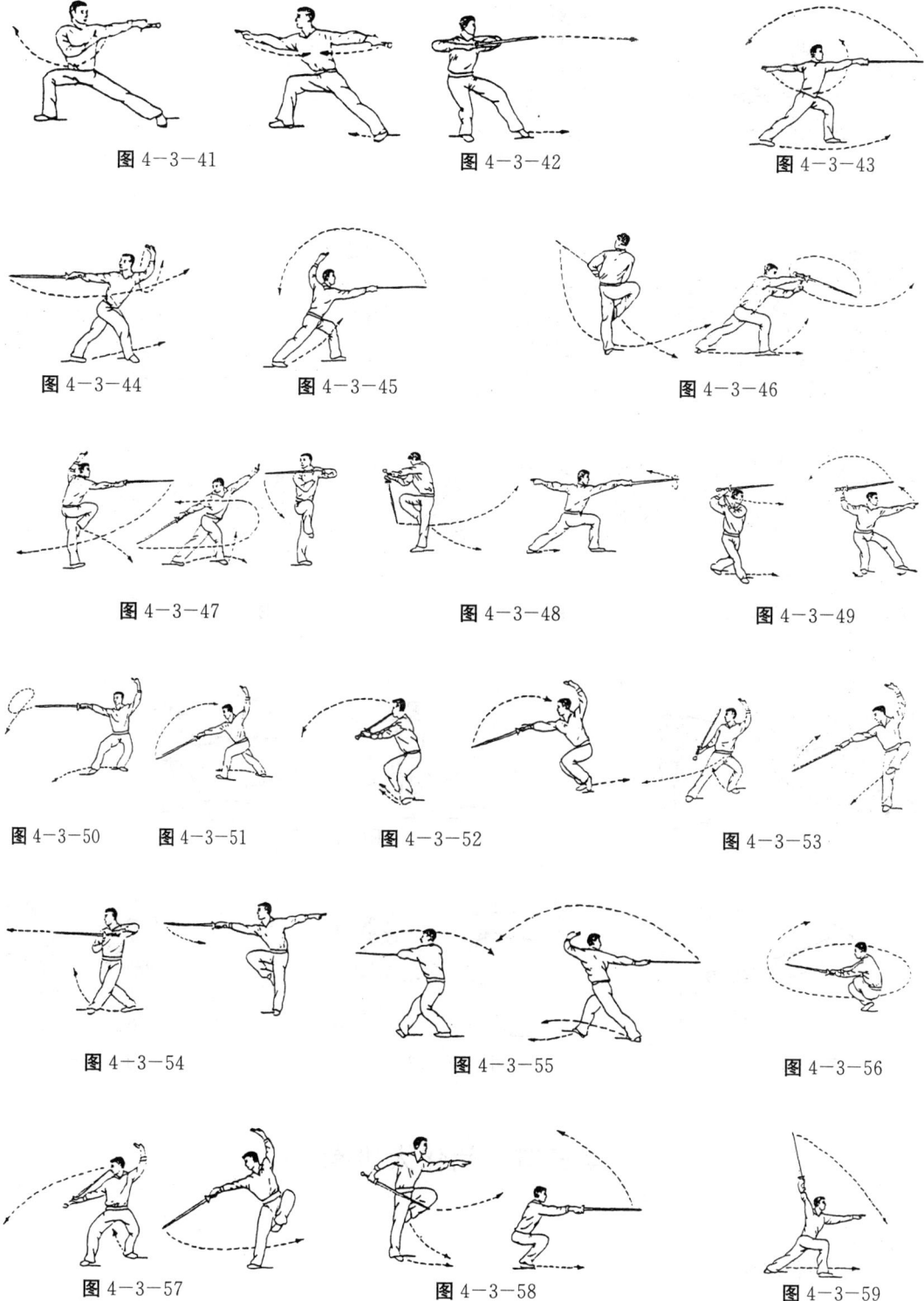

图 4-3-41　　　　　图 4-3-42　　　　　图 4-3-43

图 4-3-44　　　　　图 4-3-45　　　　　图 4-3-46

图 4-3-47　　　　　图 4-3-48　　　　　图 4-3-49

图 4-3-50　图 4-3-51　　图 4-3-52　　　图 4-3-53

图 4-3-54　　　　　图 4-3-55　　　　　图 4-3-56

图 4-3-57　　　　　图 4-3-58　　　　　图 4-3-59

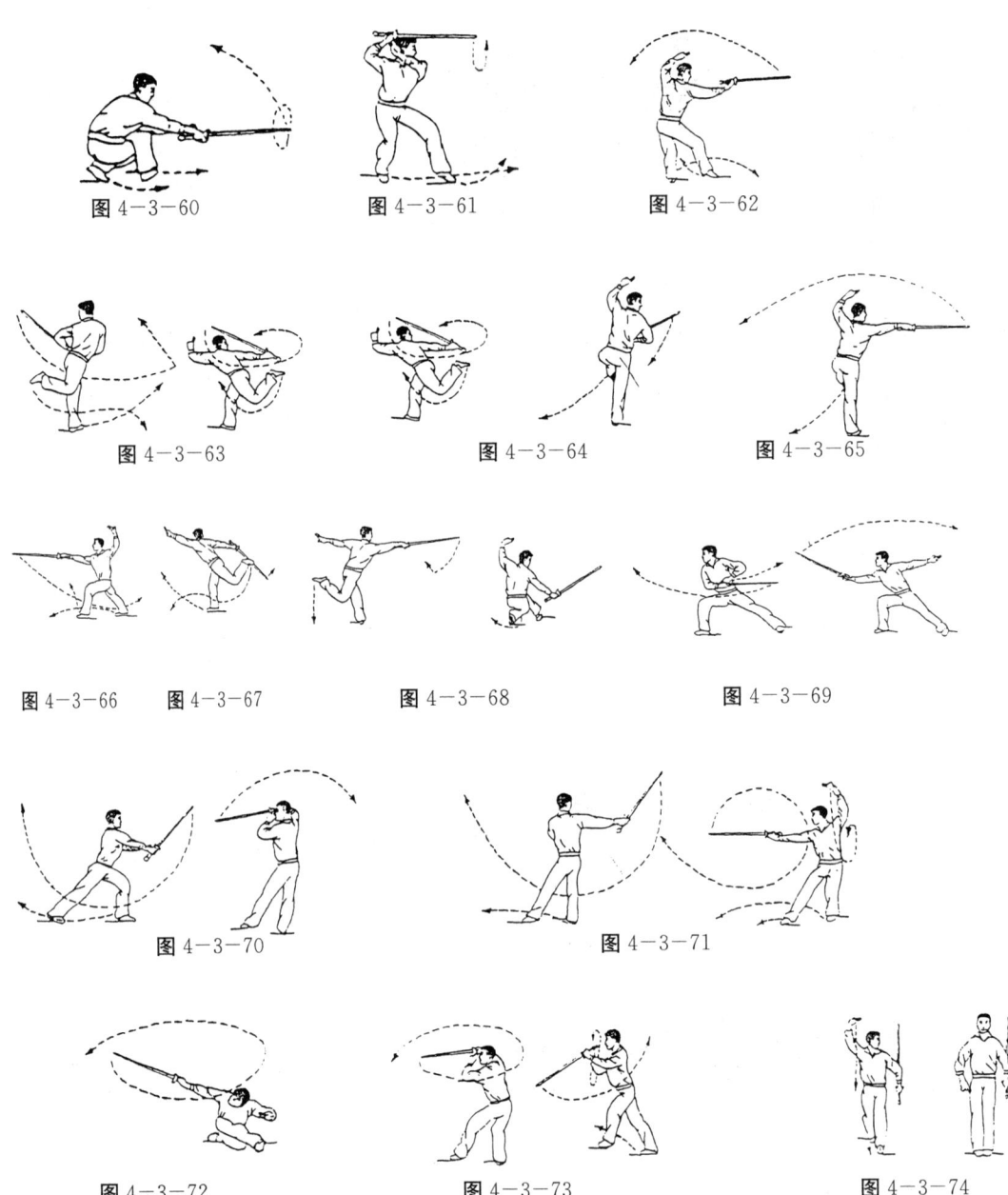

图 4-3-60　　图 4-3-61　　图 4-3-62

图 4-3-63　　图 4-3-64　　图 4-3-65

图 4-3-66　图 4-3-67　图 4-3-68　图 4-3-69

图 4-3-70　　图 4-3-71

图 4-3-72　　图 4-3-73　　图 4-3-74

第三节　简化太极拳

一、动作名称

1. 起势（图 4-3-75）
2. 左右野马分鬃（图 4-3-76）
3. 白鹤亮翅（图 4-3-77）
4. 左右搂膝拗步（图 4-3-78）
5. 手挥琵琶（图 4-3-79）
6. 倒卷肱（图 4-3-80）
7. 左揽雀尾（图 4-3-81）
8. 右揽雀尾（图 4-3-82）

9. 单鞭（图 4-3-83）
10. 云手（图 4-3-84）
11. 单鞭（图 4-3-85）
12. 高探马（图 4-3-86）
13. 右蹬脚（图 4-3-87）
14. 双峰贯耳（图 4-3-88）
15. 转身左蹬脚（图 4-3-89）
16. 左下势独立（图 4-3-90）
17. 右下势独立（图 4-3-91）
18. 左右穿梭（图 4-3-92）
19. 海底针（图 4-3-93）
20. 闪通臂（图 4-3-94）
21. 转身搬拦锤（图 4-3-95）
22. 如封似闭（图 4-3-96）
23. 十字手（图 4-3-97）
24. 收势（图 4-3-98）

二、图解

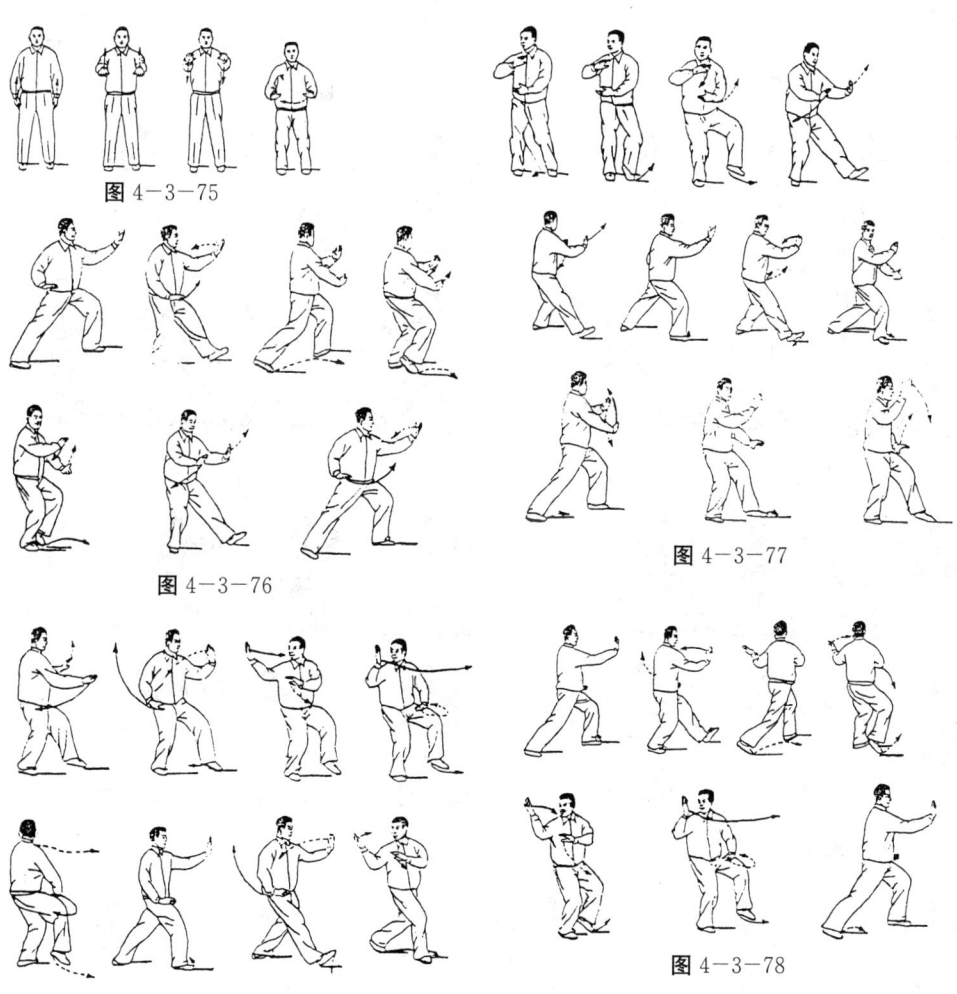

图 4-3-75

图 4-3-76

图 4-3-77

图 4-3-78

图 4-3-79

图 4-3-80

图 4-3-81

图 4-3-82

图 4-3-83

图 4-3-84

图 4-3-85

图 4-3-86

图 4-3-87

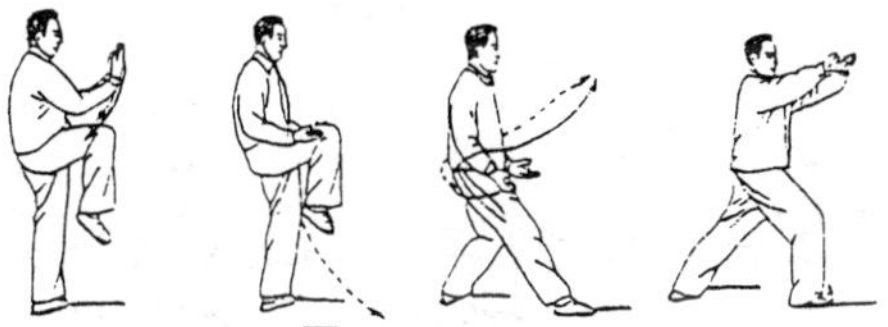

图 4-3-88

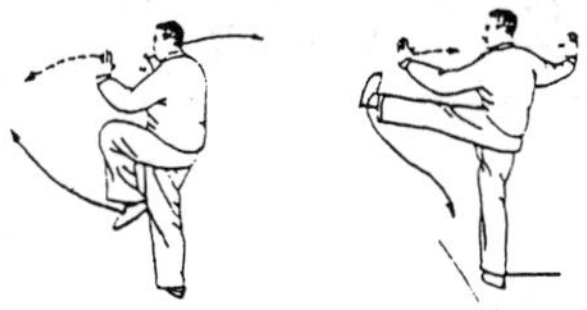

图 4-3-89

图 4-3-90

图 4-3-91

图 4-3-92

图 4-3-93

图 4-3-94

图 4-3-95

图 4-3-96

图 4-3-97

图 4-3-98

第五篇

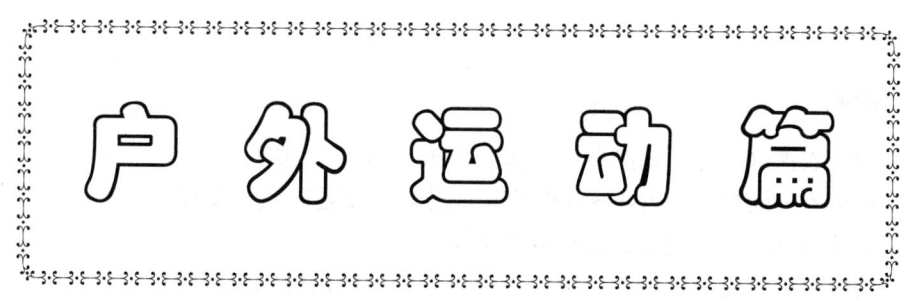

远离喧嚣，回归自然，纵情于山水之间。都市人终于按捺不住，渴望冲出都市文明的封锁，以待追寻人类已经丧失的原始本能，寻找生命的意蕴。这些远离尘嚣涉足山野的现代生态运动方式表现出来的是人类与生俱来的梦想。在大自然这个博大精深、美丽而凶险的演练场里，我们可以证明抛弃现代文明带来的舒适与慵懒，我们仍旧有与自然共存的能力。并在此过程中体会到一种回归人的本性与初衷、检验人的智慧与力量的乐趣；铸就现代人所需要的勇敢精神与承受挫折和适应环境的能力；增强人与生态系统和谐共存的意识。

第一章　户外运动

第一节　户外运动的必备之物

一、服装

（1）冲锋衣裤（户外活动必备，防风、防水、透气、耐磨）。

（2）抓绒衣（面料含 WINDSTOPPER 成分，主要是防风、保暖）。

（3）排汗内衣（户外运动后保持身体干燥）。

（4）快干衣裤（夏天出行的必备。裤管、袖管最好是可以脱卸的）。

（5）羽绒衣裤（冬天出行或者去高原地带的保暖必备）。

（6）其他个人衣物（一次性内裤、汗衫、T恤等）。

二、鞋袜

（1）徒步登山鞋（适应性强，耐磨、防水、防滑，最好是中高帮的，可保护脚踝）。

（2）轻便运动休闲鞋（适合一般的郊游活动，或开车时穿）。

（3）运动凉鞋（可当拖鞋穿，夏天徒步也可直接穿）。

（4）排汗袜子（最好是COOLMAX面料的，配合GORE—TEX鞋穿，可排脚汗，冬天可防冻伤）。

（5）普通运动袜（棉质，穿着舒服就行）。

（6）雪套（在雪地或者泥泞路段很管用）。

三、帽子、手套、眼镜

（1）遮阳帽（圆边形式或棒球帽式，能挡太阳就行）。

（2）抓绒帽（主要是保暖）。

（3）薄手套（主要为了活动方便，比如可以拍照时使用等）。

（4）厚手套（主要是保暖）。

（5）眼镜（运动型的更好一点，主要功能是遮阳）。

四、背包

（1）大背包（短途露营或者长途旅行的必备，以背着舒适且能承重为佳，45L～80L不等）。

（2）小背包（短途旅行或长途备用，有一定的背负，15L～30L不等）。

（3）腰包或拐包（长途出行时放随身小东西用，最好是可放水壶的那种）。

（4）摄影包（根据个人需要，斜挎的比较方便取用镜头）。

五、野营

（1）睡袋（长途宜带体积小的羽绒睡袋，节省空间。重量则根据季节的需要调整）。
（2）睡袋内胆（长途旅行不露营的话，只要带个防脏的抓绒或者棉的睡袋内胆就可以了）。
（3）帐篷（一般的普通露营防水抗风帐篷及可，长途远行建议带体积小的、轻便的帐篷）。
（4）帐篷地席（保护你的帐篷底面，免受磨损）。
（5）防潮垫（普通垫可以让你随时随地坐下躺下，充气垫让你更舒服）。
（6）铝膜地席（携带轻巧方便，必要是时可以作为摄影的反光板）。

六、照明

（1）头灯（可以让你双手腾出来，很方便）。
（2）手电（作为备用的照明，还是比较可靠的）。
（3）营灯（在营地用或者在帐篷内用，效果很好）。
（4）荧光棒（有一定的作用，就是不要乱扔）。
（5）防风打火机（用处不小，应急时做照明不错）。
（6）防水火柴（也是应急之用）。

七、炊具

（1）炉头（让你在野外可以吃到热的东西）。
（2）气罐（配合炉头使用，注意携带安全）。
（3）套锅（有灶台了，没锅可不行，烧饭、烧汤、煮面、煎蛋都靠它了）。
（4）小钢杯（环保用品，喝什么都可以，早上还可作为洗漱杯）。
（5）烧烤炉（自驾车活动可以携带的"腐化"用品）。

八、水具

（1）户外水壶（可以有效的防腐，颜色比较酷）。
（2）军用水壶（带一个饭盒，这点比较实用）。
（3）水袋（野外穿越时或自行车旅行时比较管用）。
（4）保温水壶（冬天出去，喝一口热水是一种享受）。
（5）净水器（比较专业，对生活质量有要求的人士用）。
（6）净水药片。

九、通讯

（1）手机（最常用的联系方式，信号最关键，在野外经常没用）。
（2）对讲机（团队活动中很管用的装备，前后呼应，逛街也很实用）。
（3）GPS（全球定位系统，可以帮忙定位、定线路、防迷路）。
（4）求生哨（携带方便，也可作为团队联系方法之一）。

十、其他

(1) 登山手杖（使用得好，可以节省 20％左右的体力，还可做为独脚架）。

(2) 洗漱包。

(3) 个人卫生用品（牙刷、牙膏、肥皂、毛巾、手纸、爽足粉、耳塞、防晒霜、唇膏、发热贴、指甲钳、净水器药品、个人药品等）。

(4) 背包雨罩（不仅可以防水，长途的话，是防尘的理想工具）。

(5) 背包捆扎带（可用于背包外挂物件的固定，必要时可连接做保护绳）。

(6) 地图（无论是长途还是短途都用得着）。

(7) 小快挂（方便在背包上随便挂取小物件，如毛巾、帽子、垃圾袋等）。

(8) 指南针（野外辨别方向或迷路后寻找方向的有用工具）。

(9) 军刀（小到削苹果，大到砍树都可以用）。

(10) 户外手表（可以测海拔、气温、气压，有电子罗盘、记时和闹钟等功能）。

(11) 头巾（既可擦汗，又可做围脖御寒）。

(12) 防水袋（保护你的衣物、用品不湿，方便背包内的整理）。

(13) 证件袋（贴身放重要的证件或钱财）。

(14) 小型望远镜（增加你的视力所及范围）。

(15) 针线包（万一衣物坏了，缝缝补补总是要的）。

(16) 笔记本（记录你旅行的心情或账务的需要）。

(17) 备用电池及充电器（很多东西用得到电池）。

(18) 充气枕（长途坐车或飞机时的理想伴侣）。

(19) 药品（感冒药、消炎药、防晒霜、好得快、黄连素、止血绷带、创可贴、维生素药片、眼药水、红花油……根据个人的不同需要携带）。

(20) 备用食品（压缩饼干、巧克力、牛肉干、葡萄干等）。

第二节　户外运动的宿营与露营

一、宿营地的选择

(1) 安全。营地选择必须避开各种危险，即营地应远离雪崩、冰崩、裂缝、滚石、山洪等危险的威胁。

(2) 避风。野外的强风可将帐篷吹跑、扯破。最好选在自然屏障的避风处，如山丘或巨石背后。山谷里的风一般与山谷的方向一致，所以帐篷应垂直于风向开门，避免风直接灌入帐内，帐篷四周应以石块或冰雪块压住边裙。

(3) 近水。营地安排在水源附近，可以保证每日饮用水和其他用水的方便。在河流两岸设营必须充分考虑水源的涨落，以免涨水淹没帐篷。

(4) 平坦。营地要建在平坦的地方，不要建在凹凸不平的碎石上，软土是理想的建营场所，地面若有碎石和荆棘应予以清除。

(5) 靠近燃料地。一日三餐要用火，倘若周围没有合适的可用作燃料的木柴，就会给每日生活增添许多麻烦。

二、简易帐篷、窝棚与宿营

（一）帐篷的种类与选择

选择帐篷应考虑其用途、季节、环境等因素，根据自己的实际需要来选择合适的帐篷。

1. 人字型帐篷

春、秋两季野营选择"人"字型帐篷为佳，其最大优点是容易架设。架设"人"字型帐篷，首先在地面上打上地钉以固定主绳，也可将主绳系在附近的树干上或用大石头固定。该帐篷可供1~2人使用（图5-1-1）。

屋式帐篷　　　　　　人字型帐篷　　　　　　蒙古包型帐篷

图5-1-1　帐篷

2. 蒙古包型帐篷

该帐篷底部为正六边形，帐内空间大，可供2~3人使用。蒙古包帐篷可随意搬迁，它就如同一个大纱罩，提起后可随意摆放。一般说来，只要有一块4~5m²的平地就可搭建了（图5-1-1）。

3. 吊床

吊床因其轻便、易携带、制作方便等特点，极受野外活动爱好者的青睐，尤其是在炎热的夏天和热带丛林中宿营，更显其无可比拟的优越性（图5-1-2）。

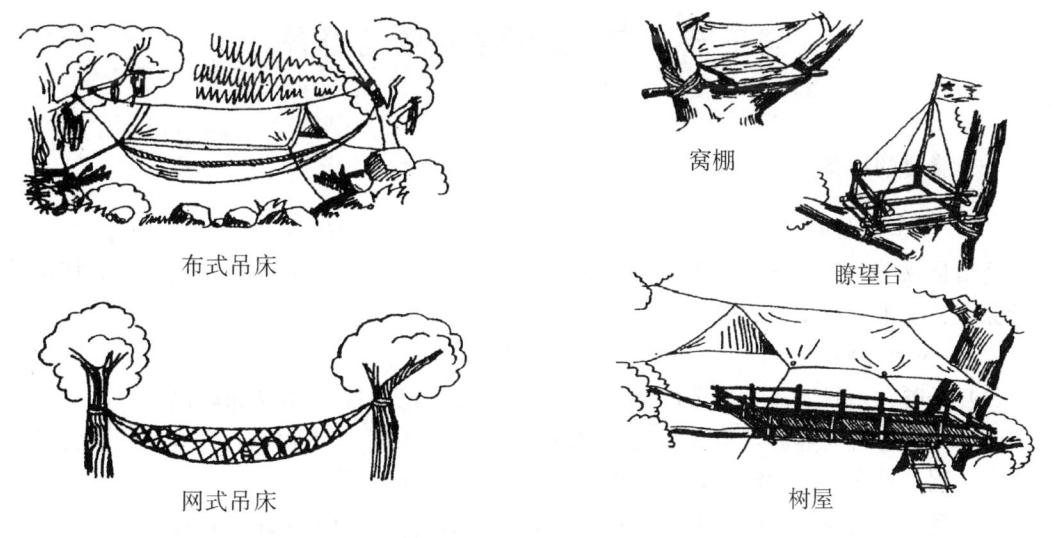

布式吊床　　　　　　　　　　　　　　窝棚

　　　　　　　　　　　　　　　　　　瞭望台

网式吊床　　　　　　　　　　　　　　树屋

图5-1-2　吊床　　　　　　图5-1-3　窝棚与树尾

吊床依其材料不同，可分为布吊床和网吊床。

前者用薄帆布或尼龙绸布缝制，后者则用棉绳或尼龙绳编织而成。使用吊床要注意防雨和防蚊虫叮咬问题。防雨：准备一块比吊床略长，宽约两米的塑料布，下雨时在吊床上方 0.8 米处拉一根绳，将塑料布呈"∧"型装置于吊床上方覆盖吊床。防蚊虫叮咬：准备一块大小适中的纱布，用与放置防雨布相同方法，将纱布覆盖在吊床上，并用夹子将纱布与吊床夹在一起。

吊床应绑在距地面高 1 米的地方，便于上下。

4. 窝棚与树屋

在林地野营需要临时宿营时，可就地取材，用树枝和大树搭建窝棚与树屋（图 5-1-3）。

（二）露营

野外活动中遇到天气骤变、迷路或同伴中有人患病、发生意外事故等，不能在预定时间内到达目的地，而不得不临时紧急宿营，但又没有带宿营用具，这时就只能露营（图 5-1-4）。

图 5-1-4　野外露营

1. 露营的方法

紧急露营要在天黑之前，先选好宿营地，首先把火生起来，这样就多了一份生存的希望。宿营地要因地制宜，在山地和海岸边露营，应尽量利用自然洞穴，如果找不到合适的洞穴，可选一个背风的岩壁露营；在丛林中露营可利用树木、藤、茅草等结合雨衣、塑料布等，搭建各种形式的遮棚；冬季露营要避开易被积雪掩埋的地点，如没有任何搭架遮棚条件，可在积雪深、又安全的地方挖雪洞露营。

2. 露营要点

保温、防风、防湿、情绪稳定、相互鼓励、控制食品和燃料的用量；尽可能燃火取暖；休息好，尽快恢复体力；运用身边一切物品确保安全；保证饮水。

第三节　户外运动的野炊与野餐

一、膳食的准备

（一）登山食物的条件

登山食物的条件含三大营养素（醣类、脂肪、蛋白质）及矿物质、维生素，其特点是易于保存、携带，易于节省燃料的炊煮食物。

（二）粮食安排

（1）早餐：一日所需大部分的热量，应易于准备与清理，营养成份较高。

（2）午餐：补充养分，可在短时间内制作完成，通常于途中食用，最好易于准备且不须炊煮，用来补充不够的能量，最好将午餐放在背包的最上层。

（3）晚餐：可炊煮，制作时间较长，补充未摄取的养分及大量水分，如维生素、矿物质、纤维素，可先喝点汤以增加食欲。

（4）宵夜：重点在补充水分、电解质。

（5）行动粮：可随时取用的补充粮，以蛋白质及醣类食品尤佳，如糖果、饼干、巧克力、小糕饼、奶酪、牛奶、火腿、肉干、花生等，每次食用份量不须太多，但应经常食用，最好是单片包装，以防止潮湿。

（6）预备粮：因气候恶劣，行进错误，受伤或其他原因造成行程延误时的紧急储备粮食。应不须炊煮，质轻、易消化吸收、可长时间储存，如肉干、干果、糖果、谷类混合制成的饼、水果干、快餐面等，另外如汤包、茶包、饮品等也可在有水源及热源时使用。

（7）紧急粮：一般可用泡面、姜母茶（老姜加红糖）等，能在紧急扎营时，迅速补充热量或去寒气、治感冒。紧急口粮以保持体温为重点，因此以醣类为主，再加少量脂肪之食品最佳，如巧克力、蜂蜜、羊羹、果酱、奶油夹心饼干、糖果、水果干等。

（三）准备粮食考虑的因素

需要的炊具种类；调理的难易度；储存时间长短；使用时间（哪一餐使用，方便性与适宜性）；份量（人数，天数，食量特别大或小，男、女）；水源（缺水时，菜肴宜有汤汁或口味较重较易下饭）；重量及残余物之多寡；特殊禁忌等。

（四）其他注意事项

在较长时间的野外穿越中，体力消耗大，排汗多，人体容易出现盐份缺失、电解质失调、营养不足等现象，那样会严重影响体力和健康，有时甚至是很危险的。因此要及时补充营养。例如：携带牛肉干、巧克力、葡萄糖粉、花生米等高热量和营养食品以备不时之需；携带维生素合成药片，每日一颗；每天要补充盐份，吃些含盐食品，如榨菜；果珍冲剂是不错的电解质平衡饮料（当然还有许多类似冲剂），平时在水壶中放一些随时补充。

二、野外食物的调理

户外活动中的野炊野餐，不仅直接影响到户外活动期间的营养和健康，而且还能使活动者在操作中学到许多在野外合理摄取营养的知识和野炊本领。

在去户外活动前，首先要准备食品。目前市场上有许多方便食品可供选择，如方便面、火腿肠、罐头、饼干、面包、真空包装的肉制品和蔬菜等；在野外还有许多可食的野生植物、菌类，活的鱼虾，甚至新鲜的山珍野味；另外，还要准备一些调味品、榨菜等。在野炊时可根据自己携带的各类食品及野外能就地采集的野菜等，参照以下原则设计野外菜单：

（1）好吃。疲劳、食欲不振时，好吃的食品可增进食欲。

（2）营养。由于野外时活动量比较大，每日的营养摄取应不少于300Cal，并保证一定的蛋白质（如鱼类、瘦肉类、豆制品类等）、碳水化合物的补充。

（3）简单方便。每个人均能轻易烹调的食品，烹调前处理简单、不费时、调理方便迅速。

（4）不浪费水，不污染环境。

（5）在安全、卫生的前提下可采摘野菜、山菇等，配合经过处理的生食品来加工，如咸肉、酱腌菜、灌肠、火腿、干菜等。

（6）配合所携带的炊具来调理。

（7）尽量不要剩余，以免造成浪费。

（8）饭面菜汤的烹饪：

①饭类：在高山上，饭不易煮熟，除了米与水的比例为1∶1.5外，在煮饭时，可以在锅盖上加放石头，以增加压力。

②面类：在水开后，以放射状放入面条后烹煮。

③蔬菜类：一般叶菜类，可在略炒过后，加入少许水，盖上锅盖闷烧数分钟即可，若为根茎类蔬菜，最好先切成小丁，较易煮熟。

④汤类：康宝浓汤很好用，尤其是现在推出的产品，冷热水皆可煮，也不需要像以前那样一直搅拌，如果不想喝康宝，也可以在沸水中加入鸡汤块，再放入香菇、金针菇，味道十分鲜美，紫菜汤也不错，质轻，携带方便。

三、野炊炉灶

现今，户外运动可以携带汽油炉、煤气炉、瓦斯炉和汽化炉等现代化设备，选择炉具主要考虑炉具的重量、高度、温度、燃料的燃烧能力，必须易点火、易操作、持续火力长；并且适应寒冷、潮湿或强风的环境，炉具最好是 1.5 磅重，可以供 4~6 人为炊煮使用。但在不具备这些条件时，需修简易、实用的炉灶，用以烧水、煮饭等。

（一）野炊炉灶

户外活动中利用地形、地物建野炊灶是野外生活很重要的一种技能，是野炊的基础和必备条件。

1. 三石炉灶

三石炉灶是最简单且历史最久远的一种炉灶（图 5-1-5）。取三块高度相同的石块呈三角型摆放，锅或壶架放在当中，一般情况下锅底或壶底需距地面 20 公分左右（高度需视所用燃料确定，如用牛粪燃料高度不宜超过 20 公分，如用木柴可适当加高）。

2. 吊灶

找两根上方有杈的树枝平行插在地上，中间横架一木棍或树枝、帐篷杆等，将锅或壶吊挂在横木上，下方生火（图 5-1-6）。也可用石块垒一道"U"型墙，在其上架一木棍或树枝、锅壶吊挂在木棍上，下方生火，"U"型的口应向吹风方向，以利于燃烧

3. 木架灶

在森林地区有时找不到合适的石块建灶，可找 4~6 根长约 30~40 公分的粗树枝（最好是新的或湿树枝），下端用刀削尖，按所用的锅或壶的底面积成方形或六角形钉在地上，将锅或壶架在木桩上，下方生火（图 5-1-7）。

4. 坑灶

在既无合适的石块又无树枝的情况下，也可在地上挖一

图 5-1-5 三石灶

图 5-1-6 吊灶

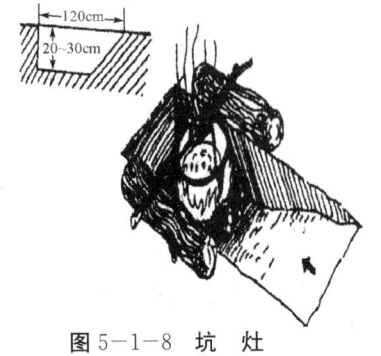

图 5-1-8 坑 灶

图 5-1-7 木架灶

坑灶（图5-1-8）。在地面上挖一深约20~30公分、长约120公分、宽约30~40公分的斜形穴坑、坑口向风吹方向、用木棍或帐篷杆架在坑的两边用土堆起的土包上，将锅或壶吊挂在木棍或帐篷杆上（一般情况下锅底、壶底和坑底之间的距离需在20公分以上）。

5. 火塘灶

火塘是篝火的一种，应选择坡坎下避风处，挖一方形或圆形深约20公分左右的塘坑，上支三角架以供烘烤食物、烧水、做饭。火塘坑可以较好地保存火种，还可以将食物埋在火塘中烘烤（图5-1-9）。

野炊灶还有很多种，如垒灶、散烟灶、蔽光灶等等，可根据人数多少，就地取材修造。野炊灶在野外使用时，应特别注意避免发生火灾，建灶时应将灶边杂草等易燃物清理干净，并需有防火措施。使用后要将余火熄灭或用土掩埋，以免留下火灾隐患。

图5-1-9 火塘灶

第四节 户外急救与野外生存

一、户外急救

户外急救就是在户外遇到事故时，要沉着大胆，细心负责，分清轻重缓急，果断实施急救的方法。应该先处理危重病人，再处理病情较轻的病人；在同一患者中，先救治生命，再处理局部；观察现场环境，确保自己及伤者的安全；充分运用现场可供支配的人力、物力来协助急救。

（一）处理前观察

在做具体处理前，需观察患者全身，并掌握周围状况。判断伤病原因、疼痛部位、程度如何，或将耳朵靠近听听呼吸声。尤其要注意脸、嘴皮、皮肤的颜色或确认有无外伤、出血、意识状况和呼吸情形；仔细观察骨折、创伤、呕吐的情况。随后，更要选择具体的处理方法。尤其对呼吸停止、昏迷、大量出血、中毒的情况，不管有无意识，发现者均应迅速作紧急处理，否则将危及患者生命。在观察症状的变化中，遇症状恶化的需按急救措施以应急处理。现场要尽量组织好对伤病者的脱险救援工作，救护人员要有分工，也要有合作。

（二）观察后处理

在户外活动中发生的外伤或突发病况有很多种，所以也需施以各种适当的急救方法加以应付。在做急救处理时维持呼吸道畅通，以患者最舒适的方式移动身体。若患者意识昏迷，需注意确保呼吸道畅通，谨防呕吐物堵塞引起的窒息死亡。为确保呼吸畅通需让患者平躺。若有头部受到撞击的也要水平躺下，若脸色发青需抬高脚部，而脸色发红者需稍抬高头部，有呕吐感者，需让其侧卧或俯卧为宜。

（三）处理完毕后

在紧急处理完毕将患者交给医师之前，需对患者进行保暖，避免其消耗体力，以使症状恶化。接着联络医师、救护车、患者家属。原则上搬运患者，需在充分处理过后安静地运送。搬运方法随伤患情况和周围状况而定。在搬运中，患者很累，要适度且有规则的休息，并随时注意患者的病况。

现场抢救时间紧迫，对病情危重者的救治，一要遵守急救原则，二要抓住重点，迅速按正确步骤检查患者。

二、野外生存

（一）户外遭遇危险时的各种求救信号

1. 地面标志信号

在比较开阔的地面，如草地、海滩、雪地上可以制作地面标志。如把青草割成一定标志图案，或在雪地上踩出求救标志，也可用树枝、海草等拼成标志信号等，以期与空中取得联络。还可以使用国际民航统一规定的地空联络符号所示。记住这几个单词：SOS（求救）、SEND（送出）、DOCTOR（医生）、HELP（帮助）、INJURY（受伤）、TRAPPED（发射）、LOST（迷失）、WATER（水）。

2. 留下信息

当离开危险地时，要留下一些信号物，以备让救援人员发现。地面信号物使营救者能了解你的位置或者过去的位置，方向指示标有助于他们寻找你的行动路径。一路上要不断留下指示标，这样做不仅可以让救援人员追寻而至，在自己希望返回时，也不致迷路。

3. 方向指示器

将岩石或碎石片摆成箭形；将棍棒支撑在树杈间，顶部指着行动的方向；在卷草中的中上部系上结，使其顶端弯曲指示行动方向；在地上放置一根分叉的树枝，用分叉点指向行动方向；用小石块垒成一个大石堆，在边上再放一小石块指向行动方向；用一个深刻于树干的箭头形凹槽表示行动方向；两根交叉的木棒或石头意味着此路不通；用三块岩石、木棒或灌木丛传达的信号含义明显，表示危险或紧急。

4. 烟火信号

燃放三堆火焰是国际通行的求救信号，将火堆摆成三角形，每堆之间的间隔相等最为理想，这样安排也方便点燃。火堆的燃料要易于燃烧，点燃后要能快速燃烧，因为有些机会转瞬即逝，白桦树皮就是十分理想的燃料。在白天，烟雾是良好的定位器，火堆上添加些绿草、树叶、苔藓和蕨类植物都会产生浓烟，浓烟升空后与周围环境形成强烈对比，易受人注意。

5. 体示信号

当搜索飞机较近时，双手大幅度挥舞与周围环境颜色反差较大的衣物，表达遇险的意思。

6. 旗语信号

一面旗子或一块色泽亮艳的布料系在木棒上，持棒运动时，在左侧长划，右侧短划，加大动作的幅度，做"8"字形运动。

7. 声音信号

如隔得较近，可大声呼喊或用木棒敲打树干，有救生哨作用会更明显，三声短三声长，再三声短，间隔1分钟之后再重复。

8. 反光信号

利用阳光和一个反射镜即可射出信号光。任何明亮的材料都可加以利用，如罐头盒盖、玻璃、一片金属铂片，有面镜子当然更加理想。

（二）野外点火的方式

1. 火柴

火柴是点火的最便利的工具。火柴受潮也是有办法补救的，如果头发干燥并且不油腻，可将潮湿的火柴放在头发里摩擦一番，头发产生的静电会使它干燥。另外，通过在火柴上滴蜡可防止火柴变潮。点火时，可用指甲将蜡层剥除。

2. 使用凸透镜

强烈的阳光通过凸透镜聚焦后，可产生足够的热量点燃火种。其中，取火最为迅速的是照射汽油和酒精，可在1~2秒内点燃火种。放大镜或望远镜以及照相机里的凸镜，都可以代替凸透镜为你服务。另外，在手电筒反光碗的焦点上放火种，向着太阳也能取火。如果在有冰雪的环境下，将冰块加工成中间厚，周边薄的形状代替凸透镜也是可以的。

3. 击石取火

找一块坚硬的石头做"火石"，用小刀的背或小片钢铁向下敲击"火石"，使火花落到大火种上。一条边缘带齿的钢锯比普通小刀可产生更多的火星。当火种开始冒烟时，缓缓的吹或扇，使其燃起明火。当然并不是任何一块石头都能点燃火种的，石头击出的火花必须有一定的热量和持续时间才能点燃火种。

4. 电池生火

若有电量较大的电池，将正负两极接在削了木皮的铅笔芯的两端，顷刻间，铅笔芯就会烧得像电炉丝一样通红。

5. 弓钻取火

用强韧的树枝或竹片绑上鞋带、绳子或皮带，做成一个弓子。在弓上缠一根干燥的木棍，用它在一小块硬木上迅速的旋转。这样会钻出黑色粉末，最后，这些粉末会冒烟而生出火花，点燃火种。

6. 藤条取火

找一根干的树干，一头劈开，并将裂缝撑开，塞上火种，用一根长约60厘米的藤条，穿在火种后面，双脚踩紧树干，迅速的左右抽动藤条，使之摩擦发热而将火种点燃。

（三）判断方向和选择路径

1. 罗盘或指北针

把罗盘或指北针水平放置使气泡居中，此时磁针静止后，其标有"N"的黑一端所指的便是北方。

2. 利用夜间星体

当夜晚时，可根据北极星和南十字星来判断方向。北极星：北极星位于正北天空，其出露高度角相当于当地纬度，据此可以很快找到北极星。通常根据北斗七星（大熊星座）或W星（仙后星座）确定。北斗星为七颗较亮的星，形状像一把勺子，将勺头两颗β向α连线并延伸约5倍处便是北极星。当看不到北斗星时，可根据W星，即仙后星座寻找北极星。仙后星座由五颗较亮的星组成，形状像"W"字母，字母的开口方向约开口宽度的两倍距离处是北极星。南十字星：在北纬23°30′以南地区，夜间有时可见南十字星，由四颗较亮的星组成，形同"十"字，在其右下方，由γ向α两星连线长度的四倍半处（无星）为正南方向。

3. 利用太阳

在晴朗的白昼，根据日出、日落就可以很方便地知道东方和西方，即可判断方向，但只能是大致的估计方向。

4. 利用地物和植物特征

有时野外的一些地物和植物生长特征是良好的方向标志，增加这方面的知识可以帮助你快速地辨别方向。

（1）地物特征。房屋：一般门向南开，我国北方尤其如此；庙宇：通常也是向南开门，尤其庙宇群中的主体建筑；突出地物：向北一侧基部较潮湿并可能生长低矮的苔藓植物。

（2）植物生长特征。一般阴坡，即北侧山坡，低矮的蕨类和藤本植物比阳面更加发育；单个植物的向阳面枝叶较茂盛，向北的阴地树干则可能生长苔藓；我国北方的许多树木树干的断面可见清晰的年轮，向南一侧的年轮较为疏稀，向北一侧则年轮较紧密。

（四）野外饮用水的寻找、净化和消毒

1. 野外饮用水的寻找

利用自然生态现象寻找水源。在沙漠、戈壁地区，胡杨林生长的地方，地表下5~10米即有水源，怪柳、铃铛刺等灌木下6~7米就有水源，芨芨草下面2米有水源，茂盛的芦苇下面1米存在水源，金戴戴、马兰花等植物下面不足1米就有水源。有地下水的地方，泥土潮湿，很多小动物在这里作窝或冬眠，夏季傍晚，蚊虫常在这里做柱状飞行。另外，有竹子的地方常有水源。

通常情况下，雨水、井水、泉水以及有鱼类等动物生存的水源都可以食用，然而，许多看起来清澈透明的水源却经常会含有一些致病物质或有毒矿物质。所以当你在极度干渴之际找到水源时，最好不要急于饮用，最好对水源进行必要的净化消毒处理，避免直接饮用后染上疾病或中毒。

2. 野外饮用水的净化

渗透法：水源里水质混浊不清或有漂浮的异物时，可在离水源2~3米处挖一个坑，让水从砂、石的缝隙中自然渗出，轻轻地将渗出的水取出，贮存备用。注意不要搅起坑底的泥沙。

过滤法：水源周围不宜挖坑时，找一个塑料袋或可乐瓶，底部穿刺一些小眼，制成简易滤器，自下向上交替铺上2~4厘米厚的干净细砂、木炭粉、压实后将水慢慢倒入进行过滤。

沉淀法：将收集到的水置于容器中，加入少量捣烂的仙人掌、榆树皮、霸王鞭等，搅匀静置一段时间，舀上层的清水使用。

运用野外饮水净化吸管，便携式野外净水器对水进行净化。这种体积小、易携带、净水效果好的器具很适合野外使用。

3. 饮用水的消毒

运用加热沸腾的方法对饮用水进行消毒：一般情况下，把水煮沸4分钟左右，即可对水杀菌消毒。这是一种简便有效的可靠方法。

用净水药片消毒：先将饮水消毒片、漂白粉精片、明矾等药剂放入容器中，再加入一定量的水，搅拌均匀，静置一段时间后使用。一般情况下，一片净水药片可对1升水进行消毒。如果水质混浊可用2片。

用医用碘酒对水进行消毒：无净水药片时，可用碘酒代替。每一升水需要滴入 3~4 滴碘酒，搅拌摇匀，一段时间后使用。

（五）野外动植物的食用

1. 动物的食用

獐子、狍子、野兔、野羊、鸟儿、鱼、蛇、各种昆虫等野生动物都可以食用。大野生动物，能通过狩猎活动得到，如压猎、绊索、下套子等。但保护动物，保护环境是我们的责任，所以我们推介以下几种方法。

捕蛇：惊蛰后一直到晚秋，蛇开始从冬眠中醒来四处活动，采用木叉、绳套、泥压等办法可以捕蛇。木叉法：用木叉叉住蛇颈，然后一手抓蛇头，一手抓蛇尾。绳套法：竹竿一端打一个洞，穿过一有弹性的活动绳圈，用活动绳圈套住蛇头，拉紧缚住。泥压法：用一大块粘性大的泥，用力摔向蛇头蛇身，把蛇粘压在地（石）上，然后捉之。直接用手捕捉：迅速敏捷。直接用手捉住蛇尾，提离地面，另一手快速准确捉住蛇颈。捕蛇要防止被伤害。最好穿高筒靴、长裤、厚袜，戴致密手套，戴宽沿斗笠，可防止被蛇伤。

捕鱼：首先自制渔具。用细铁丝、大头针、鱼骨、弯刺做鱼钩；取长纤维植物，用石头捶制，抽出纤维丝做鱼线；羽毛管或其他质轻之物制浮子，小石子等作坠子；树枝做鱼竿；蚯蚓和其他昆虫作饵料，鱼具制成了。食鱼时，掏去内脏，可以大大减少中毒的几率。虾也是很好的食物。

捕拾贝类：池塘里的田螺、香螺、红螺等皆可食用；海边更有五色的贝类如蛤贝、扇贝、牡蛎等海鲜可食。

昆虫食用：自然界里有许多昆虫可以食用，而且富含丰富的营养成分，如蝗虫、蜗牛、蚯蚓、蝉、蜻蜓、蚂蚁、蜘蛛等等。一般采用煎、炒、炸、烤等方法食用，有的生吃也可，如蝉、蜗牛等。

2. 植物的食用

自然界可食的野生植物很多，如各种野果、野菜、蘑菇、藻类等。常见的可食野果有很多，如猕猴桃、野杏、算盘果、刺梨、野石榴、小杨梅、野荔枝、长蛇果等等。鉴别野果野菜是否可食，可取少许用前齿咀碎，用舌尖轻尝是否有辛辣、苦涩及其他异味，若味道甜淡或没有怪味，一般可食；如怪味浓烈刺激，应马上吐掉并用水漱口。牲畜食用的植物，人一般可食。蘑菇是味美的食物，但采集时要注意区分有无毒性。一般说来，毒蘑菇常生长在有机质丰富、肮脏潮湿的地方，有多种美丽的色彩，且菌杆上更有菌环和菌托，菌盖上有瘤，采集后易变色，使银器变黑，牛奶凝固，葱变蓝色或褐色等。而无毒菇常生长在干净的地方，致密脆弱，采集后不易变色，无菌托菌环等。蘑菇的采集，经验很重要。

煮植物的水振荡后有大量泡沫或加入浓茶产生大量沉淀或少量试尝某种植物后出现头晕、恶心、腹泻等不良症状，则这些植物不能食用。

野生植物的食法有生吃、水煮、蒸炒、做汤等。

常见实用野菜有荠菜、苦菜、蒲公英、鱼腥草、刺儿菜、灰菜等等。水生植物也有许多可食如菱角、鸡头、莲浮等等。

第五节 户外运动的组织与体验

一、户外运动的计划

(一) 活动内容、地点

确定活动内容首先要确定是哪个类型的户外活动。如果选择了探险为主的活动，那么还必须收集当地地理、气候、民俗等背景材料，掌握前人成败的经验与教训，分析危险性和成功性、可能性等。活动项目必须是可行的，野外活动具有一定的挑战性和危险性，有些活动对技术、体能、经验、装备等都有较高的要求，因此任何超过自身能力范围的项目，都不能轻易去冒险。

(二) 确定户外活动的地点

根据活动内容、活动主题、日程来决定，这是野外活动能否成功的关键因素之一。一般选择野外活动地点应注意以下几点。

(1) 远离嘈杂，选择自然生态环境较好的地方。

(2) 交通便利，参加者没有或很少游览过的地方。

(3) 有良好水源、容易得到食物和物质补充。

(4) 地域开阔，有多样的植物，能采集标本、化石。

(5) 有正规的管理，从业标准，有急救设施。

(6) 土地干燥，有草地、有日照又有适当林木，通风好，风景宜人，又能避开山谷、密林。

(7) 融郊游、登山、游泳、划船等活动于一体的地方。

(二) 人员组成

人员组成要注意以下几点：

(1) 人数多可以安排野外露营、徒步登山等，而不易安排攀岩等。

(2) 要注意性别数，便于安排住宿，一般来说，青一色女生不宜去条件较差的野外，最好男、女生要合理搭配，男生最好比女生至少要多一人。

(3) 人员组成最好是奇数，便于决策。

(三) 日程

合理安排户外活动的日程要注意以下几点：

(1) 在活动场所与食宿地之间的往返要花掉一部分时间，因此交通、食宿与活动要作充分考虑。

(2) 日程安排的制定要根据野外活动的类型、时间长短、条件、同伴的共同爱好与能力等因素来考虑。

(3) 一般把体力消耗大的活动放在日程的前一半，而把体力消耗少、趣味性强的活动放在日程的后一半。

(4) 时间选择最好是排除雨季，应在天气较暖和的季节进行。除条件较好且安全的地区日程可稍长外，一般日程安排不宜太长。

(5) 日程安排后，要使参加者对该日程有充分的了解，便于参加者有足够的思想准备。

二、户外运动的准备

一旦确定了户外活动计划,下一步便是着手准备工作,准备工作包括心理准备、技术和体力准备、物质装备以及食品、个人物品准备等。

(一)心理准备

(1)户外活动是一项非常艰苦和危险的活动,因此要作好吃苦耐劳、克服困难、应付恶劣环境、处理突发事件的心理准备。

(2)户外活动是一项集体活动,要和同伴之间形成一个民主、和谐的气氛,要有合作意识,做到谦虚、礼让,不能只顾个人兴趣,要顾及集体中大多数人的兴趣爱好。

(3)既要独立地把自己的活动、任务做好,不要依赖别人,又要积极地帮助别人,团结互助。

(4)根据自己在过去集体活动中的缺点和不足,考虑如何克服。

(5)事先了解野炊、支帐篷、行装等野外活动的知识。

(二)技术与体能准备

户外活动项目中一般都包含技术和体能成分,比如攀岩、溯溪、漂流等。因此,根据计划和日程安排,一般应提前三个月进行技术和体能方面训练。如进行自然岩壁的攀登,事先可在人工场地上练习,掌握基本的技术和要领,同时还要进行体能训练,例如耐力、手臂力量、腿部力量等,这样在野外的自然环境中攀爬起来才更能体验攀岩的乐趣。

(三)个人用品准备。

三、户外活动的组织与实施

(1)组织实施野外活动是一件繁杂的事,应由热心而具备组织才能、威信高的人来统筹负责。一个人的力量总是单薄的,因此分工负责则显得格外重要,交通、生活、活动、物品等都要有专人负责。人数较多的可以分成几个活动小组进行,尽量使人员搭配合理,每组由组长负责。

(2)户外活动出发前,应组织大家学习、了解野外生活常识,野外活动中常见病的防止、野外识图与看方位等知识,制定与强调野外活动的规则、纪律、要求,介绍活动地点的地理、气候、民俗、文化、民族等知识。组织者必须充分考虑到各种危险因素,预先制定防范措施,同时对全体参加者进行安全教育,树立安全意识。

(3)在户外活动过程中,经验丰富者具有举足轻重的作用,可以使活动的安全有保障,使大家在技术性强的活动内容中有更深刻的体验。他们在活动中要有明确的分工与任务,每个项目活动后或每天都要及时的清点人数、了解活动后身体状况,及时总结,布置第二天的内容与任务。

(4)重视活动的收尾工作,其实在活动结尾时,往往最容易发生意外。这时组织者和全体参加者都应高度重视人们兴奋之后的疲劳,谨慎、细致地安排好结尾活动,使大家乘兴而来,安全满意而归。

第二章 定向越野

定向越野（Cross-Country Orienteering）是定向运动（Orienteering）的主要比赛项目之一。定向越野是借助标有若干检查点和方向线的地图和指北针，在陌生野外选择行进路线，并依此寻找各个检查点，用最短时间完成全程的运动。

第一节 定向越野的基本技术

一、辨别方向

（一）正确使用指北针

1. 辨别方向

当指北针的磁针静止后，其"N"端（通常都有标志）所指的方向即为北方。

2. 标定地图

先使指北针圆盒内的定向箭头"↑"朝向地图上方，使箭头两则的平行线与越野图上的磁北线重合或平行，然后转动地图，使磁针北端对正磁北方向，地图即已标定。

3. 确定站立点

选择图上和现场都有的两个明显地形点；并用指北针分别测出至该两地形点的磁方位角，将所测磁方位角图解在地图上。图解磁方位角时，要先转动指北针的分度盘，让指标分别对已所测的方位角值；再将指北针的直长边分别切于图上被照准的两个地形点符号并转动指北针，待磁针与定向箭头重合后，分别沿直长边描方向线。两方向线的交点，就是站立点的图上的位置。

（二）利用地物判别

（1）房屋。房屋一般门朝南开，在我国北方尤其如此。

（2）庙宇。庙宇通常也南向设门，尤其是庙宇群的主要殿堂。

（3）树木。树木通常朝南的一侧枝叶茂盛，色泽鲜艳，树皮光滑；向北的一侧则相反。同时朝北一侧的树干上可能有青苔。

（4）凸出地物。如墙、地埂、石块等，其向北一侧的基部较潮湿，并可能生长苔类植物。

（5）凹入地物。如河流、水塘、坑等，其向北一侧的边缘（岸、边）的情况与凸出地物相同。

二、越野地图

（一）越野图的比例尺

1. 比例尺的概念。图上某线段的长度与相应实地水平距离之比，叫地图比例尺。如某幅图上长为1厘米，相应实地的水平距离为15000厘米，则这幅地图是按实地缩小15000倍测制的，1与15000之比就是图比例尺。

2. 用直尺量读图上距离。先从图上量取所求两点间的长度，然后乘以该图比例尺分母，即得出相应的水平距离。如在1∶1.55越野图上量得某两点间的距离为3毫米，则这地水平距离为3毫米×15000＝45000毫米。

（二）符号分类

1. 依比例尺表示的符号

实地面积较大的地物，如森林河流、城镇、湖泊等。其符号图形的外部轮廓都是按比例尺缩绘的。这类符号的轮廓线与实地地物的轮廓相似，在越野图上可以了解其分布形状，依比例尺可量取相应的实地长、宽和计算面积。轮廓线的转折点可供定向越野比赛组织者设置检查点，也可供参加者在运动途中确定运动方向和确定站立点。

2. 半依比例尺表示的符号

实地的线状地物，如道路、沟渠、电线等。这类地物符号的长度是按比例尺缩绘的，而宽度则不是。因此，在越野图上只能量取其长度，而不能量取其宽度。线状地物的转弯点、交叉点同样可供比赛组织者设置检查点和参加者在运动途中确定运动方向和确定站立点用。

3. 不依比例尺表示的符号

实用面积很小而对定向越野运动有影响和有方位意义的独立地物，如窑，独立树等。在越野图上，长与宽都不能依比例尺表示，只能用规定的符号表示。在定向越野运动中，独立地物比大面积地物与线状地物作用更大。因为不但位置准确，而且大多数独立地物突出地面、明显易找、有利于参加者在运动中进行图地对照，准确判定运动方向和确定站立点，准确判定检查点的实地位置，有利于比赛组织者设计出理想的比赛路线。

4. 越野图符号的颜色

专用定向越野图采用不同颜色表示不同的地形内容，使之层次分明，清晰易读。一般原则是蓝色表示水系、棕色表示地面起伏，绿色表示植被，其他内容用黑色。对于禁区或不可逾越的障碍还要用蓝、黄颜色或专门符号表示。

（三）地貌形态

1. 等高线显示地貌的原理

设想把一座山从下至上地按相等的高度一层一层地水平切开，这时山的表面便形成了若干大小不同的截口线，将这些截口线垂直投影到一个水平面上，形成一圈套一圈的等高线圈，可显示出该山的形态。

2. 等高线显示地貌的特点

在同一条等高线上，各点的高度相等，并各自闭合；在同一幅地图上比较，等高线条数多，山就高，等高线条数少，山就低；等高线间隔大、坡度平缓；等高线间隔小，坡度较陡；等高线的弯曲形状则与相应实地的地貌形态相似。

3. 等高距的规定

等高距是相邻两个水平截面之间的垂直距离。等高距的大小，在很大程度上决定着地貌表示的详略，等高距离小，等高线越多，地面表示就越详细；等高距越大，等高线越少，地貌表示得越概略。因此，国际定向运动联合会对越野图的等高距做出了专门规定，并要求将等高说明印制在每张越野图的显著位置上。一般等高距均为5米。

4. 地貌起伏的判定

判定地貌的起伏，也就是判定地貌的斜坡方向。利用示坡线判定：顺示坡线方向为下坡，逆示坡线方向为上坡。利用等高线注记：朝字头方向为上坡，朝字脚方向为下坡。通常是山地高，平地低；山顶高，鞍部低；山背高，山谷低；山脊高，山脚低。

5. 地貌结构的判定

判定地貌的结构，首先应利用图中明显的标高点、河流、谷地等，概略判明区域总的升降方向并弄清楚大的地貌的起伏、分布规律。然后将主要注意力放在弄清楚地貌结构线，特征线和特征点的平面位置和高度、坡度的比较点上。

第二节 定向越野的的场地器材

一、定向越野的场地

（一）比赛区域的地形

地形是地物和地貌的总称。地物是指地面上的固定性物体，如建筑物、道路、居民点、河流、树木等。地貌是指地面的高低起伏状态，如山地、丘陵、平地、洼地等。对比赛区域地形的要求是：

（1）要有与比赛的等级相适应的难度，并保证它能够使参加者充分发挥自己的定向越野技能。

（2）比赛区域必须是所有选手都不熟悉或不太熟悉的，至少应防止赛区当地的选手在比赛中获得明显的好处。

（3）比赛区域的选择与确定在赛前必须严格保密。

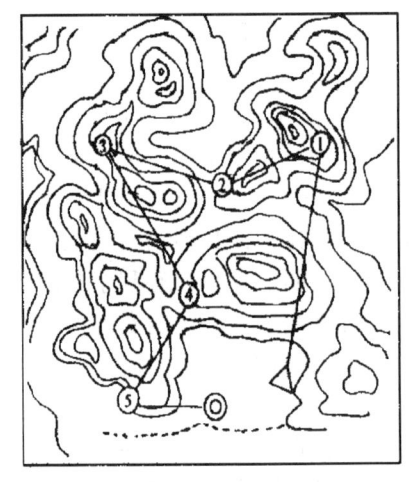

图 5-2-1

通常情况下，合格的定向越野比赛应选择有适度植被，中等地形变化多样的有限通视地域和人烟稀少的生疏地区。在组织一般的定向越野活动时，城市公园、近郊区以及未耕种的、未长成的田地也是可供选择的地点。

（二）比赛路线

（1）定向越野比赛路线通常按环形设计（图 5-2-1）。距离只是个相对准确的数字，在小型比赛中路线长度的设计应参考下列完成时间：竞争性的 40 分钟以上（4 千米~6 千米），或 60 分钟以上（6 千米~8 千米）；活动性的 30 分钟以上（2 千米~3 千米），50 分钟以上（4 千米~5 千米）。

（2）比赛路线应具有可选择性，使参加者能够根据自己的能力对前进的方向和路线进行选择；具有可续性，只有这样才能迫使选手依赖识图用图的能力参加比赛，体现出定向越野的特点。

（3）在比赛中，检查点间最合适的距离应设计在 500 米~1000 米之间，若受地图比例尺或地形条件的限制，距离可以适当放宽，但最短不宜少于 1000 米，最长不宜超过 3000 米。

二、定向越野的器材

（一）基础器材

（1）号码布：一般不超过 24 厘米×20 厘米，号码数字的高不小于 12 厘米，字迹要清晰，字体要端正。正规的比赛还要求将号码布佩戴于前胸及后背两处。

（2）检查卡片：主要用于判定参加者的成绩，用厚纸片制成，分为主卡和副卡两部分。主卡由参加者在比赛中携带，并按顺序将两个检查点的点签图案印在空格中，到达终点时交裁判人员验证。副卡在出发前交工作人员留底和公布成绩时使用。检查卡片的尺寸一般为 21×10 厘米，基本样式（图 5-2-2）。

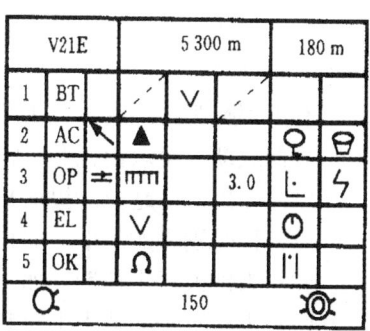

图 5-2-2

（3）地图：是定向越野最重要的器材，质量好坏直接影响参加者比赛的成绩和关系到比赛是否公正。因此，国际定联专门为国际间定向越野比赛制定了《国际定向运动图制图规范》。

（4）检查点标志：检查点用于检验参加者是否按规定跑完全程。检查点标志是由 3 面标志旗连接组成，每面正方形小旗，沿对角线分开，左上为白色，右下为红色，旗的尺寸为 30×30 厘米，可以用硬纸壳、胶合板、布等材料制成。标志旗通常要编上代号，以便选手根据旗上代号判断是否找到了正确的检查点。基本式样（图 5-2-3）。

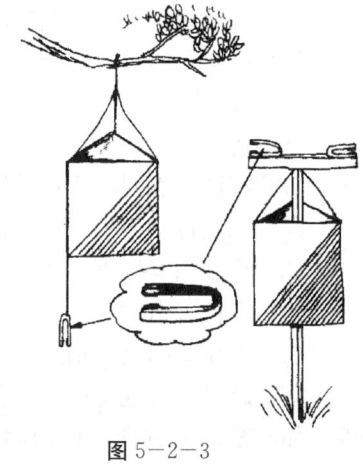

图 5-2-3

（5）点签：点签是与检查点配合而起作用的，它提供给参加者一个到达位置的凭据。点签的样式很多，但最常见的还是印章式和钳式（图 5-2-3）。

（二）指北针

指北针用于运动中辨别和保持方向。目前指北针式样较多，国际定向越野比赛多用透明式。这种指北针的好处是：指针灵敏度高；稳定性好；通过指北针可透视图，提高了用图速度。指北针一般由组织者提供，如果组织者不具备条件，可由参加者自备。

第三节 定向越野的欣赏与体验

一、定向越野的比赛规则简介

参赛者要依靠标有若干检查点和方向线的地图并借助指北针，自己选择行进路线，依次寻找各个检查点，用最短时间完成比赛者为优胜。

（一）犯规

有下列行为之一者即为犯规，应取消比赛资格：

（1）有意妨碍他人比赛（包括犯有同一性质的其他任何不良言行）者；

(2) 蓄意损坏点标、点签和其他比赛设施者;
(3) 比赛中搭乘交通工具行进者;
(4) 未通过全部检查点,而又伪造点签图案者。

(二) 违例

有下列行为之一者被视为违例,应给予警告。裁判人员将根据违例的性质和程度,采取从降低成绩直至取消比赛资格的处罚:
(1) 在出发区越位(提前)取图和抢先出发者;
(2) 接受别人的帮助,如指路、寻找点标、使用点签者;
(3) 为别人提供帮助,如指路、寻找点标、使用点签者;
(4) 为从对手的技术中获利,故意在比赛中与对手同路或跟进者;
(5) 故意不按比赛规定顺序行进者;
(6) 不按规定位置佩戴号码布者;
(7) 有其他违反比赛规则行为者。

(三) 成绩无效

有下述情况之一者,比赛成绩将被判为无效:
(1) 有证据表明在比赛前勘察过路线者;
(2) 未通过全部检查点,即检查卡片上点签图案不全者;
(3) 点签图案模糊不清,确实无法辨认者;
(4) 在检查卡片上不按规定位置使用点签者;
(5) 在比赛结束(指终点关闭)前不交回检查卡片者;
(6) 超过比赛规定的终点关闭时间(检查点一般也在同一时间撤收)而尚未返回会场者。如确系迷失方向,应向附近任意一条大路或原检查点位置靠拢,等候工作人员的处置;
(7) 有意无意地造成国家或他人的重大经济损失和破坏自然风景者。由此带来的一切后果,责任由肇事人承担。

二、定向越野比赛方法与欣赏

定向越野就是利用一张详细精确的地图和一个指北针,按顺序到访地图上所指示的各个点标,以最短的时间到达所有点标者为胜。定向运动通常设在森林郊外和城市公园里进行,也可以在大学校园里进行。

一个标准的定向路线包括一个起点(用三角表示)、一个终点(用双圆圈表示)和一系列点标(用单圆圈表示)。这些点标已在地图上用数字标明。

在实际地形中,一个橘黄色和白色相间的点标旗标志着运动员应该找到的点标的位置。

点标与点标之间的路线并不指定或固定,而是由运动员自己做出选择,这种路线选择能力可借助于地图和指北针在森林和公园中辨明方向,并以最快速度按顺序到达目的地的能力,便是定向越野的基本要求。

定向运动,还需制作专门的定向图。定向图更加准确精细,更容易比较地图上的符号标记和实际地形中的实物。

三、定向越野的体验

（一）在游戏中体验定向越野

1. 识图越野

组织同学手持简易地形图，沿布标线路进行的越野锻炼。方法是：先在森林中选好地形、路线、起终点，于隐蔽处布置标志物，然后丈量跑程距离，绘制简易地图。教师讲清越野要求、识图方法和注意事项，然后以个人或小组持图进行比赛。路程为5~10千米，布标点3~8处，比赛结果可按计时成绩或以检回标志物多少决定名次。

2. 寻宝藏"探险寻宝"、"夺宝奇兵"等

在树林和草地中事先藏好物品（如皮球、鸡蛋或某种花草等），并提供一定的线索，让寻宝者去找，先找到者或找得多者为胜。其魅力在于它极像军事行动，惊险刺激又有极强的娱乐性和难忘的野外体验。当你历尽艰辛找到"宝藏"时的心情是不言而喻的。这是一项地图和指北针的游戏，一项挑战智能和体力的运动。

（二）课中体验小型定向越野

1. 路线与设点

路线的设计　当起点、终点设在同一处时，可设计成闭合形；起点、终点不设在同一处时，可设计成"一"字形或"弓"字形。应本着既适合学生运动技能的发挥，又具有路线可选择性的原则。

设置检查点　体育课中设置检查点的原则：根据路段需要确定检查点，必须设置在图上有明显地物（地貌）符号的地方；前一名参加者在该点作业时不被后续向该点运动的参加者发现。

2. 起点与终点

起点　设在地形平坦、面积较大、地势较低之处，使之第一检查点之间应有足够的遮蔽物，保证参与者在离开出发位置之后很快消失。

终点　终点与起点可设在同一场地内，也可单独设置。最后一个检查点至终点间的路段应比较简单，以便所有参加者从同一方向跑回终点。

3. 出发与比赛

出发　国际定向越野联合会规定出发时间间隔为3分钟。小型的低级别的定向越野活动，可适当缩短时间间隔，原则是要保证前一名参加者出发消失后，后一名参加者方可出发。

比赛　可按考核性、娱乐性和竞赛性定向越野3种形式进行比赛。

（三）在校园体验校园定向越野

校园定向越野，即利用校园的地形条件开展的定向越野。它是徒步定向越野的一个新兴的运动项目。是一种偏重于娱乐的群众性体育活动。

1. 准备阶段

准备阶段重点要做的工作是路线的选择。对校园内的地形条件，只要有一定的地貌起伏，有一定的植被覆盖，有一定数量的明显地物即可设置路线。对于校园定向越野的器材准备，要坚持因陋就简的原则，无须搞得过于繁琐。

2. 练习阶段

校园定向越野练习的基本内容，主要包括识别越野图，使用越野图，如何参加比赛

等。但在练习中，不要面面俱到，要突出重点，贵在实用，利用较短的时间取得实际效果。具体要注意以下问题：

在识别越野图练习中，主要针对越野图突出讲清地物，对地貌只作一般讲解即可，利用地物定向是校园定向越野的一个特点。

在使用越野图练习中，要注意两个问题：一是标定地图尽量不用指北针，先抓准站立点，讲清利用明显地物定地图的方法；二是地图与实地对照要突出地物的对照，利用站立点与明显地物的相互关系位置确定站立点。

对于如何参加比赛，主要应讲清参赛者在出发点、运动中、检查点及终点具体要做的工作。

3. 比赛阶段

（1）比赛的规模应根据校园面积的大小，可供利用的路线长短与可设路线的条数以及可设检查点的个数来决定，每次参加者应控制在一定数量之内，可采用小型多次的原则。

（2）路线长短设计，要根据各组别参赛人员的多少来决定，以出发点工作未结束（即还有参赛者未出发）终点工作已开始（即已有参赛者返回终点）为宜。

（3）比赛起点与终点应设在同一处，除能容纳工作人员和参赛人员，还要考虑可供人们参观，通常选择在球场或操场为宜。

（4）在进行具体路线设计时，检查点（包括起、终点）之间一般应有道路可利用。尽量考虑点与点之间有多条道路可供参赛者选择，以增加比赛的难度，检查点位置的选择应根据参赛者的实际水平和本次比赛所设组别而定，难易适宜。

（5）工作人员（主要指裁判人员）应少而精，做到一人多用，如起点工作结束后，立即投入到终点工作中去，例如，进行验证检查卡、计算成绩、排定名次等。

第三章　拓展运动简介

第一节　拓展运动

一、拓展运动

拓展运动又称拓展训练（Outward Development）、外展训练（Outward Bound），通常利用崇山峻岭、翰海大川等自然环境，通过参与一些精心设计的程序和活动达到磨练意志、陶冶情操、完善人格、熔炼团队的目的。拓展训练起源于第二次世界大战。当时有个德国人库尔特·汉恩提议，利用一些自然条件和人工设施，让那些年轻的海员做一些具有心理挑战的活动和项目，以训练和提高他们的心理素质。第二次世界大战以后，在英国出现了一种叫做 Outward-bound 的管理培训，这种训练利用户外活动的形式，模拟真实管理情境，对管理者和企业家进行心理和管理两方面的培训。由于拓展训练这种非常新颖的培训形式和良好的培训效果，很快就风靡了整个欧洲的教育培训领域并在其后的半个世纪中发展到全世界。今天，拓展训练在发达国家已经介入到高校的管理专业课程，成为 MBA 团队管理课程的重要构成部分。

二、拓展训练的意义

以体验、经验分享为教学形式的拓展的出现，打破了传统的培训模式，它并不灌输你某种知识或训练某种技巧，而是设定一个特殊的环境，让你直接参与整个教学过程，在参与的同时，去完成一种体验，进行自我反思，获得某些感悟。在参与、体验的过程中，心理受到挑战，思想得到启发，然后通过学员共同讨论总结，进行经验分享，感悟出种种具有丰富现代人文精神和管理内涵的道理。在特定的环境中去思考、去发现、去醒悟，对自己、对同事、对团队，重新认识、重新定位。能够有效地认识、拓展自身潜能，提升和强化个人心理素质，增强自信心，改善自身形象；帮助建立高尚而尊严的人格，克服心理惰性，磨练战胜困难的毅力；同时让团队成员认识群体的作用，增进对集体的参与意识与责任心，能更深刻地体验个人与集体之间、下级与上级之间、人与人之间唇齿相依的关系；改善人际关系，学会关心，更为融洽地与群体合作，从而激发出团队更高昂的工作热情和拼搏创新的动力，使团队更富凝聚力，更富光荣感。

三、拓展训练的特点

投入为先：拓展训练的所有项目都以体能活动为引导，引发出认知活动、情感活动、意志活动和交往活动，有明确的操作过程，要求学员全情投入才能获得最大价值。

综合活动性：拓展训练的所有项目都以体能活动为引导，引发出认知活动、情感活动、意志活动和交往活动，有明确的操作过程，要求学员全身心的投入。

挑战极限：拓展训练的项目都具有一定的难度，表现在心理素质的考验上，需要学员向自己的能力极限挑战，跨越"心理极限"。

集体中的个性：拓展训练实行分组活动，增强团队成员的责任心与参与意识，树立相互配合，相互支持的团队精神和群体合作意识。力图使每一名学员竭尽全力为集体争取荣誉，同时从集体中吸取巨大的力量和信心，在集体中显示个性。

高峰体验：在克服困难，顺利完成课程要求以后，学员能够体会到发自内心的胜利感和自豪感，获得人生难得的高峰体验。

自我教育：教员只是在课前把课程的内容、目的、要求以及必要的安全注意事项向学员讲清楚，活动中一般不进行讲述，也不参与讨论，充分尊重学员的主体地位和主观能动性。即使在课后的总结中，教员只是点到为止，主要让学员自己来讲，达到了自我教育的目的。

第二节　主要项目介绍

一、拓展运动的分类

素质拓展项目的三种常见形式，主要由水上、野外和场地三类课程组成。

水上课程包括：游泳、跳水、扎筏、划艇、潜水等；

野外课程包括：远足露营、登山攀岩、野外定向、溶洞探险、伞翼滑翔、户外生存技能等；

场地课程是在专门的训练场地上，利用各种训练设施，如高台跳水、空中断桥、空中单杠、天梯、合力桥、模拟电网、信任背摔等，开展各种团队组合课程及攀岩、跳越等心理训练活动。

拓展项目也可以按照风险级别分为：低风险、中度风险、高风险；按照高度分为：低空、高空、地面。

二、主要拓展运动项目案例介绍

★盲人方阵（图5-3-1）

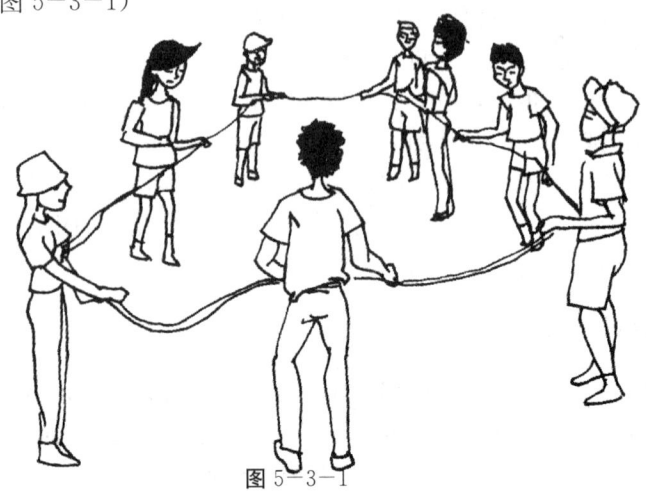

图5-3-1

培训目标:
(1) 培养团队决策能力,正确把握民主和集中的尺度;
(2) 培养团队成员的沟通意识,倾听是保持有效沟通的前提,准确传达信息;
(3) 理解团队领导人及其领导风格对完成任务的影响和重要作用;
(4) 培养学员科学的思维方式,定量分析和定性分析;
(5) 使学员理解角色定位及尽职尽责的完成本职工作的重要性,例如名义队长和实际队长、缺勤管理和闭嘴理论、团队角色等。

项目的规则:
(1) 整个项目进行的过程中不得摘眼罩或偷看;
(2) 服从培训师口令的原则。你们的任务是:在不允许摘眼罩或偷看在规定的时间内利用提供的工具做成一个面积尽量最大的正方形,并且所有队员相对均匀的分布在正方形的四条边上。

★毕业墙(图 5-3-2)

图 5-3-2

项目的目标:此项目是众多训练项目中所有团队必须完成的项目,它包含团队工作中所代表的诸多意义,有聆听,组织,领导,配合,沟通等。增强团队凝聚力;促进团队沟通,提高团队协作精神;加强团队服从与奉献精神。通过完成此项目,充分感受一个团队在完成某项大型工作时所表现的团队精神与力量。

项目的规则:墙体一般高 4 米左右,要求不借助任何道具的情况下,团队每一个成员都要攀越过墙体。已攀越过去的团队成员只留少数在墙体上方协助,其他的进行保护。不允许已攀越成员在下面协助攀越。

★断桥(图 5-3-3)

图 5-3-3

项目的目标：成功与失败永远只差关键的一步，勇敢的跨出这一步，成功就属于你。克服紧张情绪、战胜恐惧心理、果敢的执行力、借助外势、建立突破自我、挑战困难的自信心与勇气。

项目的规则：参训队员爬越 9 米高的断桥立柱，站立于断桥桥面之上，两臂自然平伸，保持身体平衡，移步至桥面一侧边缘，以后脚的蹬力，使身体向前跃出，跨过断桥落于桥面另一测，平稳走到终点。

★穿越电网（图 5-3-4）

图 5-3-4

项目的目标：集体完成如此困难的任务，应该有正确的决策。决策过程：确定决策人（队长或由队长指定有威信和经验的人）；由负责人带领研究情况和目标（有多少个洞、大洞和小洞）；确定方案（顺序和方法，最后一个人如何通过）；确定分工（团队角色）；确定纪律（包括安全保障）；激发情绪，遇到挫折和失败时的态度（是否及时调整，是否打破思维定式）。一旦事情发生变化，决策也要变。

项目的规则：认真操作和配合，依次从网洞中通过，不能触网。

★信任背摔（图 5-3-5）

图 5-3-5

项目的目标：①通过身体接触，打破人与人之间的隔膜；②增进学员之间的情感交流，共同分享战胜困难的喜悦，增强团队的凝聚力；③信任是团队的基石，在培训初期通过该活动让团队成员迅速建立相互信任，共担责任。

信任背摔项目的队员注意事项：不允许向后窜越或直接跳下；倒下后要控制自己的双

脚,以免砸伤队友;不要向后团身坐下。

保护队员注意事项:第一组要距离背摔台两拳左右距离,不要紧贴背摔台;第2、3、4组必须是男士;各组之间肩部相互挤紧,并排成一条直线;接住队友之后,不要鼓掌、上抛,第1、2组先放其脚,接背和腰部的保护队员先将其抱住,然后将其慢慢扶正。

信任背摔保护队员动作要领:挺胸抬头,侧向上关注背摔队员的背部。两臂前伸掌心向上,两臂夹一膀搭在队友右肩上;两两相对为一组(尽量找与自己身高相等的队友作为搭档),两个人同时伸出自己的右脚(统一规定所有人出同一侧的脚),脚内侧相对(双脚间距3~5厘米),弓步,膝盖内侧相触。如果背摔队员倒下时有角度偏差,两人脚下不动,身体同时向同一方向移动重心将队友接住,自己也避免被砸伤。

★高空抓杠(图5-3-6)

图5-3-6

项目的目标:培养学员战胜自我,挑战自我心理极限的健康心态;树立为团队荣誉而战的信心与决心;挑战自我潜力;面对困难,勇敢跨出前进的脚步。

项目的规则:所有参训学员都要依次从跳台的一端纵身跃起抓住正前上方的一根横杠。在规定时间内,完成如此困难的任务,要求团队必须紧密配合,环环相扣。

★法柜奇兵(图5-3-7)

图5-3-7

项目的目标：让所有成员都积极参与，共同迎接挑战。建立小组成员间的相互信任，让队员们能够自然地进行身体接触和配合，消除害羞和忸怩的心理。

项目的规则：1根约6米长的绳子，选取两棵相距约5米，直径在150毫米左右的大树。选项：装饰用的大橡胶蜘蛛。人数不限，人数较多时，需要将队员划分成若干个由10~16个人组成的小组。

★南水北调（图5-3-8）

图 5-3-8

项目的目标：进行有效的沟通；在此次团队行动中，领袖的作用力体现在那些方面；个人如何在团队中找好位置、发挥优势；提高队员在工作中相互配合、相互协作的能力；确立方案，明确分工，有效的组织协调是团队成功的关键。

项目的规则：成员手持破开的竹竿并连接起来形成水槽状，水在槽管里流动。成员手中的竹竿接力输送水，团队成员不断连接竹竿，循环接力直至将水送至教练要求的位置。每组20~30人为佳；所有的成员都手持破开的竹竿并连接起来形成水槽状，水在槽管里流动。成员手中的竹竿接力输送水，团队成员不断连接竹竿，循环接力直至将水送至教练要求的位置。

第三节　拓展运动的组织与体验

体验式学习是用以激发个人潜能，提高企业生产力的新型学习方式。这种学习方法的前提是体验先于学识，同时，学识与意义来自参加者的体验。每个参加者的体验都是独特的，因为这个学习过程运用的是归纳法而不是演绎法，是由参加者自己去发现、归纳、体验参与过程中提供的知识。

一、拓展训练的组成

（1）团队热身：在培训开始时，团队热身活动将有助于加深学员之间的相互了解，消除紧张情绪，建立团队意识，以便轻松愉悦的投入到各项培训活动中去。

（2）个人项目：本着心理挑战最大、体能冒险最小的原则设计，每项活动对受训者的心理承受力都是一次极大的考验。

（3）团队项目：团队项目以改善受训者的合作意识和受训集体的团队精神为目标，通过复杂而艰巨的活动项目，促进学员之间的相互信任、理解、默契和配合。

（4）回顾总结：回顾将帮助学员消化、整理、提升训练中的体验，以便达到活动的具体目的。总结使学员能将培训的收获迁移到工作中去，以实现整体培训目标。

二、拓展训练的环节［体验—分享—交流—整合—应用（循环往复）］

（1）体验：此乃过程的开端。参加者投入一项活动，并以观察、表达和行动的形式进行。这种初始的体验是整个过程的基础。

（2）分享：有了体验以后，很重要的就是，参加者要与其他体验过或观察过相同活动的人分享他们的感受或观察结果。

（3）交流：分享个人的感受只是第一步。循环的关键部分则是把这些分享的东西结合起来。与其他参加者探讨、交流以及反映自己的内在生活模式。

（4）整合：按逻辑的程序下一步是要从经历中总结出原则或归纳提取出精华。并用某种方式去整合，以帮助参加者进一步定义和认清体验中得出的成果。

（5）应用：最后一步是策划如何将这些体验应用在工作及生活中。而应用本身也成为一种体验，有了新的体验，循环又开始了。因此参加者可以不断进步。

三、注意事项

（1）超越训练把安全保障作为培训第一项重要责任。并时刻保持警觉，以专业的手段保证每一个细节的绝对安全可靠。

在培训期间，安全保障是首要工作，所有户外活动均经过精心的设计与实验。各项户外活动的保护装备均使用一流的专业器材，并由专业工作人员进行技术指导。富于经验的教员严格地依照安全程序指导监控活动的全过程。

（2）参训人员应有的心理准备：积极主动参与各项活动，视成功为目标；愿意尽自己最大的努力接受各种新的考验，具有不屈不挠的精神；维护良好的团队士气，诚恳助人，敢于负责；体察组员的情感，主动沟通和交换训练；爱护自然环境，遵守培训方规定。

第四章 水上运动

水上运动一般是在优越的天然环境中进行，是人们依靠自然、战胜自然、回归自然、保护自然的健康有益的活动。水上运动可使人们充分地体验阳光、空气和水这些健身三要素的韵味，水上运动与绿地、山林、海洋的融合，也成为现代健身运动的新时尚。

第一节 漂流

漂流运动以特有的运动形式成为现代人融入自然，挑战自然的工具。激流皮划艇、障碍回旋、激流马拉松、漂流、皮艇球项目应运而生，这些项目一出现立即得到了人们特别是追求时尚、热衷户外运动、喜爱独特、惊险和优美的青年人的崇尚，而迅速在世界各地得到普及。

一、漂流的内容

漂流是运动与旅游的完美的结合，既可在市区江滨公园地段进行，也可以在自然的峡谷江河中进行。既可以是竞赛性质的，也可以是休闲旅游和探险性质的。就比赛来说，常设的项目有男、女单人皮艇、男女双人皮艇、多人皮艇等；作为休闲运动和旅游而言，包括单人、多人的皮艇运动，也包括无器具的漂流。

二、漂流的用具

主要包括救生衣、漂流靴、收口包、水上运动头盔、背包、漂流手套、防水上衣等。

三、漂流探险难度的等级划分

根据美国河流探险协会提供的资料，目前漂流探险难度等级划分为六个等级。
第一级：水流平缓区域；
第二级：大部分水域水流平缓，伴随轻微波浪，浪高1米；
第三级：频繁的波浪，但对较有经验的人来说仍容易把握方向，浪高1.5~2米；
第四级：对有经验的人来说也较困难，有大的障碍物需要避过，浪高3米；
第五级：只适于有丰富经验的人，漂流者的生命会受到很难逾越的障碍物的威胁，浪高超过3米；
第六级：现阶段人类还不可实现。

四、漂流运动的安全与注意事项

（1）任何时候都要穿救生衣。
（2）必须充分了解漂流河段的水情、暗礁、浪高，漂流前做好详细的计划，特别是处置急流险滩的方法，并作好应付紧急情况的方案和心理准备。

（3）熟悉各类救生方法，如处置溺水方法、水中施救、自救、人工呼吸方法等。

（4）上船开始漂流前，认真检查各项设备的完好程度，包括救生衣是否系好、是否通气等。

（5）进行漂流锻炼应先在水流平缓的河段作适应性训练，青年学生一般应在一、二级难度的河段上开展此项运动。

（6）进行必要的应急程序的训练，如怎样处理沉陷、翻转，怎样在急流中游泳和穿过急流给船系上绳索等。

第二节 冲浪

冲浪运动是运动员借助涌浪为动力，站在冲浪板上，或利用腹板、跪板、充气的橡皮垫、划船、皮艇等冲击海浪或滑行在海浪上的一种水上运动项目。

冲浪运动以浪为动力，所以要有适宜的场地，一般要求浪高要在1米左右，不能低于30厘米。夏威夷群岛常年有适合冲浪运动的海浪，浪高可达到4米，可以使运动员滑行800米以上，所以夏威夷群岛一直是世界冲浪的中心。200多年前，冲浪运动起源于夏威夷，20世纪初，该项运动逐年向世界各地传播。

一、冲浪比赛

现常见的冲浪运动有两种，一种叫"长板冲浪"，冲浪板由泡沫塑料制成，长1.50米～2.70米，宽约60厘米，厚7厘米～10厘米，重11公斤～26公斤，前后两端稍窄小，前尖后圆，尾端还有固定的鱼鳍舵，起稳定作用，板面涂有蜡质外膜，以减少摩擦力。冲浪板的质料、轻重、大小、外形根据运动员的个人习惯在规定的范围内自主择用。冲浪比赛是运动员把冲浪板抱到沙滩水边，观察与选择方位后，跑动中把冲浪板推入海水中，借用惯性俯卧或跪在冲浪板上，用双手划到有适宜海浪的地方作起点。当海浪推动冲浪板滑动时，运动员使冲浪板保持在浪峰的前面站起身体，两腿前后自然开立（通常是平衡腿在前、控制腿在后），两膝微屈，随波逐浪，快速滑行。除用双脚控制冲浪板外，身体重心左右移动、突然下蹲，又突然抬起上体近乎后仰，这些都是维持滑行的基本方法。浪很大时，运动员可抓住时机冲上浪顶做一番维持瞬间的表演，转体360°～720°，利用滑下准备做第二、三次冲上表演；如果浪不是很大，则可沿海岸线方向在波浪上做冲上折下的动作，如此反复，可在海浪上滑行数百米的距离。另一种叫做"短板冲浪"（亦称"肚板冲浪"），冲浪时上身贴在板上，用脚打水，也可戴上脚蹼，加快划进速度，当速度达到一定时，就可借助波浪起伏其间，体会利用波浪的技巧。此外，还有身体冲浪、布吉冲浪等。

冲浪运动的场地靠近沙滩，面向开阔海面。海底要求是缓坡。在距岸边100～1000米的水域内，水深不超过3米，在来自海面风力作用下，有海底地形和水深的影响，所形成海浪是冲浪运动的理想场地。

裁判员（仲裁委员）根据当时海浪的情况和参赛人数，确定每轮比赛的时间和每轮比赛的冲浪次数，如30分钟内冲3次，或45分钟内冲浪5次等。然后根据每次冲浪时海浪的大小、表演技巧、难度以及姿势评定分数，满分20分。待比赛全部结束后，裁判员对运动员在比赛中所利用的 3~5 个最好冲浪作出评定，最后判定名次。

二、冲浪运动的注意事项

（1）冲浪者必须具备游泳技术，首先要能憋气 25 秒钟以上，能够在游泳池中前滚翻三圈，能从水中踩水上浮、会水中仰漂等技巧。

（2）下水前首先要检查装备，包括冲浪板、安全绳、救生衣等。其次做 20 分钟暖身运动。在沙滩上做柔软体操时，由于海风强，应尽快绑好安全绑绳，身体要站在顺风方向的前沿，免得被自己的冲浪板打伤。拿着冲浪板下水时，千万不要把冲浪板放在身体前面，防止海浪撞击浪板打击自己的身体。

（3）冲浪者一定要遵守冲浪起乘规则，一人一个浪，谁靠近浪壁起乘点谁就有第一优先站起来的权利，此时在旁边竞争的冲浪者应立即刹车，否则易发生冲撞事故，冲浪至岸边水深约 30 公分时，要立即下板，避免冲浪板直接冲击海岸。

（4）在珊瑚地形、石头地形、鹅卵石地形请穿珊瑚鞋，戴防撞安全帽。冲浪应是涨潮时，而不是退潮时。

第六篇

余暇体育篇

在充满欢悦和谐的氛围中,参与自己感兴趣且富时代气息的体育运动,从而达到增强体质,增进健康,恢复体力,调节心理,陶冶情操,激发生活热情,培养高尚道德品质的目的。

享受人生乐趣,提高生活质量已成为当代人的普遍追求,余暇体育作为现代体育的重要组成部分,无论是普及的程度还是开展的规模,都已不在竞技体育之下——跃居为第二股国际体育潮流。

第一章 台　　球

　　台球起源于法国。世界上台球运动的种类很多，主要又分球台上有袋和无袋的两大类。有袋的又分落袋台球、司诺克台球和美式台球，其中美式台球有二十多种比赛打法；无袋的台球有开仑台球、三岸开仑台球和四岸开仑台球等。本章主要介绍司诺克台球（snooker）。

第一节　台球运动的基本技术及原理

　　（一）握杆和身体姿势
　　1. 台球球杆重心
　　拿到球杆时，你首先要了解球杆的重心位置，然后由重心点向杆尾处移动约 40 厘米，这段距离内握住球杆是比较合适的。当然根据主球离库边的远近及需要不同力度出杆等情况，握杆的位置可以偏前或偏后。比如：主球贴库时，要握接近杆的重心位置；主球较远时，可以握杆靠近尾部的位置；如需要大力击球时，握杆手亦可以往后握，以加大握杆和出杆的距离，便于发力。
　　2. 握杆方法
　　握杆的方法正确与否直接影响到出杆的好坏。正确的握法是：拇指和食指在虎口处用轻力握住球杆，其余 3 个手指要虚握。这样握杆的优点在于保证手指手腕和整个手臂适度放松，便于肌肉能更协调地工作。另外，手指、手腕和整个手臂的适度放松，有利于手指、手腕和整个手臂在运杆时的流畅。握杆时手腕要自然垂下，既不要外翻，也不要内收。
　　3. 身体姿势
　　击球的方向是由站位和身体位置来决定的，保持正确的身体姿势有助于完成正确的击球动作。
　　（1）基本站立位置。握好球杆后，面向球台向用主球击打目标球的方向直立，球杆指向主球，握杆手置于体侧，同时对击打目标球的下球点和主球将要走的位置进行确定。
　　（2）脚的位置。当身体位置确定后，握杆的手保持在体侧不动，左脚向左侧前方迈出一小步，左腿稍微弯曲，右腿保持自然直立，双脚距离大约与肩同宽。
　　（3）上体姿势。站好位置后，上体向右侧转并向下弯身，使肩部拉起，上体前倾，与台面接近，头微微抬起，下颌正中部位与手或球杆相贴，双眼顺球杆方向平视。
　　（4）面部位置。尽量使球杆保持在额头中轴线上，双眼保持水平前视，使面部之中线与球杆和后臂处在一个较为垂直的平面上。
　　（二）架杆
　　台球击球前，为了架稳球杆，在瞄准时用非持杆手作支撑，把球杆放在其上的一个动作。目前流行的基本架杆方法有 V 形架杆和环形架杆两种。

1. V 形架杆

掌心向下，先将四指伸开，使指肚按在台面上，手掌略呈拱形，拇指翘起，靠紧食指跟部之间形成"V"形，然后将球杆架在 V 形槽内，击球时使球杆在槽内作直线滑动（图 6-1-1）。

V 形架杆要点提示：

①手指充分伸展；②手指贴紧台面，手掌拱起；③大拇指翘起呈 V 形；④前臂自然扶在桌面上；⑤架杆前手距主球约 15~50 厘米（根据个人身高与习惯）。

2. 环形架杆

左手手指张开，指尖略向内弯，置于台面上，小指、无名指和中指向内弯曲，使其起到支撑作用。拇指和食指扣成一个指环，将球杆穿过该指环，支撑好球杆，在杆与环接缝处，不能留有晃动的余地（图 6-1-2）。

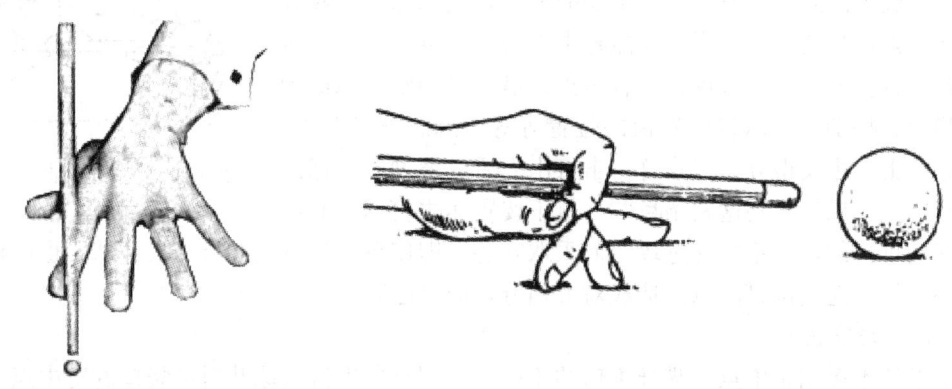

图 6-1-1 V 形架杆　　　　　　　　　图 6-1-2 环形架杆法

由于球的位置变化多端，以及打法不同，仅靠几种常用的标准架杆手势，不可能是万能的，所以架杆手势也不可能千篇一律，而是多种多样的，有五花八门的名称（图 6-1-3）。

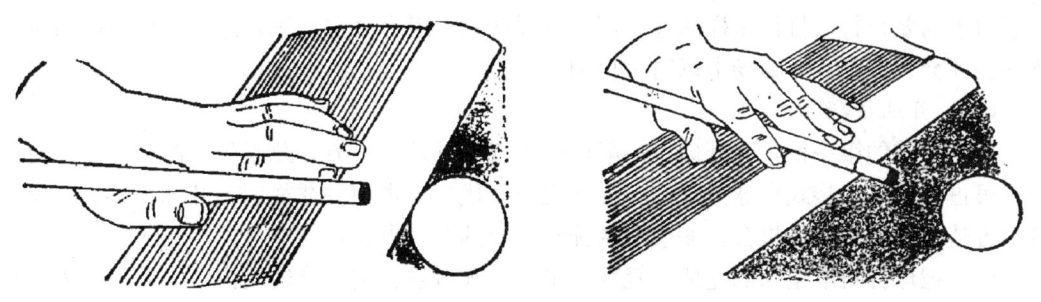

图 6-1-3 特殊架杆法

（三）站位与击球

1. 站位

正确站位有助于完成正确击球动作。右手握杆，以右脚为轴，左脚略向侧前方迈出一步，两脚分开不宜过大，身体保持平衡。身体位置与球杆的关系保持上体前倾，脸的中心保持在球杆之上,架杆的手臂肘关节充分伸展。架杆手的位置应与主球保持约15厘米距离(图6-1-4)。

站位要点提示:①两脚略前后分开,处在合理位置。②身体保持平衡。

2. 击球动作

以肘部作为支点,像钟摆一样前后晃动,击球时球杆要平稳,直线前移,不宜上、下、左、右晃动。肘的动作像一条链,前臂像一个钟(图6-1-5)。

图6-1-4 站位姿势

击球动作要点提示:①以肘关节为支点,前臂自然地前后摆动。②球杆平稳地直线前移。③出杆击球时不能上、下、左、右摆动。

(四)选球技术

怎样选球的问题,没有固定不变的公式,全靠球员在实践中不断摸索,只要日积月累,就能熟中生巧。但也有几个因素可供初学者参考:距离远近、是直是折、借布界助别的球或台边反弹力、特别是主球将要停留的位置等等。总之就是两条:一是这一击一定要得分;二是这一击打出之后,筹划好主球的停留位置。如果达不到这两条目的,就不要贸然去打球。有的

图6-1-5 击球动作

球员遇到难打的球,不轻易进攻,而采取守势,即使自己打不上应打的目标球,也使对方没有办法打上他应该打的球。造成对方罚分,而自己获利。

(五)瞄准技术

瞄准技术多用正中点。瞄准主球的正中点,照直击出目标球并对准袋口的正中点,三点一线,一击出手。当然有时为了筹划主球停留的位置,也要瞄准不同的击点,让它停留在需要停留的位置上。

(六)用力度技术

球选得好,点瞄得准,最后还得用力一击,才能得分。我们把击球的力度分为五个等级,即轻打、稍轻、适中、稍重、重打。一般原则是:目标球距袋口远的要重打,目标球距袋口近的要轻打。打什么样的球,用什么样的劲,没有办法计算,这要靠球员平时反复练习去体会、观察,靠临场击球时去目测。

(七)开球技巧

开始击球的第一枪,叫开球。一般球类游戏,开球的一方,总是先发制人,多少有些优势可占。但是落袋式台球开球的一方非但没有优势可占而且往往因为开球不得法,反而替对方造成良好的击球机会。一般有两种较安全的开球方法:

(1)把球杆对准主球的左侧,轻轻一击,主球碰着台边后能转向内区,并停下来。如果站在台盘的另一侧开球,那么球杆就要对准主球的右侧轻轻一击,才能使他转入内区,这是主球有旋力的关系。开球者宁愿先送一分,以后待机而动,这种开球的目的是使对方没有好球可击。

(2)向目标球的边缘瞄准击球,主球和目标球轻轻撞击后,就向左右分开停留在台盘的两侧。

（八）出杆击球

架杆的手臂肘关节充分伸展，架杆手的位置应与主球保持约 15～20 厘米距离。

出杆击球要点提示：①出杆击球前球杆略有停顿。②瞄准时全神贯注于目标球。③出杆击球要有自信心。④头部保持向下。

（九）击球杆法

台球的击球杆法是指台球击球时，使球得分或落袋所使用的正确撞击方法。

1. 跟球杆法（图 6-1-6）

用撞击点为中上部的杆法击球。主球撞击目标球后，目标球被撞走，主球随之向前跟行。

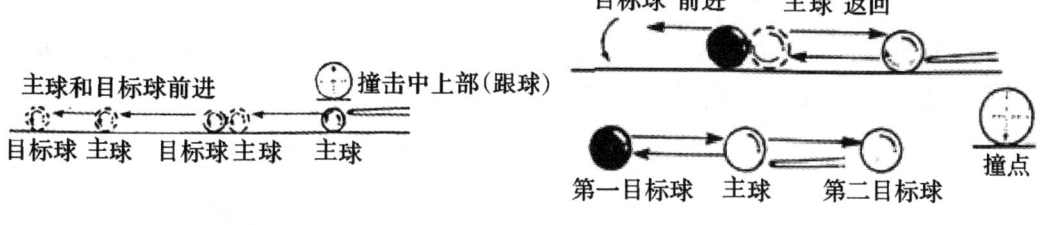

图 6-1-6 跟球杆法　　　图 6-1-7 缩球杆法

2. 缩球杆法（图 6-1-7）

用撞击点为中下部的杆法击球。主球撞击目标球后，目标球被撞走，主球随之向后缩行。

3. 反弹球杆法（图 6-1-8）

反弹球杆法是利用碰岸后反弹使球落袋。它是落袋台球比赛的基本技术之一。因为落袋式台球要求打指定球的时候多，所以使用反弹球的机会也较多。反弹球的原理是应用入射角等于反射角的原理。

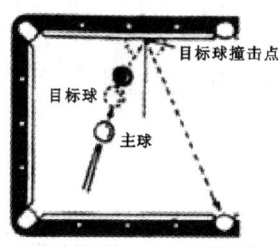 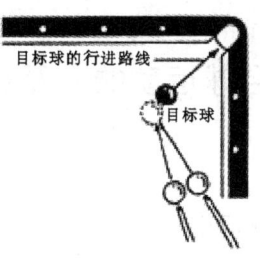 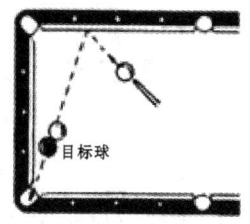

图 6-1-8 反弹球杆法　　　图 6-1-9 薄球杆法　　　图 6-1-10 空岸球杆法

4. 薄球杆法（图 6-1-9）

打薄球是比较难的技术，若打得不正确，碰撞得太厚，主球就不能沿着正确路线行进。瞄准方法是将主球与靠近目标球边缘连成线，以目标球侧面不到一个球的地方为瞄准点，然后对着主球撞击。这时可采用中下杆打法，这种杆法可避免乱出杆，它比逆向打法更能防止碰撞目标球太厚。

5. 空岸球杆法（图 6-1-10）

主球先碰岸一次，然后再碰撞目标球。它的基本原理是以撞击主球的中心，使入射角等于反射角。

6. 贴岸球杆法（图6-1-11）

当球贴岸时，应离开球的半径瞄准，使主球在撞击目标球时也撞击岸边，即可送球落袋。

7. 综合撞击杆法（图6-1-12）

主球瞄准目标球撞击，被撞击的目标球又撞击另外的目标球，并使其落袋，称为综合撞击。基本瞄准方法是将袋口前的球，与主球先碰撞的目标球，通过两球中心连成的延长线，用主球击撞即可落袋。

8. 扎杆杆法（图6-1-13）

扎杆是使球杆立起来撞击主球的一种击法，属台球的一项高级技术。扎杆杆法的姿势是，扎杆前先靠近球台，两脚稍微分开，上体略向前倾，脸部比杆稍向前些，面颊内收，将球杆立起约70°角。击球时从球的上方给球以逆旋的力，使主球沿着弧线运动的同时，还向前移动。扎杆的撞击点范围应在球的6/10同心圆内。

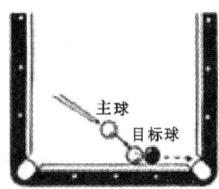 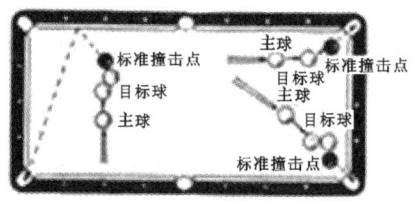 

图6-1-11　贴岸球杆法　　图6-1-12　综合击球杆法　　图6-1-13　扎杆杆法的姿势

第二节　司诺克台球运动的主要规则和场地设施

台球场地应设在空气流畅温湿适度的室内。室内地面必须保持水平。

台球室内除休息座位和必要的设施外，每个球台应占有不得小于长7米、宽5米、高3米的空间。

一、器材

（1）球台规格：台面内沿长350厘米、宽175厘米，球台高度（地平面至台边框顶面）85厘米（图6-1-14）。

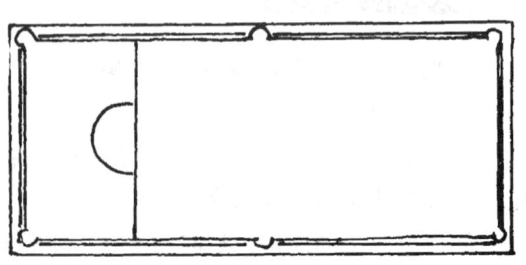

图6-1-14　球台

(2) 球袋规格：袋口边沿直径 10 厘米，袋口内沿弧线最近距离为 9.5 厘米，腰袋袋口外沿与边岸内沿相切。

(3) 球：22 彩球：由 1 个白球、6 个彩球和 15 个红球组成，每个球重 145~146 克，直径 5.25 厘米。

(4) 球杆

球杆是台球击球时使用的工具。它由度头、杆头、杆前部、中轮、杆后部、杆尾组成，要求长度 125~155 厘米（最短不少于 91 厘米）。

(5) 杆架

杆架是击球时的辅助工具，在主球位于球台上较远处，不便于用手杆架时，就需要金属制的杆头杆架。杆架有高、中、低三种。

二、司诺克台球规则

(1) 司诺克台球对球员击球有严格要求，正确的击球是：

①击球运动员必须等待台面上滚动中的球完全静止，落袋和出界的彩球已经摆在球点位置上后，再进行击球。②击球球员应避免用球杆、杆架、身体、衣服和佩戴物触动台面上的任何球。③击球球员击球时，不许双脚离地，否则算犯规。④击球球员只能用球杆头撞击主球，而不能用球杆推球和连击主球。⑤每一击球只能用球杆击球一次，即便击球球员瞄准时不小心用杆头触动了主球，也算击球一次。⑥击球球员不准将任何球击出界外，也不允许将主球击成跳球。主球击出，先撞击目标球后，又跳起或超越其他球体，则不算跳球；使用"扎杆"等技术击球，明显绕过其他球体后去撞击别的球，不是跳球；如果主球被击出跳起后击中目标球的后半部分算跳球；主球未击中目标球，并越过其上方也算跳球。⑦裁判员裁定一方运动员犯规，除停击外，还要根据情况宣布处罚分值，并将所罚分值记录在另一方球员的成绩栏中。

(2) 司诺克比赛用球共 8 种颜色 22 个球。白球 1 个，双方轮流做主球；红色球 15 个，每个球分值 1 分；黄色球 1 个，分值 2 分；绿色球 1 个，分值 3 分；棕色球 1 个，分值 4 分；蓝色球 1 个，分值 5 分；粉色球 1 个，分值 6 分；黑色球 1 个，分值 7 分；红球和彩球用来得分，白球用来撞击红球和彩球。

(3) 在开球时，开球一方可将白球摆在开球区的任何位置，去击打红球。每一方必须先打入一个红球，然后任选一个有利的彩球打。打入彩球后，需将彩球取出重新摆回其自己的原位点上（即开球前，其所在的位置上）。接着，再打红球，打彩球，如此反复，直到所有红球入袋。之后，就必须按照一定顺序打彩球。即先打黄球，再打绿球、棕球、蓝球、粉球和黑球。此时，进一个彩球，台面上就少一个彩球（不再需要将入袋彩球取出摆回自己的原位点上），直至所有彩球入袋，台面上只剩下白球，就宣告结束。

(4) 从开球到所有彩球和红球被击打入袋这么一个过程称为一局。在整个进球过程中，一方如果没有能够成功进球，此时他就得让位于另一方打。连续成功进球的过程叫"一杆"。

(5) 局的胜负是由双方积分多少来决定的，得分多者为胜方。得分有两种途径：一是靠进球得分；二是通过对方失误罚分而得分。在比赛中，由于黑球分值最高，所以，双方都会尽最大努力，创造一切条件，多将黑球打入袋内。

(6) 在打红球时，如果白球未能碰到任何红球，则要罚 4 分；如果误碰了彩球，则按照该彩球的分数罚分，但是最少都要罚 4 分。就是说，如果碰到了黑球罚 7 分，碰到了黄球罚 4 分。同样，在打彩球时，如果未能打到要打的彩球，则按照此彩球的分数罚分；如果误撞了更高分的彩球，按照高分罚分，最少都要罚 4 分。因此在红球入袋后，打彩球前，理论上打球方都要先声明他将要打哪个彩球。而实践上，如果要打的彩球很明显看得出，则无须声明，但是如果不明显，则一定要声明，否则自动罚 7 分。正因为还可以通过双方的失误而得分，所以场上一方如果觉得自己没有进球机会，则会试图制造"司诺克"。所谓"司诺克"，就是造成一种局面，使接着打的一方无法直接打到要打的球，而不得不采取反弹或弧线等高难度球，因而很容易失误而导致罚分。

（7）如果在一局结束时，双方平分，传统的决定胜负方法是：将黑球留在黑球位上，白色球摆在开球区，双方通过猜先决定谁先打，先将黑球打入者为胜方。

三、台球术语

（1）台盘：台面及四周台壁（岸边）称为台盘。

（2）主球：白球为球员的主球，可用球杆直接撞击，此球专为开球员所用。

（3）被打球：专供作主球撞击目标的球，首先撞击的叫第一被打球，第二次撞击的叫第二被打球。

（4）跳球：主球被击出后，没有接触任何台边就直接跳越过其他球体，即使擦着被超越过球的球皮过去也算跳球。

（5）贴球：两个以上的球紧靠在一起叫贴球。两个球相贴叫"单贴"，三个球相贴叫"双贴"。

（6）贴岸：球体紧靠岸边叫"贴岸"。

（7）推杆：主球距被打球很近，击球时，球杆和主球一起推及被打球或杆头与主球相贴而同时向前推移者。

（8）厚球、薄球：主球撞击被打球多于半个球体者叫"厚球"；少于半个球体者叫"薄球"。

（9）直接得分：主球没有触及岸边而先后撞击两个以上被打球。

（10）滑杆：球杆没有击中主要目标或杆头太滑没有用上冲击力量而滑掉。

（11）缩杆：主球撞击第一被打球后，向前行而回反滚撞击第二被打球称为"缩杆"。

（12）碰岸球：不能直接命中得分，主球撞击第一被打球和经过撞击岸边而后撞击第二被打球。

（13）空岸球：主球先撞击岸边而后撞击被打者叫"空岸球"。

（14）跟进：主球击中第一被打球后而追随前进再去撞击第二被打球。

（15）顶球：主球将被打球击入袋内的简称。

（16）自落：主球撞击被打球后，自己落入袋内。

（17）角袋：设在台盘四角上的袋。开球区远端的两个角袋叫左上角袋和右上角袋；开球区近端的两个角袋叫左下角袋和右下角袋。

（18）腰袋：设在台盘中部的两个袋。

第二章 保龄球

第一节 基本技术与练习方法

一、保龄球技术

(一) 抓球（握球）方法

在保龄球运动中，所谓的"抓球"，是指利用手指插入球的指孔内，顺势控球的方式，抓球法可分为三种：传统式抓球法；半指式抓球法；全指式抓球法。

(二) 准备姿势（以右手投球为例，后同）

①身体保持自然站立，最重要的是身体自然放松，不可过于紧张用力；左脚略向前，即右脚尖大约置于左脚掌内侧位置；侧立瞄准目标；球托在身体的右侧；托球的位置应在下颚到腰部之间为宜。②持球方式：两手皆在球的下方；两手各置于球的两侧；右手在下方，而左手在球稍侧面的位置。③集中注意力，最好的瞄准方法是把目标瞄准于限制线5厘米前方的山形（▲）标记，即是右边第二个山形标记，这是最常用的瞄准标记。④准备位置，投球时若是超越犯规线（限制线）则属犯规，因此在选择准备位置时，必须注意助跑的最后一步不可超越犯规线。

(三) 持球助跑、持球摆动与放球

1. 持球助跑

球抓好后，应该选择好助跑的起点。以四步助跑为例，球员以左脚内侧为准，纵向站在离犯规线7厘米处，横向站于第17块木板条的边线上，双脚平直微微分开，右脚置于左脚后约10厘米，双腿微蹲，上体微前倾，身体重心落在左脚上。迈右脚为第一步，要慢而小；第二、三步要快而大；第四步滑步要更快且步幅为一步半，滑步终止时，脚尖到达离犯规线7厘米处制动。

2. 持球摆动与放球

首先是右手握球，左手助握，前臂弯曲约90°，球与肩轴成一直线。左右手同时把住球向前推出至手臂伸直约45°，右手在球的重力作用下向前下方下摆（左手离球）、后摆、向前回摆，回摆至体侧时放球（图6-2-1）。放球时要有大拇指先行脱出指孔的第一感觉和中指、无名指向上钩提后脱出指孔的第二感觉。

图 6-2-1

二、保龄球练习方法

（一）助跑（助走）练习

本练习的关键是先找出助跑的起点。方法是球员站在离犯规线 7 厘米处，面向助跑道底部，以四步助跑为例，直线行走 4.5 个自然步，转身 180°，面向球道，这时站立的位置就是四步助跑的起点。然后再练习助跑，以右手投球者为例，迈出右脚为第一步（慢而小）；第二、三步要快而大；第四步为滑步，要更快一点，步幅为 1.5 步；滑步终止时，脚尖到达离犯规线 7 厘米处制动（图 6-2-2）。

图 6-2-2　寻找纵向站位示意图

（二）握球摆臂练习

右手握球，左手助握，前臂弯曲 90°，球与肩轴成一直线。左右手同时把球向前推出至手臂伸直 45°，右手在球的重力作用下向前下方下摆（左手离球）、后摆、向前回摆，最后左手协助接球，回到原来状态。

（三）放球练习

放球练习应该在助跑道上进行，还应找一位球友。两人相对而跪，左腿屈蹲，左臂支于左腿上；右膝跪地，右手手腕伸直，处垂直位置握球，自然放松，然后垂直前摆、垂直后摆、垂直回摆放球，对方接球后以同样方法滚回（图 6-2-3）。

图 6-2-3　放球练习

（四）原地平衡投球练习

左脚脚尖在离犯规线 7 厘米处与膝盖、肩垂直成一线，身体成屈俯状态，右脚向左后方伸出，脚尖作支点。左手向外侧展平。右手握球，手腕挺直，手臂自然放松不要用力，大拇指在 10 点钟位置，中指、无名指在 4~5 点钟位置，球处在垂直线上，眼睛盯住 2 号▲目标箭头。球通过起动，开始垂直前摆、垂直后摆，后摆高度尽量与肩齐平。以球的惯性回摆，回摆到距球道约 15~20 厘米高度时，把球向 2 号▲目标箭头送出。

（五）滑步投球练习

滑步投球是一个综合性的练习。球员站在第三步的位置上，省略正常投球中的前三步助跑，将上面的几个练习中学到的技术，加上一个滑步，连贯起来一次完成。

以上几个练习是保龄球的基本功，对初学者来说必须要认真苦练。在练习过程中，要集中思想，细心体会，才能掌握每一个技术动作的要领。

第二节 竞赛规则简介

一、球道标记

投保龄球的最终目的是让球命中球瓶,但球瓶离限制线约有20米,如果以球瓶为投掷目标,那显然是太远了,因此在球道和助走区上有各种与球瓶相对应的标示,经由这些标示的组合而决定球滚动的路线,这些标示称为标记,由箭头标记、站立标记、引导标记和投球标记所组成。保龄球的基本技巧是在于很好地利用球道上的各种标记来投球,因此,熟悉和了解各个标记的位置和相应的作用是很有必要的。

(1) 箭头标记(▲):球道与助走区有很多与球瓶排成直线相连的标记,其中,投球者经常使用的就是从限制线开始到距离3.6~4.8米处

(2) 站立标记(●):在助走区起步地点距离限制线3.6~4.6米处。3.6米处的●标记,适合女性或步幅较小的人使用,也适合用于四步、五步助跑者用。

(3) 引导标记(●):限制线的标记与箭头标记之间约1.8米处有小的●标记称为引导标记。是从第五块木板条开始的,每隔三块木板条就有一个,这是为了确认角度而设的记号,一般人不太使用。

(4) 投球标记(●):距离限制线前30厘米处的●标记,它是助走最后确认放球的标记。

二、选球方法

利用球道上的各种标记来投球和选用自身体重1/10重量的球。保龄球的标准重量在6~16磅之间,打球者可选用自身体重1/10重量的球。从经验来说,对初次打保龄球者而言一开始不宜选重球,否则身体很容易为球的重量所摆布,无法感觉控球的时间和平衡感,容易造成无法得心应手的局面,所以男性以12~14磅、女性以9~11磅为宜。对初学者来说,选球有一个相对的标准,即根据个人的体重、体力、臂力、腕力和握力选择适当的重量,一般以握手稳固、摆动自如不感费力、举起来觉得轻松为宜。

三、比赛方法

1. 比赛方法

保龄球比赛是以局为单位,每一局为10格,每一个运动员可在前9格的每一格中投两个球。如果第一次投球把10支球瓶全部击倒,那就不能再投第二次了。唯有第10格不同,当第一次投球把10支球瓶全部击倒时,还要继续投完第二、第三次两个球。如果第二次投球把剩余的瓶全部击倒时,还要继续投完最后一个球,才能结束全局。

2. 比赛形式

比赛形式是以抽签决定道次,每一局比赛应在相互毗邻的一对球道上进行,参加队际赛、三人赛、双人赛、单人赛的运动员应连续按顺序在一条球道上投完一格球后换到另一球道上投下一格球,直到在这对球道的每条球道上投完5格球。

3. 名次的计算

保龄球比赛分为单人赛、双人赛、三人赛和五人赛（队际赛），每人均赛6局，以总分即总局数（6局×人数）的分数总和来决定名次，总分高者名次列前。

4. 比赛的记分

（1）除全中的记分外，运动员投出的第一个球击倒的瓶数记在上方左边的小方格内，投出的第二个球击倒的瓶数记在上方右边的小方格内，如第二次投球未击中任何一个剩余的瓶子，用"—"符号表示，记在记分表上，然后将两投击倒的总瓶数记在下方的格内。

（2）全中：当每格的第一次投球击倒全部10支瓶时，称为全中，用"×"符号表示，记录在记分表上方左边的小方格内。全中的分数为10分加该运动员下格两次投球击倒的瓶数。

（3）补中：当第二次投球击倒该格余下的瓶子，称为补中。用"/"符号表示，记录在记分表上方右边的小方格内。补中的分数为10分加该运动员下格第一次投球击倒的瓶数。

（4）两次全中：连续两个全中就称为两次全中。第一次全中的记分为20分再加上随后第一球击倒的瓶数。

（5）三次全中：连续三个全中就称为三次全中。第一次全中那格的记分为30分。一局的最高分是300分，运动员必须连续投出12个全中。

（6）失误：除第一次投球后形成分瓶外，当运动员在某格两次投球后，未能将10个瓶子全部击倒，即为失误。

（7）分瓶（技术球）：分瓶是指在第一球投出后，把1号瓶及其他几个瓶子击倒，剩下的瓶子呈下列状态：

① 两个或两个以上的瓶子，它们之间至少有1个瓶子被击倒时，如7号瓶和9号瓶、3号瓶和10号瓶。

② 两个或两个以上的瓶子，紧挨在它们前面的瓶子至少有1个被击倒时，如5号瓶和6号瓶。

第三章　瑜　伽

瑜伽一词，是印度梵语"YOGA"的音译，原意是一种称为"轭"的工具，轭即是用来驾驭、控制牛马的，因此引申为连结、平衡、和谐、统一的意思。而近现代的瑜伽与昔日的瑜伽有了很大的不同，如今的瑜伽是一个通过提升意识，帮助人类充分发挥潜能的体系。运用古老而易于掌握的瑜伽姿势技巧，改善人们生理、心理、情感和精神方面的能力，是一种达到身体、心灵与精神和谐统一的运动方式。

第一节　基本技术和练习方法

一、瑜珈基本坐姿

（一）简易坐（图6-3-1）

简易坐是一种舒适安逸的坐姿。首先，坐在地上，两腿向前伸直，然后弯右小腿，把右腿放在左大腿跟处，再弯左小腿，把左腿放在右大腿之下。最后，可以把双手结个手印，放在两个膝盖上，最好两手相叠，拇指相对放在腿上。

练习要领：在坐的过程中，头、颈和躯干应保持在一条直线上。

练习效果：这个坐姿有利于股、踝等关节部位的健康，增强神经系统的功能。

（二）半莲花坐（图6-3-2）

坐在地上，垫一个小垫，便于稳定，双腿并拢，挺直腰背，向前伸直双腿，屈左膝，外旋左髋，让左脚的脚跟抵放在会阴处；屈右膝，借助双手的帮助，尽量让右脚跟抵在脐下，脚心向上，放在左大腿上。尽量使双膝贴放在地面上，肩背正直，下颌内收，两手相叠，拇指相对放在腿上，这就是半莲花坐。

练习要领：脊背挺直，下颌内收；使头、颈和躯干保持在一条直线上。

练习效果：半莲花坐具有与双莲花坐相同的效果，只是程度稍逊。

（三）全莲花坐（图6-3-3）

全莲花坐是瑜伽体式中最为重要和有用的体式之一，在佛教中也经常用到莲花式。首先，坐在地上，垫一个小垫，便于稳定，两腿向前伸直，弯右小腿，把右脚放在左大腿上，脚底朝上，弯左小腿，把左腿放在右大腿上面。脚底朝上，肩背正直，下颌内收，两手相叠，拇指相对放在腿上，以此姿势坐着，可以10分钟，20分钟递增。

练习要领：练习这种姿势，切忌膝盖上浮。

练习效果：莲花坐增加对头部和胸部区域的血液供应，强化神经系统，祛除紧张与不安状态，使人身心平和，精神专注。

（四）至善坐（图6-3-4）

顾名思义，这在瑜伽里是一个最好的姿势。瑜伽认为，至善坐有助于清理人体经络；

图 6-3-1　　　　图 6-3-2　　　　图 6-3-3

图 6-3-4　　　　图 6-3-5

从而利于生命之气的提升。坐在地上，两腿拼拢并同时向前伸展；弯曲左小腿，用双手抓住左脚，用左脚的脚跟紧紧顶住会阴部位（就是阴道和肛门之间），然后弯曲右小腿，把右脚放在左脚踝之上；把右脚跟靠近耻骨，右脚底板则放在左腿的大腿与小腿之间。注意：背、颈、头保持直立。

练习要领：在整个过程中，上身躯干始终保持挺直。

练习效果：至善坐对身心两方面都具有重要作用。从身体方面说，至善坐促进了下半身的血液循环，增强脊柱下半段和腹部器官，而且活化两膝和两踝。从心灵方面说，它有镇定安神和令人警醒的效果，特别适合做呼吸练习和冥想练习时采用。此外，由于它施加压力于会阴部位，能把性冲力引导向上，在提升生命之气的练习中极为有用。

（五）金刚坐（又称霹雳坐）（图 6-3-5）

金刚坐是其他瑜伽姿势的入门姿势，必须常加练习以达到熟练的程度。两个膝盖跪在地上，两个小腿和脚背贴在地面上；两膝靠拢，两个大脚趾相互交叉，这样便使两个脚跟向外指了；臀部后坐于两脚内侧，同时手掌心向下，置于大腿部位；伸直背部，将臀部放落到两个分离的脚跟之间。

练习要领：坐的时候要求放松肩部，挺直脊背，这样会减轻腿部的压力，防止腿部发麻。

练习效果：金刚坐能柔韧膝关节，祛除全身过多的脂肪。另外，经过全身放松；可保持心平气和，有助于治疗神经质及失眠。

二、瑜伽基本手印

手印（梵文 mudra）是指瑜伽修炼时手的姿势，又称为印契。不同的手印对身心的影响是不同的，各种各样的手印创造出接近神圣意记的特殊曲连接环。这些手印非常有助于净化心灵。瑜伽手印，象征特殊的愿力与因缘，因此瑜伽修行者练习手印时，会产生特殊的身体的力量和意念的力量。

手指的象征：瑜伽练习时每一个手指都有重要的象征意义，手的各个部位表现身体、大脑和心灵的状态。大拇指：代表无处不在的宇宙；食指：代表个体心灵；中指：代表纯洁、智慧、和平；无名指：代表活力、动作、激情；小指：代表惰性、懒散、黑暗。

（一）智慧手印（图6-3-6）

大拇指与食指相加，其他三指自然伸展。此手印代表把自身能量和大宇宙的能量融合在一起，可以让人很快进入平静的状态。

（二）能量手印（图6-3-7）

无名指、中指和大拇指自然相加，其他手指自然伸展。此手印可以排出体内的毒素，消除泌尿系统的疾病，帮助肝脏完好，调节大脑平衡，让人更有耐心充满自信。

（三）生命手印（图6-3-8）

大拇指、小拇指、无名指相加，其他两指自然伸展。它可以增强一个人的活力，增强力量。

（四）流体手印（图6-3-9）

大拇指和小拇指相加，其他三指自然伸展，它可以帮助我们平衡流体，改善眼睛的视力，以及嘴巴过干的现象。

（五）双手合十手印 （图6-3-10）

即阴阳平衡手印，放在胸前做成冥想的姿势，手掌之间要留下一些空间，意味着身体和心灵的合一、大自然和人类的合一。此手印可以增加人的专注能力。

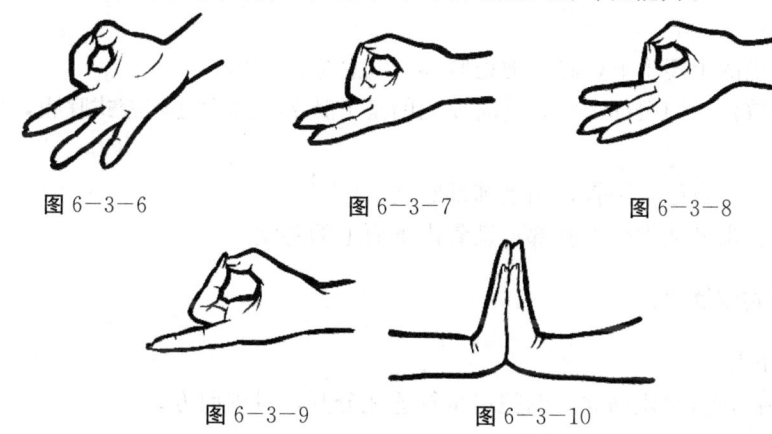

图6-3-6　　　　图6-3-7　　　　图6-3-8

图6-3-9　　　　图6-3-10

三、瑜珈呼吸法

（一）腹式呼吸法

这个呼吸方式是利用横膈膜——把被肋骨包围的胸部与腹部分开的部位，即横膈膜的上下运动来完成。

练习步骤：

（1）平躺并将膝盖弯曲，双脚张开与肩同宽，两膝微碰一起，双手拢在腹部上，大拇指和食指放在肚脐周围。

（2）慢慢数"1……2……"，边呼吸边观察腹部的起伏，数一的时候鼻子向外吐气，用手确认腹部是否变小。

（3）通过鼻子深深吸气，确认腹部是否隆起；继续重复步骤2，数到10完成一个循环。

注意：习惯以后可以改成坐姿，把手轻放在腹部上，用坐着的方式完成腹式呼吸。

（二）胸腔式呼吸法

使用肋间带动整个肺部，用上肺部呼吸的呼吸法。

练习步骤：

（1）选个舒服的姿势，手放在胸部两侧靠肋骨处，慢慢呼吸，数"1"的时候吐气，感觉胸部是否渐渐变小变扁，再深吸气，此时胸部会因充满氧气而扩张。

（2）重复上面的动作，边观察边呼吸，一直数到10。

注意：用手心确认是胸部哪个部位在动，胸部是否与呼吸节奏一致，吸满氧气后，胸部的前后左右是否呈扩张状态。

（三）锁骨式呼吸法

用上肺部呼吸的呼吸方式。锁骨的周围会跟着动，所以叫做锁骨式呼吸。

练习步骤：

（1）找个舒服的坐姿，两手向上伸直。

（2）呼吸时注意只使用胸部的上方，即用上肺部进行呼吸，锁骨附近会有动感。

注意：它与腹式呼吸、胸腔式呼吸相比属于浅呼吸

（四）完全呼吸法

结合腹式呼吸、胸腔式呼吸、锁骨式呼吸完成一次呼吸的方法。

练习步骤：

（1）以轻松的坐姿坐下，轻轻地把肺部的气息徐徐吐出。

（2）腹部放松，用腹部吸气，这时使用的是下肺部；然后是胸腔式呼吸，用整个肺部及上肺部吸气。

（3）感受一下自己的锁骨，用上肺部吸气。

注意：体会那种从腹部、胸部、锁骨由下而上的感觉。

四、瑜珈站姿练习法

（一）铲斗式

预备姿势：挺直身躯站立，两腿尽量舒适地分开，目视前方。

(1)　　　　　　(2)

图 6-3-11　铲斗式

练习步骤：

（1）吸气，两臂高举过头顶，两肘伸直，两手腕部下垂（图 6-3-11（1））

（2）呼气，弯腰，同时上向躯干向下摆，头和双臂在两腿之间自由地摇摆 3～5 次（图 6-3-11（2））

（3）缓缓吸气，回复到挺身直立的姿势，两臂仍高举过头。重复做这个练习 4～6 次。

练习效果：促进血液循环，兴奋神经，消除疲劳，增强人体活力，使思维更清淅。同时加强背部、髋部和腿部肌肉的拉伸，并且以一种轻柔的方式按摩内脏器官。

（二）手臂伸展式（图6－3－12）

预备姿势：挺直身躯，两臂下垂于体侧，目视前方，调整呼吸。

练习步骤：

（1）手腕在肚脐下方交叉，吸气颈项向后稍弯，将两臂向上方升起，直至两臂，两手高过头顶。

（2）闭气，颈项向后仰起，将这个姿势保持片刻（如图）然后慢慢呼气，将两臂自两侧放下，掌心向上，直至两臂与地面平行为止，同时伸直颈项，静止不动，自然呼吸。

（3）缓缓吸气，举起双臂让两手腕再次在头顶交叉，现时颈项后仰，闭气，静止不动片刻。

（4）呼气，两臂在休前下落，回复到双腕在肚脐下方交叉的站立姿势。

练习效果：能刺激血液循环，并对肩关节和脊柱有良好的锻炼效果，帮助纠正圆肩和驼背的毛病。

图6－3－12　手臂伸展式　　　图6－3－13　树式

（三）树式（图6－3－13）

预备姿势：站立，双脚大拇指并拢，双手臂自然垂放于身体两侧。

练习步骤：

（1）保持正常的呼吸，踮起左脚的脚尖，将身体的重心转移到右脚上，吸气，抬高左腿，将左脚放在右腿的内侧（根据自己的实力，可以放到右小腿处、膝盖处、或则是右大腿根处）。左膝外展，与右腿平行，正常的呼吸。

（2）双手从身体两侧向头部抬起，当抬至头部上方时，双手合十放在头上，手腕贴着头顶。

（3）尽力将弯曲的臂肘向后张，使两臂肘处于同一直线上。目视前方，左腿绷紧，全身处于紧张状态，自然呼吸，保持姿势10秒（如图）。

（4）放开手掌，将两臂放回身体两侧，然后抓住右腿脚趾，把脚轻轻抬起放回地面，回复到准备姿势，全身放松。

（5）同样的方法做另一侧练习。眼睛平视前方，或者看向前方的一个点，以稳定身体的重心。初次体验站不稳的话可以靠着墙做。

练习效果：可以锻炼腿部的力量，增强身体的平衡感和稳定性。活动身体的大小关节，促进关节部位的血液循环。

（四）三角侧屈式（图 6-3-14）

预备姿势：基本站姿

练习步骤：

（1）挺直身躯站立，两脚分开，脚尖略向外。两臂向两侧平伸，成一条直线，手心向下。（图 6-3-14）

（2）呼气，慢慢向右侧屈体，右手贴着右小腿向下滑动，尽量扶住右脚踝或右脚，此时左臂指向上方，两臂仍然成一条直线，保持姿势 10 秒，自然呼吸。

（3）吸气，两臂转动，慢慢回到基本三角式，然后弯向左边做同样动作练习。左右各做 5 次。

练习效果：伸展并收紧侧腰部，加强腿部力量，刺激并按摩了腹部脏器，有助于消化过程。

图 6-3-14　三角侧屈式

（五）战士第一式（图 6-3-15）

预备姿势：基本的站立姿势，两脚并拢，两臂放于体侧，自然呼吸。

练习步骤：

（1）双掌在胸前合十，举过头顶尽量向上伸展，然后缓缓吸气，两腿分开比肩稍宽。

（2）呼气，将右脚和上身躯体向右侧转 90 度，左脚略转向右方，接着右膝弯曲，直到大腿与地面平行，而小腿则与地面垂直。

（3）左腿尽力向后伸，膝部挺直。头部向上方仰起，目视合十的双掌，自然呼吸，保持这个姿势 15~20 秒（图 6-3-15（1））。

图 6-3-15　战士第一式

（4）左脚上前一步，与右脚并拢，两臂放回体侧，然后回复到预备姿势，稍事休息，在另一方向重复做这个练习。

练习效果：扩展胸腔，使呼吸变得均匀而绵长，对肺部颇有益处。并能按摩和加强腹部器官，增强人的平衡力和注意力，对脊柱、双踝、双髋和双肩等部位均有良好的锻炼效果。

五、瑜珈坐姿练习法

（一）蹬车式（图6-3-16）

预备姿势：背部贴地仰卧，两腿伸直，两臂放在体侧，掌心向下，自然呼吸。

练习步骤：

（1）两脚抬起离开地面，保持身体其他部位平放地面，做脚蹬自行车的动作（图6-3-16（1））。

（2）向前划完10次圈以后，稍停，然后向后蹬，共做10次向后旋转动作。

（3）两腿并拢，两脚同时向前做10次蹬车动作（图6-3-16（2）），然后再蹬10次。

练习效果：促进腿部血液循环，增强腿部关节和肌肉的力量，并按摩了腹部器官，帮助消化。

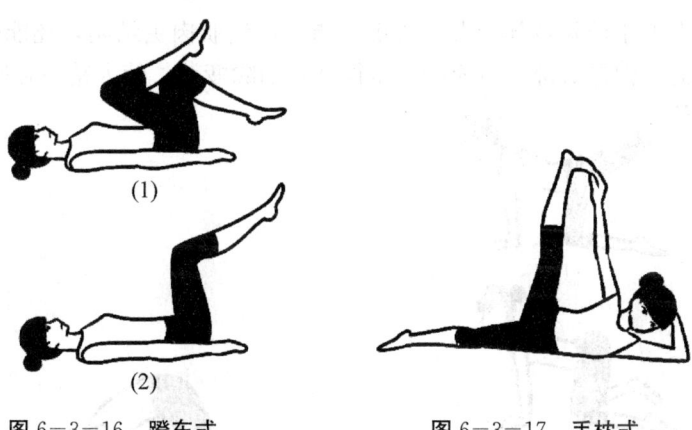

图6-3-16　蹬车式　　　　　图6-3-17　手枕式

（二）手枕式（图6-3-17）

预备姿势：背部贴地仰卧，双臂在身侧伸直，脚跟并拢，手掌贴于大腿外侧，自然呼吸。

练习步骤：

（1）将身体左转呈左侧卧式，左侧大臂着地，抬头，弯曲左肘，用手掌托住脸的侧面。

（2）深吸一口气，右腿向上举起，右手抓住右脚大脚趾。

（3）呼气，伸直右臂和右腿，右膝绷直，自然呼吸，保持这个姿势10~30秒。

（4）右膝弯曲，右腿和右臂放回原处，恢复左侧卧式，然后放下左手掌，转身回复准备姿势。接下来作右侧卧式，重复这个练习。

练习效果：拉伸腿后侧韧带，减少腰围线上的脂肪，对肩部、背部和骨盆区域非常有益。

（三）虎式（图6-3-18）

预备姿势：跪坐于地，臀部落于两脚跟上，上身挺直。

练习步骤：

（1）上身躯干前倾，双手撑住地板，臀部抬高，像爬行动物一样四肢着地。

（2）目视前方，缓缓吸气，左小腿贴地不动，把右腿笔直地向后上方伸展（图6-3-18（1））。

（3）吸气结束后闭气，右膝弯曲，膝盖向下方收回，但不着地。抬头，目视上方，保持姿势5秒（图6-3-18（2））。

（4）呼气，把屈膝的右腿向上挨近胸部，同时头部低下，目视下方，鼻尖贴右膝，背部向上挺成拱形（图6-3-18（3）），再把右腿伸向后上方，重复整个过程。每条腿3～5次。

练习效果：加强大腿后侧和臀部肌肉力量，帮助脊柱得到充分伸展，同时放松坐骨神经，并减少腰部、大腿区域的脂肪。

（四）顶峰式（图6-3-19）

预备姿势：跪坐于地，臀部落于两脚跟上，两手放于大腿上，自然呼吸，放松全身。

练习步骤：上身躯干前俯，两手掌心在膝盖前方撑地，抬高臀部，两手两膝着地，跪在地板上。吸气。

练习效果：有助于消除臀部和大腿的皮下脂肪，使肌肉更结实，还能强壮坐骨神经，消除肩关节炎，此处促进头部血血液的正常循环，消除疲劳，使人精力旺盛。

图6-3-18 虎式　　　　　　　　图6-3-19 顶峰式

（五）屈膝和摇膝（图6-3-20）

预备姿势：平坐地面，两腿向前伸直，双手放在身体两侧地面上，自然呼吸。

练习步骤：

1. 屈膝

（1）屈曲右膝，十指在右大腿之后相交握紧，接着两臂伸直，再次使右脚跟靠近右臀方向，重复这个练习10次。

（2）两手松开，右腿放回地上，稍事休息，然后改用左腿做同样的练习。

2. 摇膝

（1）十指在右大腿之后相交握紧，把右大腿抱近自己的躯干。

（2）以右膝部位作为支点，将右小腿做10圈顺时针方向的旋转运动，接着做10圈逆

时针方向的旋转运动（图 6-3-20（2））

3. 松开两手，将右腿放回地上，稍事休息，然后改用左腿做同样的练习。

练习效果：能松弛膝关节，使腹部和大腿的肌肉得到补养和增强。

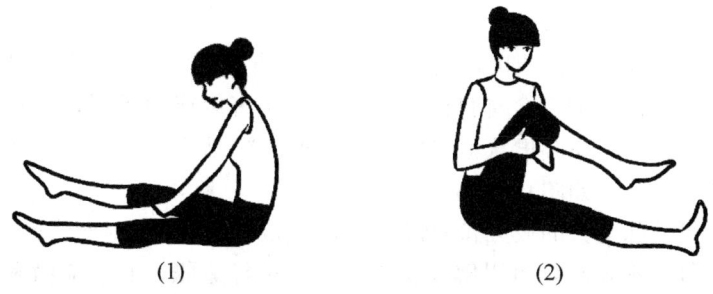

图 6-3-20　屈膝和摇膝

六、瑜珈卧姿练习法

（一）旋腿式（图 6-3-21）

预备姿势：仰卧，两腿伸直，两臂置于体侧，自然呼吸。

练习步骤：

（1）右腿抬离地面，膝部保持挺直，身体其他部位继续平贴地面。用右腿做 5~10 次顺时针方向的旋转运动（图 6-3-21（1））。稍停，继续用右腿做 5~10 次逆时针方向旋转运动。然后改换左腿重复做这个练习。

（2）两脚并拢，一齐升离地面，先做 5~10 次顺时针方向的旋转运动（图 6-3-21（2）），然后再做 5~10 次逆时针方向的旋转运动。

（3）回复仰卧姿势，做几分钟休息术，直到全身完全放松，呼吸恢复正常。

练习效果：增强两腿和髋部的肌肉能力，并有效按摩腹部，有助于排除肠道中的废气。辅助治疗消化不良和便秘症状。

图 6-3-21　旋腿式

（二）仰卧放松功（图 6-3-22）

俗称"尸体功"，练习这个姿势时，整个身体做到像尸体一样虚静无为。此功在做完"屈体""扭背""挺身""站立"之后才能进行。

预备姿势：仰卧，两手放在身体两侧，两脚舒适地分开。

练习步骤：

（1）仰卧床上，两腿分开约30°，两臂自然伸直，手掌向上，眼轻闭，注意全身放松，消除紧张部位；

（2）平静心情，放松脸部肌肉，消除眼睑紧张，消除嘴角和整个脸部的紧张，放松颈和肩，放松腹部，放松两腿；全身自然放松。自然而有规律地呼吸，让意识集中在呼吸上，计数自己的呼吸数，在心里默念"1吸""1呼""2吸""2呼"……保持这个姿势5分钟或者是长久的时间（如图）。

练习效果：可消除全身的疲劳和紧张，有助于便交感神经和副交感神经保持平衡，为身体带来活力，可改善睡眠，可以解除精神压力，神经紧张，心理应激和身体不适及疼痛，使人感到生命的轻松舒适和心理的清静愉快，从而使人的心身状态得到调理和改善。

（三）蛇伸展式（图6-3-23）

预备姿势：额头贴地俯卧地面，手臂在体侧伸直，手指指向脚部，两脚跟并拢。

练习步骤：

（1）两手放在后腰部位，左手握着右腕。

（2）深吸一口气，头部后仰，将胸膛离开地面抬高，两臂尽力向后伸展，与地面平行。闭气，目视前方，保持动作5~10秒。

（3）呼气，回复到准备姿势，重复练习2~3次。

练习效果：伸展手臂和背部肌肉，放松神经组织。加强胰脏和肝脏的活动，增强脊柱柔韧性。

图6-3-22 仰卧放松功　　　　　　　图6-3-23 蛇伸展式

（四）鱼扑式（图6-3-24）

预备姿势：俯卧在地，头部转向右侧，膝盖尽力贴近胸部。

练习步骤：

转动两臂，左肘指向前方，右肘入在右大腿之上，头部枕在右臂弯处。自然呼吸，尽可能保持这个姿势（如图）。可以在左右两侧做这个练习。

练习效果：通过伸展肠脏，刺激消化道的蠕动，有助于缓解便秘症状。这个姿势可消除腰身的过多脂肪，放松两腿神经，从而缓解坐骨神经痛。此外，有利于恢复精力。

（五）下身侧滚式（图6-3-25）

预备姿势：两腿伸直仰卧。

练习步骤：

（1）两腿弯曲，抬起，两膝尽量向胸部靠近。

（2）十指相交，放在头部后边，掌心托住后脑久，两臂平贴地面。

（3）在保持上半身稳定不动的情况下，下半身向左右两侧平回摇滚10次（如图6-3-25（1），图6-3-25（2））。

练习效果：促进腿部、背部和肩部的血液循环，伸展和放松这些部位的肌肉。同时还对腹部器官起到轻柔的按摩效果，有助于消化。

图 6-3-24　鱼扑式

图 6-3-25　下身侧滚式

第二节　欣赏和体验瑜伽

一、如何欣赏瑜伽

（1）练习瑜伽的感知是欣赏瑜伽姿势的感性阶段。这一阶段是欣赏者对瑜伽姿势中节奏、力度、速度、造型等瑜伽基本要素的感觉，以及对这些要素及其结构的综合形式，如平衡感、节奏感、和谐感、曲线结构、风格等的感受。包含着对瑜伽基本情感特征的初步体验和理解，如抒情、平和，安宁、愉快。

（2）逐渐进入情感体验的阶段。表现情感是各类艺术的共同特征。瑜伽姿势艺术以复杂的身体刺激来引起感觉，唤起人的情感。在练习瑜伽过程中，瑜伽精灵逐渐透入人心与主体合而为一。使之成为最富于表情的艺术。不同的形体姿势组合形式、节奏感、刺激量、瑜伽精灵与心灵、形体响应等千变万化的力点组成形式，对人的心、身产生刺激，情绪上出现不同的联觉反应。瑜伽形体姿势能使欣赏者不仅调动自己平时所积累的生活经验与感情体验，而且还能与瑜伽姿势所表现的感情在基本性质上取得一致，使得瑜伽欣赏中的感情体验在辩证统一中得以充分展开。

（3）进入审美认识和判断的阶段。要运用和发挥认识与判断的作用，首先就要对瑜伽形体姿势有一个理性的认识，即对姿势从形式到内容和人体意义的认识。欣赏者除了练习不同的瑜伽形体姿势以外，还有赖于对瑜伽姿势的标题、仿生灵物、灵物体态以及动、静感表现手段和方法的了解分析，从而真正体会到瑜伽体系仿生精灵的博大情怀和崇高的精神境界。

（4）理解认识阶段，对瑜伽体系仿生精灵的审美评价也会随之而出。欣赏者往往会发出一些仿生灵物美不美这样的感叹和认识，这些感悟也是我们对仿生灵物的审美评价。从而增强欣赏者欣赏该类瑜伽形体姿势的欲望，激起更强烈的情感共鸣。

二、体验瑜伽

辅助瑜伽就是在练习瑜伽的过程中，用一些器具来协助身体的伸展、呼吸、凝想的一种练习方法。通过辅助瑜伽的练习，使你的呼吸变得更加平稳，使你肌肉、骨骼的拉伸感觉得更加舒适，它是在没有痛苦的情况下，让你很用心的体会身体变化的一个过程。辅助瑜伽适合的第一类人群就是初学者；第二类就是工作压力特别大的，特别容易紧张的、身体特别僵硬的；第三类就是中老年，因为中老年人的骨骼韧带都僵硬了，这种练习不会很用力的拉伸，它是慢慢地进行拉伸，是非常安全的一种方法。那么，我们通常用到辅助器械有瑜伽砖、伸展带、抱枕等等。例如：

1. 背部伸展

借助对象：墙壁

靠墙坐立，腿部伸展，让后脑勺、肩胛骨、臀部紧贴墙壁，你能体会到胸部自然向前挺，后背肌群有酸痛感，手臂自然放松在身体两侧。

2. 腿部伸展

借助对象：毛巾或者绳子

单腿站立的功夫需要练习，可以一只手扶着墙，另一只手拉着毛巾或者绳子的两端，帮助你保持平衡。腿部尽量伸直，初学者腿部尽量抬高就好，避免韧带拉伤。

3. 狼伸展

借助对象：绳索

绳索需要固定在很牢固的地方，保证能够承受你身体的重量。把绳索围绕腰部，然后身体前俯，做狼伸展式。手臂和腿尽量伸展，臀部达到至高点，头不要向上抬。

4. 腰部舒展

借助对象：椅子、枕头

身体穿过椅子的空隙，臀部枕着椅子，头部下面垫上枕头，如果觉得身体拉力太大，可以把枕头垫高一些。

5. 手臂伸展

借助对象：毛巾或者绳子

双手伸展，在身体后侧拉紧毛巾，胸部向前挺，下颌略收，身体保持直立。

教学提示

为了加强公共体育课程建设，提高体育教学质量，便于广大师生使用好这本教程，特作以下简要提示，仅供参考。

一、各校在使用本教程制定教学计划时，一定要"以育人为宗旨，以增强体育意识、学会锻炼方法、发展体育能力、培养锻炼习惯"为主线，全面贯彻"健康第一"的指导思想，体现人本主义特点，将体育、娱乐与健康有机地融为一体，从学校实际及学生生理、心理特征出发，引导学生主动接受体育教育，在欢愉中享受体育乐趣，从而达到本课程的目的。

二、本教程共包括六篇内容。这些内容又分为体育理论知识讲课、课堂实践教学、假日体育活动等三个方面的教材。因此，要求学校正确处理好教与学、学与练、练与活动的关系，同时认真处理好理论与实践、必修与选修、自学与活动、观赏与参与、课内与课外、校内与校外的辩证关系，使学生接受较为全面的现代体育教育。

三、各篇教材的使用建议

1. 体育理论知识课。主要包括《体育概论篇》《健康篇》，可安排讲课、电教观摩、自学等形式进行，其学时比例各占三分之一。鼓励各校与教师制作与运用多媒体课件。

2. 课堂实践教学主要包括《发展体育能力篇》《余暇篇》《运动技能篇》。其中《运动技能篇》可作为课堂教学的主要内容，使学生学习有关技术与方法。《发展体育能力篇》作为每次课的身体素质练习内容，发展学生的身体能力，也可以作为课外作业布置给学生。《余暇篇》可作为选修课内容，安排介绍性学习，也可作为机动教材，鼓励学生课外进行这些项目的锻炼。

3. 《生态体育篇》是假日体育活动的主要内容。有条件的学校，可安排一定的学时或选修课，重点进行野外运动项目知识的介绍与学习，进行体能训练和专项技术、技能、心理准备，作好前期组织工作。然后有计划地安排学生利用假日开展此项运动。

四、本教程是学生用书，各学校和教师使用该教材时，注意补充相关知识、信息。特别是制作和使用多媒体课件、使用最新的声相资料，从而使体育课教学获得最好的效益。

五、在使用本教程时，要认真贯彻执行《全国普通高等学校体育与健康教程》的有关要求，同实施《国家体育锻炼标准》《全民健身计划纲要》《学生体质健康标准》等相结合。